Das Geseeser Kirchenensemble Anfang 1960 (Bildarchiv Kurt Hacker)

Kirchlein im Hummelland

Kirchlein mitten du im Land,
Himmel drüber ausgespannt
und darunter hingeschmiegt
lieb mein Heimatdörflein liegt.
Glocken klangen früh am Morgen,
Pilger brachten ihre Sorgen
hin vor Gottes Gnadenthron,
nun versöhnt in seinem Sohn.
Schwalben in das Luftmeer fallen,
Schöpfungslobpreis tönt aus allem,
Tannenrauschen, Blumenblühen -
Heimatlieder leise ziehen.
Stadt und Land im Abendscheinen
Sonnenstrahlen mild vereinen,
wie an uralt heiligen Stätten
fleht mein Herz! „Herr, lehr uns beten!"

Philipp Friedrich Kohlmann 1958
(Pfarrer in Gesees 1950-65)

Allen, die, wie wir, die
Kirche St. Marien zum Gesees als einen
Ort der Kraft erlebt haben und
ihre Menschen schätzen,
sei dieses Büchlein gewidmet

Jürgen Joachim Taegert

Das zweite Geseeser Büchlein

GESCHICHTE(N) AUS
GESEES
im Bayreuther Land
im 19. Jahrhundert

Ein Erinnerungsbuch zur
Orts- und Kirchengeschichte von Gesees
in Oberfranken 1749-1914 mit
Texten von LENA REIM, KATHARINA HORN,
KARL MEIER-GESEES, ANNEMARIE LEUTZSCH und
PHILIPP FRIEDRICH MEIER

Bibliografische Informationen der Deutschen
Nationalbibliothek:

Die Deutsche Nationalbibliothek verzeichnet
diese Publikation in der Deutschen Nationalbibliothek;
detaillierte bibliographische Daten sind im Internet über
http://dnb.dnb.de abrufbar.

Bearbeitung, Design und Layout:
Jürgen Joachim Taegert
© Jürgen Joachim Taegert, Kirchenpingarten 2025

Verlag:
BoD · Books on Demand, In de Tarpen 42
22848 Norderstedt, bod@bod.de

Druck:
Libri Plureos GmbH, Friedensallee 273, 22763 Hamburg
ISBN: 978-3-7693-0344-5

Aufgang zur Geseeser Kirche – Fantasiezeichnung: Philipp Kohlmann 1958

**Grußwort des Ersten Bürgermeisters von Gesees
für das „Zweite Geseeser Büchlein"**

Liebe Bürgerinnen und Bürger von Gesees,
liebe an Gesees Interessierte,

ich freue mich sehr über die Veröffentli-
chung dieses besonderen Erinnerungsbu-
ches; es ist bereits das zweite, das sich mit
unserer Heimatgemeinde Gesees und dem
Umland beschäftigt.

Dieses „Zweite Geseeser Büchlein" nimmt uns mit auf
eine Reise durch die bewegte und facettenreiche Geschichte unserer schönen Heimat durch das 19. Jahrhundert. Es macht diesen Zeitraum mit all seinen Umbrüchen
und Eigenheiten in Geschichten und Anekdoten wieder
lebendig.

Mein Dank gilt dem Autor, Herrn Jürgen Joachim Taegert, dessen Leidenschaft für Geschichte und unermüdli-
ches Engagement diese Sammlung von Erinnerungen ermöglicht haben. Mit viel Herzblut hat er nicht nur historische Fakten recherchiert, sondern auch den Geist und die
Seele jener Zeit eingefangen. Die Texte geben uns Einblicke in das Leben, die Traditionen und die Herausforde-
rungen unserer Vorfahren. Sie sind ein wertvoller Schatz,

der unser kulturelles Erbe bewahrt und uns daran erinnert, woher wir kommen.

Dieses Buch ist mehr als eine Sammlung von Geschichten. Es ist ein Bindeglied zwischen den Generationen, ein Spiegel unseres kollektiven Gedächtnisses und ein wertvoller Beitrag zur Identität unseres Ortes. Ich hoffe, dass es nicht nur die älteren, sondern auch jüngere Leserinnen und Leser inspiriert, sich mit unserer Geschichte auseinanderzusetzen und diese lebendig zu halten.

Ich wünsche dem „Zweiten Geseeser Büchlein" viele Interessierte und Ihnen allen Freude und Erkenntnis bei der Lektüre. Lassen Sie uns gemeinsam dankbar zurückblicken und gleichzeitig mit Zuversicht nach vorne schauen – immer im Bewusstsein der reichen Geschichte, die uns verbindet.

Mit herzlichen Grüßen
Ihr

Harald Feulner
Bürgermeister der Gemeinde Gesees

Das zweite Geseeser Büchlein

Geschichte(n) aus Gesees
im Bayreuther Land im 19. Jahrhundert

Inhaltsübersicht

Das Zweite Geseeser Büchlein

Einführung:
Wozu ein zweites Geseeser Büchlein?

Im Jahr 1842 gab Pfarrer JOHANN GEORG ADAM HÜBSCH (1805-1872) im Selbstverlag sein „Geseeser Büchlein" heraus. Befreundete Subskribenten aus dem Kreis der oberfränkischen Historiker unterstützten ihn damals bei der Herausgabe. Es war das erste Heimatbuch über den Ort Gesees und seine Menschen und umfasste die Ortsgeschichte von 1321 bis ins beginnende 19. Jahrhundert. Nur einzelne Angaben reichten bis in die Gegenwart des Verfassers 1842. HÜBSCH betrachtete auch den umgebenden Raum des Hummelgaues. Sein schmales, mit einem unscheinbaren erdbraunen Hardcover ausgestattetes Bändchen ist als Quelle für historische und heimatkundliche Erforschungen dieser Region bis heute unersetzlich und wegweisend.[1]

---

[1] Im Jahr 2019 hat die Jürgen Joachim Taegert zur Vorbereitung des 700. Geseeser Gemeindejubiläum dieses „Geseeser Büchlein" in einer kommentierten und illustrierten Taschenbuchversion für die breitere Öffentlichkeit neu herausgebracht: Verlag BoD, 280 S., ISBN 978-3-752800-03-0.

Die Ziele von Hübschs „Geseeser Büchlein ":
Aufklärung, Unterhaltung, Vaterlandsliebe

In seinem Vorwort sieht HÜBSCH sich als aufklärender Geschichtsforscher. Er will dem Dorf Gesees die Aufmerksamkeit zuwenden, die es wegen seiner besonderen Lage und seiner interessanten Bewohner längst verdiene.

Ein Blick auf die Karte (s.u.) gibt ihm recht: Zu der Zeit erstreckt sich der ausgedehnte, auf die Anfänge der christlichen Mission im „Hummelgau" zurückgehende Geseeser Pfarrsprengel noch von der Kirche „St. Marien zum Gesees" als Mittelpunkt jeweils eine dreiviertel Fußwegstunde bis zur Forstmühle im Norden und zum Eichenreuther Wald im Süden bzw. jeweils eine ganze Wegstunde nach

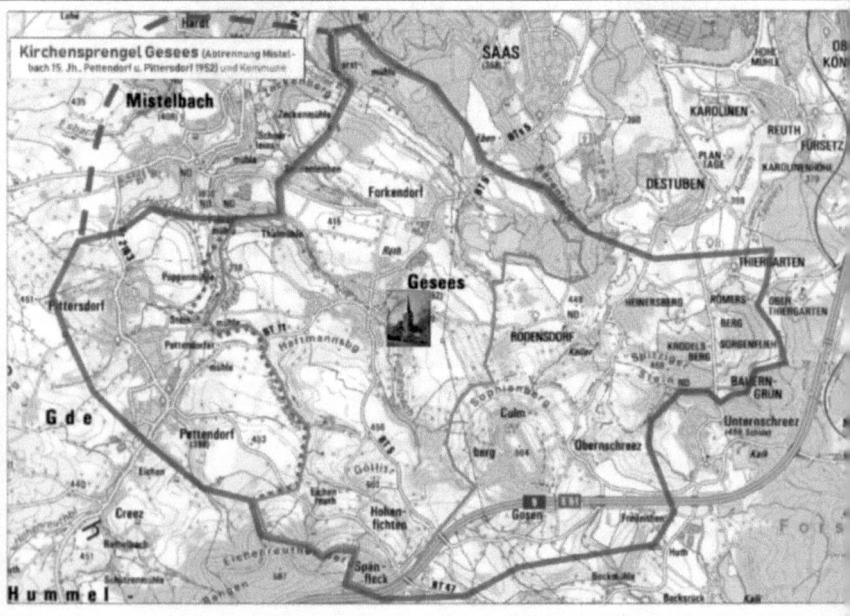

Osten bis nach Thiergarten und im Westen bis zum Schobertsberg.

Nach seinem eigenen Selbstverständnis, aber wohl auch tatsächlich ist HÜBSCH der erste, der den Einwohnern dieser Region eine gründliche Geschichtskenntnis über ihre Heimat vermitteln will. Seine Vorarbeit bestand in einer bis heute staunenswerten Recherchearbeit. Sie ist auch wissenschaftlich anerkannt. Der Ertag floss in die Niderschrift seines Büchleins ein. Dabei verfolgt er drei Hauptziele: Er will einerseits seine Gemeindeglieder *belehren*. Andererseits will er sie aber auch am Feierabend nach ihrem anstrengenden Tagwerk *unterhalten*. Und drittens will er, dem Zeitgeist der 1840-er Jahre entsprechend, die *„Liebe zum Vaterland"* wecken.

Dabei lässt HÜBSCH sich von der Annahme leiten, dass jeder Ortsbürger als „vernünftiger Mensch", wenn er seinen Wohnort in der gegenwärtigen „Gestalt und Beschaffenheit" betrachtet, Interesse daran haben müsste zu erfahren, *wie* dieser Ort *entstanden* ist und welche „Schicksale" ihn *geprägt* und *verändert* haben.

Stilistisch wählt er schon damals die freie Gestalt des „Heimatbuches". Diese immer noch verbreitete und beliebte Literaturform ist trotz ihres Alters überraschenderweise erst heute Gegenstand wissenschaftlicher Untersuchungen.[2]

In Hübschs Methodik vereinen sich, wie es für Heimat-

---

[2] Vergl. die Vorbemerkungen zum 2021 erschienen „Heimatbuch Gesees", S. 11f. – Wissenschaftliche Untersuchungen zum Typ des Heimatbuches gibt es vermehrt erst seit 2010, in Wikipedia wird das Heimatbuch sogar erst seit 2021 besprochen.

bücher typisch ist, die verschiedensten Motive und Zugänge zum Thema: HÜBSCH strebt einerseits eine „gründliche Geschichtskenntnis" an. Andererseits will er Aufklärungsarbeit leisten, um die Menschen vom „verfallenden Aberglauben" und „ungewissen Sagen" abzubringen. Und schließlich will er auch eine „würdige Unterhaltung" für die Mußestunden des Sommers und vor allem für die langen gemeinsamen Winterabende in der Stube anbieten. Nicht zuletzt sucht auch die Jugend, mit einem erklärten Hintergedanken: In den politisch sehr bewegten Zeiten will er das Interesse der „verständigen Jugend beiderlei Geschlechts" wecken für das „Wohl und Wehe des Vaterlandes".

Solche Vorsätze können oberlehrerhaft wirken oder als Versuch der politischen Indoktrination interpretiert werden. Doch in der Praxis entpuppt sich HÜBSCH eban gerade nicht als steifer, distanzierter Lehrer, der andere in seine Richtung drängen will. Sondern wir erleben ihn als einen sehr menschenfreundlichen und humorvollen Beobachter seiner Gemeinde.

Sehr lebendig beschreibt er die 24 Dörfer, Weiler und Einzigen rund um den Geseeser Kirchturm und wie deren Bewohner mit den Anforderungen des wandlungsreichen „langen" 19. Jahrhunderts zurechtkommen.

Die Grenzen des (ersten) Geseeser Büchleins: Es fehlt der Blick auf die Armut

Bei dieser Fokussierung auf eine scheinbar intakte und beschauliche bäuerliche Kulturwelt fehlt zu der Zeit freilich noch jeder Blick auf die sozialen Problemerscheinungen und tiefgreifenden Wandlungen der Zeit. Das holt HÜBSCH aber dann umso intensiver und zupackender nach

seiner Zeit in Gesees an seiner nächsten Dienststelle als
Pfarrer in Naila am Frankenwald nach; hier mausert er sich
dann zu einem der ersten, im Wortsinn maßstabsetzenden
„Sozialpfarrer"[3]. Ihm tut sich damals der teilnahmvolle
Blick auf die noch sehr arbeitsreiche und bedrückend arm-
selige Welt des bäuerlichen Alltags, wie sie für die Zeit der
industriellen Revolution typisch ist, mit all ihren Schattenseiten auf. Und er sucht engagiert und planvoll Wege zur
Überwindung dieser Not. Seine damals begonnene sozial-
diakonische Arbeit ist für die ganze Gegend des Franken-
waldes bis heute maßstabsetzend, sodass es kein Zufall ist,
dass sein Name sogar bei der Benennung von Straßen wich-
tig wurde.

In seiner Zeit in Gesees fehlt bei HÜBSCH aber noch dieser Blick hinter die Kulissen von Tracht und Tradition.
Seine Wahrnehmung für die Schattenseiten des Landle-
bens ist vielleicht deswegen getrübt, weil Pfarrer zu jener
Zeit unter weitaus privilegierteren Umständen wohnten,
als das übrige Volk. Als vom Fürsten bestellter Volkserzie-
her und Kulturbeauftragter steht der Pfarrer in beabsich-
tigter Konkurrenz zum von den Markgrafen gehassten
Reichsadel.

So steht dem Ersten Pfarrer in Gesees seit markgräflichen Zeiten ein aus massivem Sandstein erbautes Pfarrhaus mit den Dimensionen eines stattlichen Adelsschlosses
mit fünf auf sieben Achsen zur Verfügung, dazu am Kirchberg der größte Pfarrgarten Bayerns mit altem Obstbestand

---

[3] Vergl. dazu die ausführliche Beschreibung über das Leben von
Pfarrer HÜBSCH in der Einführung zur oben genannten Neuausgabe „Das Geseeser Büchlein des Pfarrers J. G. Ad. Hübsch" 2020.

und einem großem landwirtschaftlichen Umgriff als Pfründe. Damit die umfangreichen pfarramtlichen Tätigkeiten nicht leiden, dient dem Pfarrer damals noch ein Knecht bei der Hof- und Stallarbeit. Und um im weitläufigen, verstreuten Gemeindebezirk die Seelsorge auszuüben und in allen Anwesen die gehalterergänzende Wölfel-(Weihfeld-)steuer einzusammeln, chauffiert ihn in den wärmeren Jahreszeiten ein Kutscher. Im Winter muss er auch mal den Schlitten hervorholen.

Der weit weniger privilegierte Zweite Pfarrer, in unserm Fall also Pfarrer HÜBSCH, muss mit der Hälfte der Einkünfte seines Kollegen und weniger Service zufrieden sein. Aber auch er bewohnt ein ansehnliches zweistöckiges Steinhaus weiter unten im Ort, am Aufgang zur „Frühmesswiese". Und auch ihn erwartet ein ordentlicher Gras- und Obstertrag zur Deckung seiner weiteren Bedürfnisse.

Dagegen hausen zu Hübschs Zeit alle anderen Dorfbewohner noch in gras- und schindelgedeckten und eher kleinen Holzhäusern. Diese Landleute stehen mit dem ersten Hahnenschrei auf, um, abhängig von Wetter und Jahreszeit, bis zum Sonnenuntergang zu schuften und, unterstützt von ihren Kindern, mit ihren eigenen Händen das eben Lebensnotwendige zu erwirtschaften. Die Last der manuellen Arbeit, damals noch ganz ohne Dünger und ohne Maschinenkraft, ist bedrückend. Nur wer sich Mägde und Knechte leisten kann, ist von schwerster Knochenarbeit befreit; das gelingt also nur den wenigen Bessergestellten.

Gekocht wird auf dem rußende Steinherd mit dem offenen Kaminabzug, und beleuchtet wird das Anwesen in den dunklen Monaten ab Michaelis mit dem Kienspan.

Solche offenen Flammen setzen freilich die Anwesen einer latenten Feuergefahr aus. So bedrohen immer wieder Feuerbrünste die Existenz des ganzen Ortes. Auch der Schmied übt mitten im Ort zum Leidwesen seiner Nachbarn nicht nur ein lautes, sondern auch ein sehr feuergefährliches Gewerbe aus.

Wenn das Auge des Betrachters im historischen Geseeser Ortskerns heute typischerweise zweistöckige Sandsteinhäuser wahrnimmt, die stattlich wirken, so sind das bereits die Zeugen des eingetretenen radikalen baulichen Wandels, ein Stück *nach* der Jahrhundertmitte. Es täuscht aber, wenn man sie als Zeichen des Wandels zu durchgreifendem Wohlstand interpretiert. Diese festen Häuser verdanken sich vielmehr den Zwängen eines Wandels im Denken und Wirtschaften, der typisch ist für das ganze 19. Jahrhundert. Die Entwicklung wird damals insbesondere durch obrigkeitliche Dekrete für mehr Feuersicherheit und zur Einsparung von Bauholz vorangetrieben.

Diese neue Entwicklung auch auf dem Lande begann schon in der markgräftlichen; der völlige Neubau des Marktortes Weidenberg nach den verheerenden Ortsbränden von 1750 und 1770 ist ein bezeichendes und frühes Beispiel.

Das grundlegende Umdenken vom aus Blockbohlen u-errichteten und mit Schindeln oder Stroh gedeckten Holzhaus zu massiver Bauweise fasst in Gesees und Umgebung erst lange nach der markgräflichen Zeit, ab etwa 1858, allmählich Fuß. – Was das heutige Ortsbild nicht verrät: Die meisten Familien traf dieser Wandel hart. Viele fühlten sich gänzlich überfordert und an den Rand ihrer Existenz gebracht. Manch einer versuchte sogar auszuwandern und seinen Traum von einem besseren Leben in Übersee zu verwirklichen; oft blieb es ein Traum.

Wer bleiben und sich an die neue Zeit anpassen wollte, dem wurden enorme Opfer abverlangt und eine langanhaltende, drückende Schuldenlast auferlegt. Mit dem dürftigen bisherigen Ertrag der Böden waren diese Lasten kaum zu schultern. Doch die Verwendung von Maschinen stand noch ganz am Anfang und war so kostspielig, dass sie anfangs für keinen der kleinen Bauern finanzierbar war. Auch der mineralische Dünger in der Landwirtschaft kam gerade erst in Sicht[4]. Er erschien zudem Vielen gerade wegen seines günstigen Preises höchst suspekt: Man will uns mit Chemie vergiften – so lautete ein beliebtes Thema damaliger Verschwörungserzählungen. Zu einem marktorientierten neuen Feldbau mit wachsenden Erträgen war es also noch ein sehr weiter Weg.

So werden zwar, den staatlichen Verordnungen entsprechend, seit etwa 1860 in und um Gesees in rascher Folge stattliche und schmucke Sandsteinhäuser errichtet; doch dieser scheinbare Bauboom verdeckt, wie überfordert die Bevölkerung in Wahrheit mit diesem aufgenötigten Wandel war. So war Gesees noch lange Zeit hindurch eine zwar äußerlich schmucke, aber tatsächlich arme Gemeinde.

Hübschs Geschichtsschreibung endet leider schon lange vor seiner Amtszeit

Neben der beschränkten Sicht auf die verbreitete Armut ist das andere große Manko von Hübschs „Geseeser

---

[4] Justus Liebig 1840.

Büchlein", dass seine eigentliche Geschichtsbeschreibung leider schon mit der napoleonischen Zeit und dem Notjahr 1816 bzw. mit dem Bau der „Vizinalstraße" 1817 in Gesees aufhört. Also nicht erst mit dem Jahr der Herausgabe seines Büchleins 1842 beendet HÜBSCH die von ihm intendierte gründliche Geschichtsbetrachtung, sondern bereits eine Generation früher, nämlich noch vor dem politischen Beben, welches durch den Wiener Kongress von 1815 langfristig in ganz Europa ausgelöst wird.

Es entzieht sich meinen Bewertungsmöglichkeiten, warum HÜBSCH die einschneidenden Entscheidungen bei diesem politischen Großereignis in Wien bzw. in ihrer Folge die „Karlsbader Beschlüsse", gar nicht erwähnt: Die Sieger der Befreiungskiriege, die absolutistischen Mächte Österreich, Preußen, Russland und Großbritannien, haben damals ja den Weg einer sehr rückwärtsgewandten Nationalpolitik eingeschlagen und die bürgerlichen Freiheitsrechte rigide eingeschränkt. Sie wollten scheinbar eine Neuordnung Europas, stellten aber damals in Wahrheit die Zustände vor der französischen Aufklärung wieder her und zementierten dabei die Herrschaft der alten Dynastien. Wer sich nicht der strengen Zensur oder dem Verlust seiner öffentlichen Artikulationsmöglichkeiten beugen wollte, der wanderte aus[5] oder wählten den Weg in die innere Emigration unter dem unverdächtigen Mantel des Biedermeier.

Das heißt: Wo es in der Betrachtung des aufregenden

---

[5] Zur Auswanderung entschlossen sich damal z.B. die Literaten HEINRICH HEINE und GEORG BÜCHNER und bei den Zeitungsleuten der spätere Politiker und Revolutionär KARL MARX.

19. Jh. spannend wird, nämlich bei den nun neu aufflammenden demokratischen und revolutionären Bewegungen, wo es also um die Beschreibung und Würdigung der Menschen geht, die mit dieser erzwungenen Rückwendung in die Innerlichkeit nicht einverstanden waren, da hört bei Pfarrer HÜBSCH die Darstellung leider auf.

Gesees hat eigene wortstarke Geschichtsschreiber

Gesees besitzt aber damals einen fruchtbaren Boden mitteilsamer Ortskultur. Und die lässt sich von der Armut einfacher Leute nicht beschämen; auch eigene Not bringt sie nicht zum Verstummen. Hier reiften vielmehr immer wieder wortgewandte Talente heran. die in der Lage waren, ihre Lebenssituation und ihre Beobachtungen nicht nur anschaulich zu Papier zu bringen, sondern beim Leser auch tiefe Empathie zu wecken.

Drei schreibende Personen ragen dabei besonders hervor. Sie sollen nun in diesem „Zweiten Geseeser Büchlein" mit ihrern eigenen literarischen Arbeiten vorgestellt werden und so den Radius von Hübschs erstem Heimatbuch auf das ganze 19. Jh. und darüber hinaus erweitern:

KATHARINA HORN, geb. SÖLLHEIM (1844-1902),

LENA REIM, geb. SÖLLHEIM (1875-1946) und

KARL MEIER-GESEES (1888-1960).

Diese drei AutorInnen haben Ereignisse und Geschichten der Geseeser Vergangenheit aus dem spannenden und spannungsreichen 19. Jh. von nahestehenden Zeitzeugen erlauscht und aufgeschrieben und bewahren es damit für uns alle vor dem Vergessen.

Damit ergänzen sie Pfarrer Hübschs Arbeit, die ja dem 19. Jh. nur sehr fragmentarisch gerecht wird, auf eine nachhaltige und unverzichtbare Weise, indem sie uns nicht nur Daten und Fakten, sondern auch die damit verbundenen existenziellen Erfahrungen und Gefühle der damals lebenden Menschen vermitteln. Dabei verfügen insbesondere die beiden genannten Frauen bei aller einfachen Herkunft über eine geradezu staunenswerte Erzählgabe, die den Leser auch heute gefangen nimmt.

Noch einen Schritt weiter würde ich gehen, wenn ich insbesondere die Aufzeichnungen der KATHARINA HORN, die wir hier bewusst zum Kern dieses neuen „Zweiten Geseeser Büchlein" gemacht haben, genauer betrachte und bewerte: Sie hat ja, vergleichbar einem Tagebuch, ein „Jahrbuch" hinterlassen, in das sie jeweils am Jahresende rückschauend die glücklichen und traurigen Ereignisse der Jahre von etwa 1860 an fortlaufend bis 1901 eingetragen hat. Vieles Erzählte erinnert in Inhalt und Stil an die Autobiographie der Bäuerin ANNA WIMSCHNEIDER aus Pfarrkirchen in Niederbayern, deren Erinnerungen ja im Jahr 1985 unter dem Titel „Herbstmilch" kometenhaft zum Bestseller aufstiegen und anschließend auch verfilmt wurden.

Mit diesem aufsehenerregenden Werk von Frau WIMSCHNEIDER sind Katharina Horns Aufzeichnungen ohne weiteres vergleichbar. Beide Autorinnen machen auf eine sehr bewegende Weise sozusagen die andere, bedürftige Seite des Lebens sichtbar, die sich hinter den Fassaden der zu ihrer Zeit neu erbauten schmucken Bauernhäuser versteckt.

ANNA WIMSCHNEIDER blieb allerdings in der sozialkritischen Literatur fast ein Einzelfall. Ihr Name ist inzwischen, wie die Süddeutsche Zeitung seinerzeit festgestellt hat,[6] ausgerechnet an ihrem Heimatort schon wieder weitgehend vergessen, obwohl, oder vielleicht muss man sagen: *weil* sie zwei Millionen Bücher verkauft und das Bundesverdienstkreuz erhalten hat. Man hat ihr vor Ort den Erfolg geneidet. Und sie hat viel Kritik dafür einstecken müssen, dass sie, wie schon ihre Eltern, den kommenden Wandel für ihr Dorf vorausgesehen und die Kinder zum Erlernen anderer Berufe angehalten hat. Damit hätte sie die Dorftraditionen verraten, sagte man. Heute ist dieser Wandel auch im Rottal längst Wirklichkeit.

Am Anfang stehen die Geschichten vom „alten Helm"

Den Aufzeichnungen der drei Geseeser AutorInnen liegt nun aber, neben ihren eigenen Beobachtungen, bereits eine weitere wesentliche mündliche Geseeser Quelle zugrunde. Ein kurzer Überblick über die Erzählungen, die in unserm Buch gesammelten sind, zeigt: Diese drei oben genannten AutorInnen knüpfen insbesondere an die Erfahrungen des „alten Helm" an, der ihr Vorfahr ist.

Dieser 1851 verstorbene Mann ist eine der originellsten Gestalten des Geseeser Dorflebens. Obwohl sie ihn nicht mehr persönlich erlebt hat, löst er bzw. die umlaufenden Erzählungen über ihn insbesondere bei seiner 1875 geborenen Urenkelin LINA REIM eine sehr persönliche Geseeser „Geschichtsschreibung von unten" aus. Seine bewegende Biographie ist der erste Gegenstand ihrer jugendlichen Fantasie und später ihrer sorgfältigen Aufzeichnungen.

---

[6] SZ-Nachricht am 18.6.1990 (https://www.sueddeutsche.de/bayern/anna-wimschneider-rottal-heimat-1.4485020)

Für den Historiker bedeutsam ist, dass das Leben dieses Mannes eingezeichnet ist in den nachhaltigen lokalpolitischen Wandel seiner Zeit: den Übergang von der Markgrafenzeit in Bayreuth zur kurzen preußischen, dann zur französischen Herrschaft und schließlich in die junge Bayerische Monarchie.

Kurz gefasst stellt sich die von LENA REIM überlieferte Vita dieses „HELM" so dar: Nach dem Tode seines Vaters, des markgräflichen Revisionsrates JOHANN SÖLLHEIM (1724-1791), geht der mittellose Student WILHELM SÖLLHEIM (1772-1851) von Bayreuth nach Gesees, um sich dort eine Existenz als Bader aufzubauen. Mit diesem WILHELM SÖLLHEIM, genannt „Helm", und seinem Sohn, dem bekannten Landarzt KONRAD SÖLLHEIM, sowie mit ihren Nachfahren werden uns Menschen als Zeitzeugen vor Augen gestellt, die dieses 19. Jahrhundert als „kleine Leute" gleichsam aus der Sicht „von unten" erleben; aus eigener Betroffenheit wollen sie anderen davon erzählen und tun das auf eine sehr lebendige Weise.

Vom Munde des Geseeser Landarztes, ihres Großvaters KONRAD, hat LENA REIM (Bild) ihre Geschichten in der Kindheit erlauscht. Schon als junges Mädchen hat sie das Gehörte dann ihrerseits fortgesponnen und anderen

Kindern weitererzählt. Als Erwachsene hat sie später alles niedergeschrieben und so in der Familie überliefert.

Sie recherchiert und beschreibt darüber hinaus eigenständig die gesamte Zeit in Gesees zwischen 1790 und 1888. Zwar kommt es vor, dass Verwandte ihre datailreich erzählten Geschichten als „Roman" abtun. Das liegt daran, dass sie auch ihr Gefühl spielen lässt oder dass sie von Begebenheiten berichtet, für die wir keine weiteren Quellen besitzen, so z.B. über den Raub des Geseeser Marienbildes. Doch hält das Wesentliche einer historischen Nachprüfung stand.

Damit erweist sie sich eine echte und wertvolle Zeitzeugin. Ihre Berichte und Geschichten, die mit der vorliegenden Broschüre erstmals einer breiteren Öffentlichkeit im Zusammenhang vorgestellt werden, reichen zeitlich also erheblich über das (erste) Geseeser Büchlein von Pfarrer HÜBSCH hinaus.

Am Beispiel ihrer Vorfahren erzählt LENA REIM vom Leben nach dem Ende der absolutistischen Feudalherrschaft, dem Abstieg des Urgroßvaters WILHELM SÖLLHEIM aus dem Bayreuther Bürgertum und seinem mühsamen Aufstieg in der nahen, aber doch fremden Gemeinschaft des ländlichen Dorfes Gesees.

Einfühlsam schildert sie die wechselseitige Beziehung zwischen dem Neubürger, der als Bader das Überleben sucht, und der Heilung suchenden Bevölkerung. Die Mitbürger sind es, die seinen Heilungskräften trauen; sie reden dem jungen Bader deshalb auch das Arztstudium ein und finanzieren es sogar vor! Aber gleichzeitig versuchen sie, seine Macht als „Heiler" dadurch zu begrenzen, dass sie ihn wirtschaftlich von sich abhängig zu machen trachten.

Diesen Bader erwähnt HÜBSCH zwar auch, aber lediglich in der Aufzählung der Gewerbetreibenden und ohne seinen Namen zu nennen. Dabei siedelt er ihn und die wenigen anderen Gewerbetreibenden in der Mehrzahl bei den armen Leuten an, also bei den Krämern, Schustern, Schneidern, Webern oder Maurern.

Dort wo Hübschs Geschichtsschreibung endet, erzählt LENA REIM weiter: von der bedrückenden Zeit der französischen Einquartierung in Gesees und dem Schalk des kernigen Dorfbürgermeisters WEIGEL, der es wagt, den Franzosen deftige Streiche zu spielen. Sie behauptet und erzählt auch, dass das Geseeser Marienbild von den abziehenden Franzosen geraubt worden sei – eine denkwürdige Begebenheit, die bei HÜBSCH nicht vorkommt – und lässt auch die alte katholische Wallfahrt ins protestatische Gesees nun zur „verlassenen Gottesmutter von Gesees" lebendig werden, wovon HÜBSCH ebenfalls nichts erzählt. Es handelt sich aber eine auffällige Pilgerpraxis, die noch weit bis ins 20. Jh. hinein fortdauerte und die der auch von andere ernsthafte Zeitzeugen für dieses Buch bestätigt wurden. Auch berichtet wiederum nur sie von einem aufsehenerregenden Mord, der unter den Wallfahrern am Ortseingang von Gesees ereignet habe.

LENA REIM war eine begabte und einfühlsame Erzählerin. Sorgfältig erkundet sie die Erwartungen und Erfahrungen der damaligen Geseeser Auswanderer zur Zeit des amerikanischen Bürgerkrieges; Bewegend schildert sie das ungestillte Heimweh dieser Emigranten und seine tragischen Konsequenzen.

Sie beschreibt aber auch sehr packend und aus ihrer persönlichen Betroffenheit heraus das große Brandunglück am Geseeser Schmiedhügel, das dann in der zweiten Hälfte des 19. Jh. die damalige, oben schon erwähnte und bis heute erkennbare Dorferneuerung einläutet.

Auch wenn LENA REIM damals keinen Faktenscheck machen konnte und demzufolge ihre Berichte aus dem Hörensagen manche kleinen oder größeren Ungenauigkeiten aufweisen, so nehmen uns die Schilderungen allein schon durch die Kurzweiligkeit ihrer Erzählkunst gefangen. Darüber hinaus lassen sie uns ein weitgehend zutreffendes Bild vom Leben in Gesees im 18. Jh. gewinnen.

Zeitlich an die Erzählungen der LINA REIM schließen nun die Aufzeichnungen ihrer Tante KATHARINA HORN an, einer Tochter des genannten Landarztes Dr. SÖLLHEIM.

Die Erinnerungen der Katharina Horn bewegen uns auch heute

Im Unterschied zu ihrer Nichte LENA REIM, die hauptsächlich das Geschick anderer Menschen beobachtet und beschreibt, kreisen die Berichte von KATHARINA HORN (Bild unten) um das eigene Erleben. Oft betrachtet sie sich wie in einem Spiegel.

Da sieht sie sich zunächst in Gesees als umworbener koketter Backfisch, der es sich aber selbst versagt, seine Chancen auf eine gute Partie mit älteren Herren zu nutzen. Stattdessen heiratet sie einen einfachen „Stieglhupfer"[7] aus

---

[7] „Stieglhupfer" ist ein Wort, das mir als erster der verstorbene langjährige Kirchenvorsteher und Vertrauensmann des Kirchenvorstandes, der in Thiergarten wohnende GEORG SCHRÖDEL, mitgeteilt hat. Geschichtsinteressiert sprach er mit mir über dieses Buchprojekt. Vor ihm verwendet HANS RAITHEl den Ausdruck in seinem zu Ende des Ersten Weltkrieges erschienen Büchlein „Die

der Landwirtschaft. Dann aber wird erstmals auch deutlich, welche traurigen Dimensionen insbesondere die Kindersterblichkeit damals hat; manchmal wurde die Hälfte der Kinder eines Jahrganges vom Tod hinweggerafft!

So wird auch das Großereignis des Deutsch-Französischen Krieges und der Reichsgründung in dieser Familie überschattet vom Tod ihres Erstgeborenen, des dreijährigen „MICHALA", der im Jahr 1871, mitten in der Freude über den Frieden, in die häusliche Zisterne stürzt.

Neben dem Auf und Ab wechselnder Ernteerträge steht das Leben in den folgenden Jahren ständig auch im Zeichen weiterer Unglücksfälle und Tragödien, sodass man sich zunehmend fragt, wie ein Mensch das alles aushalten kann. Aber KATHARINA versucht, die Dinge nicht mit sich alleine abzumachen, sondern sie trägt alles in Dank, Bitte und Ergebung vor ihren vertrauten Gott.

Diesen Gott nimmt sie bei ihrem regelmäßigen Besuch in der Geseeser Kirche wahr. Dabei blickt sie nicht nur auf das Bild Gottes, der im Auszug des Geseeser Christusaltars aus den Wolken herabschaut, wie ein gütiger Landesvater aus seiner Kutsche. Sondern sie nimmt diesen Gott vor allem in der zentralen Skulptur des auferstandenen und him-

---

Stieglhupfer: Eine Bauerngeschichte aus dem Bayreuther Lande".

melfahrenden Christus im mystischen Geseeser Brenck-Altar wahr: Segnend streckt er seine Hand zu allen ausstreckt, die sich ihm bittend nahen. Von ihm lässt auch KATHARINA sich mit Lebenskraft stärken.

So kann sie sich auch wieder an den Geburten der nachfolgenden Kinder freuen. – Oder sie gönnt sich sogar das Vergnügen und erwartet Kaiser WILHELM I. persönlich am noch jungen Bayreuther Bahnhof, als er zur feierlichen Eröffnung von Richard Wagners Festspielhaus erscheint; und sie beschreibt diese einmalige Visite genüßlich.

Aber auch die drastischen Konjunkturdellen und Nöte, die das abebbende Wirtschaftswunder der Gründerzeit im Jahr 1876 auch auf dem Land hinterlässt, werden in Katharinas Aufzeichnungen greifbar: Der einzige Knecht kann nicht mehr bezahlt werden; nun muss sie mir ihren Kindern die ganze Hofarbeit allein machen.

Daneben gibt sie uns viele Einblicke in die Alltags- und Feiertagswelt von Gesees; man erlebt Taufen, Hochzeiten oder die Geselligkeit der Rockenstube. Und man bekommt ein Bild von den drückenden damaligen Lebenshaltungskosten.

Auch die weit ausstrahlenden Feste auf dem Sophienberg werden erwähnt. Aber auch immer wieder Tragödien, die unter dem spannungsreichen Trostwort *„Der Herr schlägt Wunden, aber er heilt sie auch"* verarbeitet werden. Enttäuschungen mit den Kindern und Wiederversöhnung. Kartoffeln als Mehlersatz im Brot, weil wieder einmal das Getreide nicht langt. Der einschneidende Tod des Großvaters, des alten Baders und Landarztes, dessen altersbedingter Persönlichkeitswandel hin zur Demenz die ganze Verwandtschaft bestürzt. Und immer wieder der jähe Tod von

Kindern, auch im Konfirmandenalter, der in der Schreiberin zunehmend den Wunsch nach dem eigenen Sterben weckt.

Doch die Verfasserin erlebt noch das neue 20. Jahrhundert, und sie füllt ihr Büchlein fast bis zuletzt mit ihren Gedanken zur Zeit.

Berührend mitzuerleben, wie das Leben dieser einfachen Leute verbunden bleibt mit den Tieren, insbesondere der manchmal einzigen Kuh: An ihr hängen die Menschen damals besonders, wie an einem zuverlässigen Gefährten und Lebensbegleiter.

Immer bringt KATHARINA dieses mühevolle und arbeitsreiche Leben mit all seinen Schattierungen vor ihren Gott. Und so beendet sie auch in ihrem Todesjahr 1901 ihre Rückschau auf dieses selbst erlebt Kapitel Geseeser Geschichte in ihren Erinnerungen mit einem ihrer vielen dort hinterlassenen Gebete:

„Der liebe Gott wolle uns doch nach so vielen Leiden wieder erquicken und segnen!"

Der „Trachtengeneral" will Historiker, nicht Romanschreiber sein

Diese oben beschriebenen Erinnerungen der KATHARINA HORN und die Aufzeichnungen der LENA REIM sind wohl die anrührendsten wertvollen Geschichtsdokumente, die aus der Feder von Geseeser Ortsbürgern erhalten geblieben sind, nicht aber die einzigen. Es ist dann ein anderer Urenkel des „alten Helm", KARL MEIER, der sich ebenfalls intensiv mit der Geschichte seiner Familie und des Ortes auseinandergesetzt hat.

Wegen seiner heimatverbundenen Leidenschaft ist KARL MEIER (Bild als Lehrer) auch als „Trachtengeneral" bekanntgeworden und hat seinen Namen zu MEIER-GESEES erweitert. Unter diesem Namen ist er auch zum Geseeser Ehrenbürger ernannt worden.

Bruchstücke seiner historischen Arbeiten finden sich über 40 Jahre hinweg in vielen Veröffentlichungen. Ein bislang unveröffentlichtes Kapitel seiner Vita mit dem Titel „Meine Ahnen" wird aber erstmals hier im „Zweiten Geseeser Büchlein" veröffentlicht.

Meiers Ansatz unterscheidet sich von dem seiner weiblichen Verwandten. Er will kritischer Historiker sein und verwendet, im Unterschied zu seinen beiden weiblichen Verwandten, als Quellen auch Kirchenbuchmatrikeln.

Sein Interesse für familiärte Zusammenhänge erwacht schon in der frühen Zeit der Weimarer Republik. Es kommt dann aber in der Hitlerzeit zunehmend zusammen mit der im Dritten Reich verordneten Ahnensuche. Das führt seinerzeit allerorten zu einer Renaissance der Kirchenbücher, aber auch zu ihrem traurigen Bedeutungswandel: Diese Urkunden über kirchliche Amtshandlungen sollen nun die NS-Rassenideologie untermauern. Sie müssen nun herhalten als Quelle für die Erstellung von „Ariernachweisen".

Viele besorgte Deutsche suchten damals auf ausgreifenden „Urkundenfahrten" nach einem judenfreien Stammbaum, am liebsten bis zurück ins 18. Jh. Hier hat auch die noch heute beliebte und verbreitete genealogischen Forschung ihre Wurzeln. Allerdings zeigen Meiers Aufzeichnungen in dieser Hinsicht keine ideologischen Färbungen.

MEIER analysiert die erzählte Geschichte seiner Familie und sucht sie mit Fakten zu untermauern oder zu ergänzen.

Nach seinem eigenen Zeugnis wurde seine Neugier bereits in seiner Kindheit durch die lebendigen Erzählungen seiner Großcousine LENA REIM geweckt; stundenlang und gebannt habe er ihr als kleiner Junge beim Melken im Stall gelauscht. Das literarische Ergebnis wirkt bei ihm freilich ein wenig trockener, als die vitale Erzählweise der beiden genannten Frauen. Er kann aber manche Aspekte ergänzen, etwa über das Leben der damaligen Handwerker auf ihrer Wanderschaft – sein Familienstammbaum führt eigentlich nach Hessen –. Auch trägt MEIER viele Ergebnisse seiner Forschungen aus Kirchenbüchern und Akten vor, welche die letzten Jahre im zuende gehenden Markgrafentum Bayreuth beleuchten können.

Der „Söllheimladen" lässt ein ganz eigenes Kapitel Geseeser Geschichte lebendig werden

Ein weiteres und ganz eigenes Kapitel Geschichte verkörpert der bekannte „Söllheim-Ladens". Seine Gründung führt noch in die Generation der Erzählerin KATHARINA HORN.

Bereits im Jahr 1863 hat der Landarzt KONRAD SÖLLHEIM die bezirksamtliche *„persönliche Conzession zum selbstständigen Betrieb des Krämergewerbes in der Gemeinde Gesees"* erhalten. Der daraus entstandene geniale Viel-

zweckladen (Aufnahme um 1934) mit seiner ausgetüftelten Logistik wurde zum heimlichen Mittelpunkt des Geseeser Dorfgeschehens, bis die Übermacht der Discounter im Jahr 1984 zu seiner Schließung zwang.

Die Urenkelin des Gründers KONRAD SÖLLHEIM, ANNEMARIE, verh. LEUTZSCH, die inzwischen verstorbene bekannte „Rettl" aus dem Hummelgau, hat den Bericht darüber verfasst, den wir hier zur Vervollständigung der historischen Eindrücke mit abdrucken.

Die typische Ausstattung dieses Ladens wurde in ein Bauernhaus am Wohnsitz der Schwiegereltern im benachbarten Hummeltal transferiert und dient heute als Museum. Noch bis ins Alter hat „die Rettl" selbst dort diesen Laden als einmaliges Zeitzeugnis weitergeführt und, angetan mit der Tracht des Hummelgaues, mit ihrem charmanten, unverwechselbaren örtlichen Dialekt amüsante Führungen angeboten.

Weitere Publikationen ergänzen dieses historische Projekt

Als Abschluss dieses „Zweiten Geseeser Büchleins" habe ich auch die erhaltenen Blätter der sg. „Geseeser Chronik" mit aufgenommen. Diese rudimentäre Geschichtspublikation ergänzt die vorliegenden Berichte ab dem Jahr wichtigen Wendejahr 1862 als eine wichtige Quelle und führt die Nachrichten über das Dorfgeschehen fort bis zum Ersten Weltkrieg.

Überblickt man also alle Schilderungen im Ersten und Zweiten Geseeser Büchlein, so hat man eine ziemlich vollständige historische Ortsbeschreibung für Gesees von den Anfängen vor dem Jahr 1.000 bis ins 20. Jahrhundert. Diese Darstellungen sind von mir dann im neuen Geseeser Heimatbuch von 2021 fortgeführt und ergänzt worden durch weitere wichtige Kapitel zu diesem Berichtszeitraum:

1. **„Zeit des Wandels – Geseeser Geschichte(n) im 19. Jahrhundert"** (Heimatbuch Gesees HB S. 207ff). – Den historischen Anschluss dazu bilden die Kapitel:

2. **„Missbrauchtes Vertrauen – Wie die protestantischen deutschnationalen Geseeser dem Nationalsozialismus verfielen"** (HB S. 219ff) – von der Räte-Republik 1918 bis zu Hitlers Machtergreifung 1933;

3. **„Johann Friedrich Buckel – Ein verkannter Profet und Eiferer für den Frieden** – Spurensuche nach einem ungewöhnlichen Pfarrer und Gelehrten" (HB S. 397 ff). Sein Todestag jährte sich am 15. März 2019 zum 50. Mal;

4. **„Eine Herde und ein Hirte**– Das Kirchspiel Gesees und sein Pfarrer Theodor Diegritz in der Zeit von Nationalsozialismus und Kirchenkampf" 1933-1945 (HB S. 239ff);

5. **„Ich bin ein Fremder gewesen und ihr habt mich aufgenommen** (Matth. 25, 35) – Arbeitsmaiden, Kriegsgefangene, Zwangsarbeiter, Kinderlandverschickte, Bombenopfer, Flüchtlinge, Katholiken 1939-1949 ..." (HB S. 421ff).

6. Eine geistliche Ergänzung zur Kirchenbeschreibung bei Pfr. HÜBSCH bildet in diesem neuen Heimatbuch mein

Kapitel: **„Die Kirche St. Marien zum Gesees – Weg zu einem Ort der Kraft"** (HB S. 147ff).

Dank

An dieser Stelle möchte ich einigen Geseeser Bürgern und Gemeindegliedern besonders danken, ohne die das Zustandekommen dieses „Zweiten Geseeser Büchleins" gar nicht möglich gewesen wäre.

So gilt mein Dank insbesondere Frau GUDRUN PFEIFER geb. SÖLLHEIM, welche aus ihrem reichen Familienschatz die wertvollen Autorenvorlagen und kostenbaren historischen Bilder uneigennützig zur Verfügungstellung gestellt hat. Diese Bilder, sowie auch andere, die ich selbst gemacht, bearbeitet und archiviert habe, verbergen sich unter dem Bildrechtehinweis: „Bildarchiv J. cTaegert").

Auch der liebenswürdige, am Ortsgeschehen sehr interessierte Geseeser Ureinwohner KONRAD „KURT" HACKER, der leider im Jahr 2024 verstorben ist, hat dieses Projekt bei den notwendigen Recherchen mit seinem ganz persönlichen Engagement begleitet und auch wichtige Bilder aus seinem Archiv beigesteuert.

Dem Ortshistoriker RÜDIGER BAURIEDEL ist zu danken für seine Hilfe bei der Quellensuche und für die Beratung bei manchen kniffeligen historischen Fragen.

Und dem langjährigen und umsichtigenGeseeser Bürgermeister HARALD FEULNER gilt der Dank für seine freundliche Bereitschaft, dieses weitere historische und literarische Projekt zu unterstützen und zu begleiten.

JÜRGEN JOACHIM TAEGERT
Kirchenpingarten, im Januar 2025

I. Vom Bader zum Landarzt 1791 – 1888

Die Verfasserin MAGDALENA REIM,
geb. SÖLLHEIM um 1930. – Im Hintergrund
die Kirche St. Marien zum Gesees

LENA REIM: Vom Bader zum Landarzt

INHALT

I. VOM BADER ZUM LANDARZT

1. Die Zeitumstände 1847 vor der „Deutschen Revolution"

LENA REIM, geb. SÖLLHEIM,
berichtet im November 1930:
WAS MIR MEIN GROßVATER ERZÄHLTE[8]

„Jahre **kommen,** *kommen und gehen,
wie der Sturmwind, der die Wolken jagt. -
So vergeht die Zeit."* –

Wie Bayreuther Gymnasiasten für einen Streich büßen sollten

E in Bruder meines Großvaters hatte seinen Wohnsitz in Bayreuth. Er hatte einen Sohn und zwei Töchter. Und für seinen Sohn GEORG sparte und entbehrte er alles gerne, nur dass er studieren konnte.

Man schrieb jetzt das Jahr 1847 und GEORG SÖLLHEIM[9]

---

[8] Die Erzählerin MAGDALENA SÖLLHEIM (*1875 in Gesees) war das vierte von 12 Kindern des Kaufmanns MICHAEL SÖLLHEIM und Enkelin des Geseeser Landarztes KONRAD SÖLLHEIM sen. Von Letzterem, sowie von seinem Vater WILHELM und der Zeit, in der sie in Gesees bei Bayreuth lebten, des 19. Jh., handeln die Erzählungen der LENA REIM in der Hauptsache.

Die Gliederung der Söllheim-Familienchronik mit Überschriften und die Anmerkungen, sowie die Erstellung der Ahnentafel im Anhang sind ein Projekt des Bearbeiters und Herausgebers Jürgen Joachim Taegert, Gemeindepfarrer in Gesees von 1992-2005.

[9] Georgs Vater MICHAEL SÖLLHEIM SEN. ist wohl der oben genannte Bruder des Großvaters von LENA REIM. Er kam 1814 in

war Gymnasiast des 9. Kurses in Bayreuth und stand in Bälde vor dem Examen. – Damals gab es unter König LUDWIG I. manche politischen Zusammenstöße[10], und auch die Gymnasiasten des 9. Kurses in Bayreuth hatten sich an diesen politischen Wirren beteiligt. Nur GEORG SÖLLHEIM war nicht dabei, wurde er doch von seinem Vater beständig beschützt und bewacht.

Es muss etwas ganz Besonderes gewesen sein – der

Gesees im Haus Nr. 31 zur Welt, kehrte aber offenbar an den langjährigen Wohnsitz seiner verstorbenen Großeltern in Bayreuth zurück.

[10] Nach dem Tod des ersten bayerischen Königs MAXIMILIAN 1825 hatte sein Sohn LUDWIG I. den Thron bestiegen. Er hat die Integration der mit Franken nunmehr vier Stämme Bayerns politisch, kulturell und wirtschaftlich vorangetrieben (Bauten und Museen in München, Ludwigs-Eisenbahn Nürnberg-Fürth 1835, Ludwig-Donau-Main-Kanal seit 1836, Ludwig-Süd-Nord-Bahn seit 1845 usw.). Aber gegenüber den revolutionären politischen Forderungen seiner Zeit reagierte er aufgrund seiner eigenen negativen Kindheitserfahrungen der französischen Revolution empfindlich (der auf dem Schafott gestorbene französische König LUDWIG XVI. war sein Taufpate gewesen; die Familie hatte aus dem Elsass fliehen müssen).

Ludwigs Herrschaftsauffassung beruhte auf dem Prinzip des Gottesgnadentums. Damit stand sie schon seit den 1830er Jahren den wachsenden liberalen Forderungen der Bürger entgegen und entfremdete den König von seinen Untertanen. Jedem Gedanken einer Volkssouveränität stand LUDWIG völlig verständnislos gegenüber. So konnte er auch mit den Forderungen nach größerer parlamentarischer Mitwirkung, die seit 1847 allenhalben, so auch wohl am Gymnasium in Bayreuth, formuliert wurden, nichts anfangen. Gekränkt von der negativen Reaktion seiner Minister auf seine Liaison mit der Tänzerin LOLA MONTEZ trat er am 19. März 1848 zugunsten seines Sohnes MAX II. JOSEPH ab.

Streich kam nie ganz in die Öffentlichkeit, aber es wurde alles streng untersucht. Drei Tage war schon kein Unterricht mehr, und jeder Gymnasiast wurde einzeln in den Saal gerufen und streng verhört. Doch die Professoren konnten nichts herausbringen.

Da sagte ein Professor: „Jetzt reden wir dem jungen Söllheim ins Gewissen, – das ist der begabteste und der allerärmste Schüler der neunten Klasse, und dessen Laufbahn ist ganz vernichtet. Die Söhne der Reichen können wieder in anderen Schulen anfangen."

Und zwei Stunden später stand GEORG SÖLLHEIM vor den Professoren. Und sie legten ihm alles klar, und dass er weiter studieren könne und ihm jede Strafe erlassen würde, – wenn er die Wahrheit sagt und alles verrät.

Als der Professor geendet hatte, richtete sich GEORG SÖLLHEIM auf in seiner ganzen Höhe, und ohne sich nur einen Augenblick zu besinnen, sagte er: „Herr Professor, ein Deutscher verrät seine Freunde nicht!" –

Am anderen Tag wurden alle Gymnasiasten des neunten Kurses dimittiert.

Der Jammer in der Söllheimsfamilie war unbeschreiblich, war doch ihr GEORG ihre einzige Stütze und ihr Trost im Alter, dazu ganz unschuldig.

Ein paar Tage später sagte Georg Söllheims Mutter: „Ich habe einen Plan gefasst, ich werde nach München gehen und alles dem König erzählen und ihn bitten."

Und am anderen Tage machten sich Georgs Mutter und seine Schwester AMALIE auf und gingen zu Fuß (!) nach München, und in vierzehn Tagen kamen sie in der Hauptstadt an. Sie stellten sich sofort dem Schloss gegenüber auf und warteten, bis der König eine Ausfahrt machte. Und sie hatten Glück! Zwei Stunden später fuhr der König aus dem

Schloss heraus, und in diesem Augenblick knieten Mutter und Tochter nieder und hoben die Hände in die Höhe.

Die Diener wollten sie wegreißen, aber der König hatte sie schon bemerkt und rief: „Halt, was will die Bittende, sie soll sofort ins Schloss kommen, ich werde sie gleich anhören."

Und eine Viertelstunde später erzählte Frau SÖLLHEIM dem König alles, wie sich zugetragen hatte, und dass ihr Sohn ganz unschuldig ist.

Als sie geendet hatte, sagte der König: „Geht ruhig heim – ich werde morgen einen Kurier nach Bayreuth schicken und die Akten kommen lassen!"

Und nach drei Wochen kam der königliche Bescheid: „Alle Schüler des neunten Kurses sollen wieder in ihre Klasse zurück, und die Sache soll nicht weiter untersucht werden, weil es noch so achtbare Menschen gibt, wie der junge Söllheim, der trotz der bittersten Armut das verlockendste Anerbieten zurückwies mit den Worten: ‚Ein Deutscher verrät seine Freunde nicht.'"

Auch war ein kleines Geldgeschenk – fünf Gulden[11] – für GEORG SÖLLHEIM dabei.[12] –

Diese Begebenheit erzählte mir mein Großvater oft und gern.

---

[11] 1 fl. (Gulden) entsprach etwa dem Tagesverdienst eines Facharbeiters. 5 fl. sind also vergleichsweise durchaus kein „kleines", sondern großzügiges Geschenk. Trotz der unterschiedlichen Kaufkraft darf man den Wert dieser königlichen Zuwendung doch mit etwa 500 – 1.000 € gleichsetzen. Den gleichen Betrag könnte man erlösen, wenn man diese Münzen heute in Zahlung gäbe.

[12] Im demonstratitiven Eingreifen des Königs für den Bayreuther Abiturienten GEORG SÖLLHEIM dokumentiert sich Ludwigs deutsch-nationale Einstellung, die er bewusst öffentlich zur Schau stellte und die er selbst als „Teutschtum" bezeichnete.

2. Wie ein Bayreuther Student in Gesees Bader wird

Wie Revisionsrat Söllheim bei der fürstlichen Tafel an einer glühenden Zigarre erstickt

Mein Großvater war der [spätere] Landarzt KONRAD SÖLLHEIM in Gesees. Er war geboren am 15. Juli 1812.

Sein Vater war WILHELM SÖLLHEIM[13] von Bayreuth, den ein herbes Geschick nach Gesees verschlug.

Wilhelm Söllheims Vater[14] war Rechnungsrevisionsrat vom Kreis Oberfranken in der Markgrafenzeit. Sie wohnten in den Moritzhöfen. „Das Haus vor dem Bierschmidt, das mit der Giebelseite auf die Straße schaut, das war mein Vaterhaus", sagte WILHELM SÖLLHEIM immer.

Wilhelms Vater war bis zu seinem Ende ein Lebemann,[15] der nicht mit dem Groschen rechnete; er hielt sich

---

[13] Wohl geboren um oder vor 1770.

[14] JOHANN KONRAD SÖLLHEIM (* 9.1.1724, Sohn eines Schmiedes in Windischenlaibach, getauft in Birk, + 29.8.1791, bestattet in Bayreuth), 1749 Skribent am Hofe der MARKGRÄFIN WILHELMINE, seit 1772 „hochfürstlich-brandenburgischer Kammer-Rechnung-Revisionsrat".

[15] Gegen diesen Ausdruck „Lebemann" wendet sich vehement, aber wenig überzeugend, der Ur-Urenkel KARL MEIER-GESEES in der Beschreibung seiner Ahnen. Es kommt vielmehr bei ihm heraus, dass dieser gut situierte JOH. K. SÖLLHEIM insgesamt dreimal verheiratet war, darunter zuletzt mit einer Dame, die halb so alt war, wie er selbst, und aus diesen drei Ehen insgesamt 18 Kinder hatte, von denen drei vorzeitig starben. Bei seinem Tode war aber

seine eigenen Rosse und Wagen und fuhr täglich in seiner Equipage ins Markgrafenschloss, – hatte er ja bloß zwei Kinder, zwei Söhne,[16] und die waren die Besten in der Klasse.

Der große Sohn war schon mit dem Studium fertig, hatte die Hochschule hinter sich und wartete nur noch auf eine ihm passende Stellung.

Der Jüngere, WILHELM, hatte das Gymnasium hinter sich und wählte den ärztlichen Beruf. „Zwei Jahre hätte ich noch studieren müssen," sagte er jedes Mal, „und ich wäre ein tüchtiger Arzt geworden."

Da kam das Unglück übers Söllheimshaus. Die Markgräfin feierte ihren Geburtstag,[17] und da war Wilhelms

---

kein Geld mehr da, um den Sohn WILHELM weiter studieren zu lassen und um die vier weiteren jüngsten Kinder zu versorgen.

[16] Hier irrte LENA REIM also; sie wusste wohl nichts von der tatsächlichen Familiegröße.

[17] Auch dieser Anlass kann so nicht ganz zutreffen. Denn mit „Markgräfin" könnte zu dieser Zeit 1791 nur FRIEDERIKE CAROLINE VON SACHSEN-COBURG-SAALFELD gemeint gewesen sein. Diese ungeliebte Ehefrau des letzten Markgrafen ALEXANDER war von ihm aber nach Schloss Schwaningen in Unterschwaningen bei Gunzenhausen abgeschoben worden, damit er sich ungestört seiner Geliebten ELISABETH CRAVEN widmen konnte, die seit 1787 am Hof ins Ansbach lebte. FRIEDERIKE starb aber bereits am 18. Februar 1791. Im Mai 1791 verließ ALEXANDER Bayreuth und zog mit Lady CRAVEN nach England, um sie zu heiraten und seinen Ruhestand als Pferdezüchter zu genießen.

Dieses Ende des Markgrafentums muss aber nicht notwendig das Ende der füstlichen Feste in Bayreuth bedeutet haben. Vielmehr hatte der preußische König dem Herzog FRIEDRICH EUGEN VON WÜRTTEMBERG, der 1791 wegen der revolutionären Schreckensherrschaft nach der französischen Revolution aus Angst um

Vater auch an die markgräfliche Tafel geladen. Es war mitten im Festgetriebe, es wurde gegessen, getrunken und geraucht, und damals gab es keine Zigarrenspitzen. Soeben toastete und trank man auf das Wohl der Markgräfin – da, ein leichter Hustenanfall beim alten SÖLLHEIM, und ein Stück brennende Zigarre kam in die Luftröhre. Und obwohl gleich ärztliche Hilfe da war, es half nichts – Wilhelms Vater musste an der Tafel ersticken. –

Das Fest wurde sofort abgebrochen, und nach drei Tagen wurde Wilhelms Vater unter großem Gepränge auf dem Friedhof in Bayreuth beerdigt.[18]

---

seinen Kopf sein ganz von Frankreich umschlossenes Ländchen Mömpelgard verlassen hatte, das Amt des Gouverneurs von Brandenburg-Bayreuth verliehen und ihm die alte Residenz in Bayreuth als Wohnsitz zugewiesen. Für das folgende Jahr 1792 beschloss zudem seine Ehefrau, FRIEDERIKE DOROTHEA SOPHIE VON BRANDENBURG-SCHWEDT, die Großcousine der letzten Markgräfin, Schloss Fantaisie in Donndorf als Privatbesitz zu kaufen, mit großen Ideen zum Umgestalten des dortigen Schlossparks im englischen Stil. Es gab also auch für JOHANN SÖLLHEIM weiterhin genug zum Planen und wohl auch zum Feiern.

Es ist also nicht nötig, das bei LENA REIM geschilderte Unglück als „romanhaft verbogen, wenn nicht völlig verzerrt" zu bezeichnen, wie KARL MEIER-GESEES es tut. Es spricht vielmehr manches dafür, dass sich dieser groteske Unfall bei einem Fest zu Ehren dieses württembergischen Fürstenpaares tatsächlich ereignete, wenn auch wohl nicht aus Anlass eines Geburtstages.

[18] Nach der Bestattung seines Vaters am 31. August 1791, die allerdings nicht „unter großem Gepränge", sondern nach dem Kirchenbucheintrag „in aller Stille" stattfand, dürfte WILHELM SÖLLHEIM bald nach Gesees gezogen sein, nach Angaben bei KARL MEIER-GESEES wohl im Jahr 1797. –

Zur zeitlichen Einordung dieses und auch der folgenden

Drei Tage nach der Beerdigung des Vaters verkaufte der große Sohn Pferde und Wagen mit Zubehör um elfhundertunddreißig Gulden, steckte das Geld in seine eigene Tasche und zog damit in die Welt hinaus, eine Stellung suchend, und man hörte nichts mehr von ihm bis zu seinem Tode[19], er wurde siebzig Jahre alt. –

Die Mutter konnte das tragische Ende ihres Mannes nicht verwinden, dazu den Sturz von der Höhe in die Armut – Stipendium oder Pension gab es damals nicht, die Staatskassen waren leer, wie lange war denn der siebenjährige Krieg vorbei? Sie wurde krank, bettlägerig, und nach elf Monaten bettete man sie an der Seite ihres Gatten auf den Friedhof. Sie starb an gebrochenem Herzen.

Wie der junge Waise Wilhelm Söllheim nach Gesees zieht und Bader wird

WILHELM SÖLLHEIM stand ganz verlassen da, niemand nahm sich um ihn an. Die Beerdigung des Vaters und die

---

Abschnitte: Am 16. Jan. 1791 endete die Bayreuther Markgrafenzeit. Per Geheimvertrag und im Tausch gegen eine lebenslange stattliche Rente hatte der letzte regierende Markgraf ALEXANDER sein Fürstentum an Preußen abgetreten.

In den napoleonischen Kriegen besetzten dann Französische Truppen ab Herbst 1806 das Fürstentum Bayreuth. Nach der preußischen Niederlage kam Bayreuth im Frieden von Tilsit 1807 unter französische Militärverwaltung, war aber für Napoleon lediglich „pays reservé", also Verhandlungsmasse. Die junge, am 1. Jan. 1806 konstituierte bayerische Monarchie erwarb das einstige Fürstentum Bayreuth 1810 für die geforderten 15 Mio. Francs und nahm es am 30. Juni 1810 in Besitz.

[19] S.u. im Abschnitt 4.

lange Krankheit derMutter hatten viel Geld gekostet, und als nach der Beerdigung der Mutter alle Rechnungen beglichen waren, stand er vor dem Nichts. Er musste sein Studium aufgeben und den Kampf aufnehmen ums tägliche Brot, wenn er nicht verhungern wollte.

Und so zog er mit seinen wenigen Habseligkeiten und mit seinem Papagei, mit dem Vogelkäfig und ein paar Wachteln und seiner geliebten Geige nach Gesees, mietete sich in ein halb verfallenes Haus ein, das stand zwischen der Schmiede und der Gastwirtschaft HOFFMANN.[20]

Er verwendete seine Kenntnisse, was er gelernt hatte, trieb das Baderhandwerk, ging in die Dörfer, rasierte die Bauern, heilte Wunden, riss Zähne aus, gab Aderlässe und richtete Arm- und Beinbrüche ein. Und wenn er abends, müde von seinen Gängen in die entlegendsten Dörfer, heimkam, dann setzte er sich zu seinem Papagei, das war sein Sonnenstrahl. Und seine Wachteln, die waren so zahm, sagte meine Großmutter, wenn er sie im Sommer früh insFreie ließ, saßen sie abends auf dem Fensterladen und warteten, bis er heimkam.

---

[20] Das von LENA REIM genannte Holzhaus war das spätere „Badershaus". Doch auch hier sind ihre Angaben ungenau. Wie KARL MEIER-GESEES anhand der Kirchenbucheinträge recherchierte (vergl. dazu auch die Übersichtkarte in Meiers Beschreibungen weiter unten), wohnte WILHELM SÖLLHEIM zunächst im Wirtshaus HOFFMANN, dann in Haus Nr. 31 beim „Angerschneider", später im „Krämershäusle" Nr. 44b. Erst nach dem Studium des Sohnes KONRAD 1840-42 lebte die Familie im „Badershäusle" Nr. 48, wo WILHELM am 18. Februar 1851 dann starb. Er erlebte also die weiteren Umzüge der Familie zum „Hannihof" Nr. 6, zur Nr. 7 im Jahr 1857, und schließlich 1858 ins eigene Haus Nr. 54 nicht mehr mit.

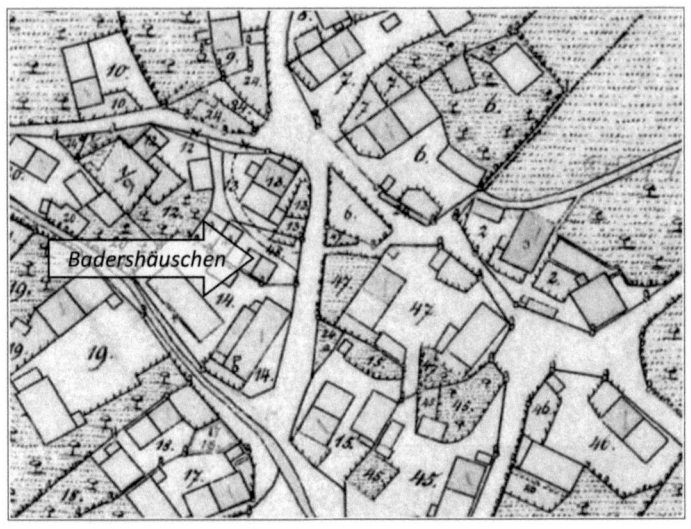

Geseeser Ortsmitte vor 1858. – Bis zum Brand von 1862
stand das hölzerne Badershäuschen zwischen Becknwirt
Nr. 14 und Schmiede Nr. 18 (Bildbearb.: J. Taegert)

Und die größte Freude hatte er, wenn seine Wachteln Junge hatten, dann war Leben in der Bude, dann flogen sie den ganzen Tag durch den Fensterladen und fütterten ihre Jungen. Oft hatte er sechs Wachteln beisammen, die anderen ließ er laufen.

Und von diesen Gespielen seiner Jugend und seiner goldenen Uhr[21] ließ er nicht, auch in der bittersten Not, die hatte er bis an sein Ende.

Und wenn er ein Stündchen geruht hatte, dann nahm er seine Geige und entlockte ihr die herrlichsten Töne. Die Dorfbewohner blieben stehen und horchten. Und WILL-

---

[21] Diese goldene Uhr hat eine ganz eigene Geschichte, s.u.

HELM SÖLLHEIM fühlte sich in seine Jugendzeit versetzt und vergaß all seine Sorgen, wenn er seine Gedanken in Töne kleidete. –

Zehn Jahre lebte WILHELM SÖLLHEIM ganz allein im Haus, dann heiratete er ein armes Bauernmädchen.[22] Das Haus aber wurde seit dem Tage, da WILHELM SÖLLHEIM in die Hütte einzog, das **Badershäusla** benannt. –

Der Geseeser Weigelsbauer – ein kerniger Bürgermeister und Dickkopf

Mein Urgroßvater mütterlicherseits war der WEIGELS-BAUER in Gesees.[23] Das war ein schöner, stattlicher Mann

---

[22] Tatsächlich hatte WILHELM bereits im Jahr 1798 seine Jugendkameradin ANNA WEIß, geb. BAYERKÖHLER, geheiratet, eine junge Witwe, die er seit seiner Kindheit in Moritzhöfen kannte; sie war aber früh verstorben. Mit ihr hatte er eine Tochter JOHANNA ELEONORE. – In zweiter Ehe heiratete er nach den Erkundungen von KARL MEIER-GESEES im Jahr 1805 ANNA KATHARINA BOCK aus Oberpreuschwitz. Diese Ehefrau dürfte LENA REIM gemeint haben. Mit dieser ANNA hatte er drei Kinder, darunter den Protagonisten der weiteren Erzählungen, den 1812 geborenen späteren Landarzt KONRAD SÖLLHEIM. Aber auch diese zweite Ehefrau starb schon bald, nach nur 11-jähriger Ehe. Seitdem lebte WILHELM allein.

[23] Der „Weigelsbauer" war der Großbauer JOHANN WEIGEL, der sein Anwesen Haus-Nr. 40 vorn am Anger bei der Vizinalstraße hatte. Er war mit einer Tochter aus dem Böhnershof verheiratet. Seine Enkelin MARGARETE WEIGEL, die in der Thalmühle lebte (diese uralte Mühle hatte der Patron der Geseeser Kirche NICOLAUS V. HERDEGEN bereits 1536 errichten lassen), hat den Kaufmann und Inhaber des „Geseeser Ladens" MICHAEL SÖLLHEIM (1839 – 1900) geheiratet. Zu deren Kindern gehörte die Verfasserin.

Der Weigelsbauer war auch im Besitz der uralten Thalmühle im Einschnitt des Funkenbaches. Aus diesem Haus stammt die Mutter der Erzählerin LENA REIM. Der Weigelsbauer ist also der Urgroßvater der Erzählerin. Hier ein Winterbild der Weigelsfamilie um 1900 (Bildarchiv Taegert)

von hohem Wuchs, eines Hauptes länger, als alle Männer im Hummelgau. Ein Gemisch von Jähzorn und Kraft sprach aus seinen klugen, grauen Augen.

Wenn jemand eine schwere Last zu tragen hatte, z.B. wenn man einen Schornsteinsturz auf dem Neubau brauchte – das war ein großer, viereckiger Stein, gehauen aus einem Stück, in der Mitte ein viereckiges Loch – , dann wurde der WEIGELSBAUER gerufen. Der steckte seinen Kopf durch das Loch und trug den Stein auf seinem Schultern die Leiter hinauf, wo man ihn hinhaben wollte.

Oder wenn er in seinem „Knauer" Heu einfuhr – von einer Wiese hinter der Kirche – , dann fuhr er mit seinen Pferden am Abhang hin, wo er wollte. Er stemmte schnell die Schulter in den Leiterbaum und hob damit das ganze Fuder, dass auf der anderen Seite bloß die zwei Räder ginge.

Und da er wohlhabend war und in seinen jungen Jahren schon Bürgermeister, so war er auch ein reicher Protz, er setzte überall seinen Willen durch.

Mit ganz Forkendorf war er verfeindet wegen der Flurmarkung. Und wenn er nach Bayreuth musste, dann ritt er auf seinem Schimmelhengst im Galopp durch Forkendorf, und die Steine flogen ihm bis auf die Ebene nach. Wenn er daheim mit seinen Pferden fuhr, hatte er beständig sein STEPHALA um sich – das war ein kleiner, etwas beschränkter Mensch mit geringem Lohn, – den brauchte er bloß zum Hänseln.

Einmal fuhr dar WEIGELSBAUER ein Fuder Dornen heim, STEPHALA musste immer auf der anderen Seite neben dem Wagen gehen. Da fuhr der WEIGELSBAUER immer weiter rechts, STEPHALA musste in den Graben, – da – ein Ruck! und das Fuder Dornen fiel auf STEPHALA. Da schrie der Weigelsbauers: „Stephala, wo bist?"

Da hörte man eine Stimme unter den Dornen schreien: „Ja, Stephala, wo sch---t!" – Das wird heute noch getrieben.

3. Die Franzosen in Gesees:
Der verhinderte Untergang des
Dorfes und der Diebstahl
derMuttergottes aus der Kirche

Wie der Bader Dolmetscher der Franzosen
wird und die Situation beruhigt

Man schrieb jetzt das Jahr 1808. Und drei Wochen vor der Schnitternte war der Einzug der Franzosen in Gesees.[24] Vierzehn Tage sollten sie in Gesees bleiben.

Und WILHELM SÖLLHEIM musste den Dolmetscher machen, weil er Sprachenkenntnisse hatte. Die französische Sprache beherrschte er wie seine Muttersprache, und man merkte keinen Unterschied, wenn er sich mit den Offizie-

---

[24] Aus dem Geseeser Büchlein von Pfarrer HÜBSCH:

„1808 hielt sich der General D'ESPAGNE 10 Monate lang mit 3.000 Kürassieren im Bayreuthischen auf, und Marschall MORTIER 14 Tage lang mit 22.000 Mann.

Nach ihm rückte die Französiscbe Division von 13.000 und das Dudinot'sche Korps von 12.000 Mann ein, und alle diese Heerzüge trafen mehr oder weniger unseren Pfarrsprengel, indem nicht nur Einquartierungen auf Einquartierungen erfolgten, sondern auch Wagen und Zugvieh der Einwohner zum Transporte des Gepäcks und der Marodeurs bei jeder Truppen-Veränderung in Anspruch genommen und oft so weit in die Ferne mit fortgeschleppt wurde, dass mancher Bauer samt seinen Pferden nur durch nächtliche Flucht und unter großer Gefahr und Mühe seine Heimat wieder erreichen und seinen Töchtern sowie seiner eigenen Gattin den ersehnten Schutz gegen französische Schamlosigkeit und Frechheit gewähren konnte."

ren unterhielt, er konnte fließend Französisch sprechen.[25]

Der WEIGELSBAUER erhielt vierundzwanzig Offiziere und ebensoviele Pferde in Verpflegung.

Die Mannschaften mussten in der Feldküche essen. Posten wurden aufgestellt, der erste im Hofe des Bürgermeisters. Dann bei der Einfuhr beim Örtelsbauern stand wieder ein Posten und so war auf alle fünf oder sechs Häuser ein Posten verteilt.

Wie der Weigelsbauer den Franzosen einen Streich spielt

Drei Tage waren die Franzosen in Gesees, da spielte der WEIGELSBAUER den Franzosen einen Streich, das ging über die Grenze des Erlaubten.

Es war um elf Uhr mittags, da ging der WEIGELSBAUER zu dem Posten an der Einfuhr des ÖRTELSBAUERN[26] und sagte: „Ich habe ein Rind geschlachtet, und du kommst heute mittag zu mir zum Essen!"

Der Posten sagte: „Ich darf meinen Platz nicht verlassen, hier muss immer ein Posten stehen!"

„Da schick ich dir halt mei Stephala her, der kann deine Uniform anziehen und kann Posten stehen, bis du wiederkommst, und dir bring ich einen Hummelanzug von mir!" sagte der WEIGELSBAUER.

---

[25] Ein Grund für die guten Französisch-Kenntnisse wird nicht genannt. Er könnte sie beim Besuch des Gymnasiums erworben haben. Nach anderer Lesart habe er sie beim Studium in der frazösischen Schweiz erworben.

[26] Das Anwesen des ÖRTELSBAUERN liegt auf der östlichen Straßenseite weiter dem südlichen Geseeser Ortseingang zu.

Und obwohl WILHELM SÖLLHEIM abwehrte und sagte: „Das solltest du nicht tun, Bürgermeister, das kann schlimm ausfallen. Der Franzose ist unser Feind!", da bestand der WEIGELSBAUER erst recht darauf. Er setzte überall seinen Willen durch und ging heim.

Und es dauerte eine Viertelstunde, so ging der WEIGELSBAUER wieder das Dorf hinunter und trug einen Hummelanzug unterm Arm. Und einige Schritte hinter ihm ging sein Stephala. Der Posten und STEPHALA verschwanden sofort in der Schupfe nebenan, und in zehn Minuten erschien STEPHALA wieder als Franzose verkleidet; aber die Uniform war viel zu groß. STEPHALA hatte die Uniform über seine Kleider angezogen.

Der WEIGELSBAUER lachte hell auf, Stephala sah aus wie eine Karikatur. Der WEIGELSBAUER drückte STEPHALA das Gewehr in die Hand und sagte: „Du bleibst hier stehen und rührst dich nicht, bis wir wiederkommen."

Der Franzose kam auch wieder aus der Schupfe heraus, als Hummelbauer verkeidet, und ging mit dem WEIGELSBAUERN zum Mittagessen.

Über eineStunde war vergangen, seit der Posten mit dem Weigelsbauern zum Essen ging, da kam ein Oberst das Dorf herunter, und STEPHALA konnte kein Honeur machen[27.] Da ging der Oberst auf ihn zu und schrie: „Was ist denn das für ein schlotteriger Posten da, was geht hier vor? Wer hat sich das erlaubt? Das ist eine Verhöhnung unserer Nation!"

Doch STEPHALA gab keine Antwort.

Da schrie der Oberst außer sich vor Zorn: „Das muss

---

[27] Ein anderer Ausdruck für „militärisch grüßen".

bestraft werdenI Holt den Bürgermeister und den Söllheim!" –

Appell wurde geblasen, und der Bürgermeister mit dem
Posten erschien. Als STEPHALA den WEIGELSBAUERN sah,
schrie er schon von weitem: „No, Bauer, wos hotta vidda
oogebm!" – Das wird heute noch getrieben. –

WILHELM SÖLLHEIM kam auch gelaufen und musste
seine ganze Beredsamkeit aufwenden, um die Franzosen zu
beruhigen. Er konnte alles so harmlos hinstellen und betonte immer wieder: „Das hat der Bürgermeister nicht aus-
gesonnen; er wollte dem Posten nur ein gutes Mittagessen
geben. Dass die Sache aufkommen könnte, daran dachte
doch der Bürgermeister nicht." –

Schließlich konnte WILHELM SÖLLHEIM die Franzosen
beruhigen. Aber der Bürgermeister musste versprechen,
dass er nie mehr etwas gegen die Franzosen unternimmt.

Als der Weigelsbauer den Übergriff eines Franzosen an seiner Frau abwehren wollte

Acht Tage waren jetzt die Franzosen in Gesees. Es war
um die Mittagszeit. Der WEIGELSBAUER hatte soeben zum
Essen gerufen, und er und einige Offiziere warteten schon
in der Wohnstube.

Da kam die Weigelsbäuerin zur Tür herein, und hinter
ihr gingen zwei Mägde und trugen alle drei je eine Schüssel
dampfende Nudelsuppe in den Händen. Da ging ein Offizier hin zur Weigelsmutter und zupfte sie an den Brüsten
und riss ihr das Brusttuch weg.

Der Jähzorn des WEIGELSBAUERN wallte empor, rasch

Kerwa vor dem Weigel-Anwesen um 1934 – Auffallend und im heutigen Erscheinungsbild der nach 1858 erbauten Geseeser Sandsteinanwesen selten ist das Fachwerk des Obergeschosses. Der alte Weigelsbauer selbst lebte noch wie alle anderen in einem Holzhaus mit Schindeldeckung.
(Bildarchiv Taegert)

riss er eine Peitsche vom Hausflur herunter und hieb sie dem Offizier über den Kopf, dass er blutend zusammenbrach. Blitzschnell riss er ein Fensterkreuz heraus und sprang durchs Fenster und lief auf den Stadel zu.

Im Nu füllte sich die Weigelswohnstube mit Offizieren. Appell wurde anhaltend geblasen, und in fünf Minuten war der Stadel umstellt.

Und in zehn Minuten läuteten die Kirchenglocken. Und das Standrecht wurde über Gesees verhängt, weil sich der Bürgermeister an einem Offizier vergriff. –

Und nur WILHELM SÖLLHEIM war es zu verdanken, dass Gesees nicht sofort dem Erdboden gleich gemacht wurde. Er stellte sich den Franzosen ganz zur Verfügung und sagte immer wieder: „Sie sollen doch Gnade vor Recht ergehen lassen und sollen zuerst den Schuldigen hängen. Was können denn die armen Dorfbewohner dafür.

„Ja, wir wollen zuerst den Schuldigen hängen!" schrien alle Offiziere.

Sofort wurde Befehl gegeben: „Jeder Bauer muss einen Heuwagen stellen und das Gespann dazu!"

Dann wurde alles Heu im Weigelsstadel auf die Wagen geladen und hinausgefahren und mit den Lanzen durchstochen. Die Bretter in den Bonner[28] wurden aufgerissen und jedes Winkelchen mit den Lanzen durchstochen. Aber der WEIGELSBAUER war wie vom Erdboden verschwunden.

Dann wurden vier Posten um den Weigelshof herum aufgestellt, die mussten Tag und Nacht abwechseln. Und wenn jemand von den Angehörigen im Weigelshof aufs Feld ging, war ein Posten dabei. Und der WEIGELSBÄUERIN war jeder Austritt aus dem Haus verboten. Und auf den Kopf des WEIGELSBAUERN wurden hundert Gulden gesetzt.

Vierzehn Tage waren jetzt die Franzosen in Gesees. Und alle Bewohner dachten, sie müssten ziehen, weil doch die gesetzte Zeit herum war.

Aber die Franzosen blieben noch acht Tage und setzten auf den Kopf des Weigelsbauern dreihundert Gulden. Wer ihn findet, lebend oder tot, und wer ihm Schutz und Unterkunft gewährt, wird sofort erschossen, und das Haus in dem er gefunden wird, wird dam Erdboden gleichgemacht.

Die WEIGELSBÄUERIN durchlebte bange Stunden. Gerne hätte sie sich in die schweren Maßnahmen der Einquartierung gefügt. Und was lag ihr daran, wenn die Franzosen seit dem Verschwinden ihres Mannes ein Stück Vieh ums

---

[28] Barneth = Panzen, der Raum neben der Tenne für Heu.

andere aus dem Stall nahmen und für die Feldküche schlachteten, ihretwegen konnten sie den ganzen Stall leeren – das war doch wieder gutzumachen. Stand doch das Leben ihres guten Mannes auf des Messers Schneide.

Und ob er überhaupt noch lebte? Ach, du bitterer Gedanke, der sie Tag und Nacht quälte!

Als die Franzosen das Marienbild stahlen

Drei Wochen waren jetzt die Franzosen in Gesees, da kam ein höherer Befehl. Sie mussten ziehen. Und WILHELM SÖLLHEIM musste Wegweiserdienste leisten, zunächst bis Rabenstein.[29]

Aber die Franzosen raubten zuerst die Kirche aus und stahlen die Mutter Gottes. Die war mit Gold und Edelsteinen behangen und stammte aus der Herdegenzeit. Und was hatten ihr alles die Wallfahrer geopfert! Sie stand an einem freien Platz in der Kirche, dort wo jetzt das Lied angesteckt ist und wo die Kinderstühle sind.

EXKURS 1
von Jürgen-Joachim Taegert:
Das katholische Gnadenbild in der evangelischen Kirche Gesees und die Familie Herdegen

Nach den Angaben von LINA RAUM stammte das Gnadenbild mit der Darstellung Marias für die katholische Wallfahrt in der evangelischen Kirche St. Marien zum Gesees aus der „Herdegenzeit". Wer waren die HERDEGEN?

---

[29] Burg Rabenstein in der Fränkischen Schweiz.

Die Herren von Herdegen als Schutzherren der Kirche

Die HERDEGEN waren Amtsleute des obergebürgischen Markgrafentums, das, in Nachfolge der Nürnberger Burggrafen, seit 1338 den oberfränkischen Raum von der Plassenburg bei Kulmbach aus beherrschte. Seit 1500 war NICOL HERDEGEN Bürger und seit 1502 Vogt zu Bayreuth, calso der Statthalter des Markgrafen. Von MARKGRAF FRIEDRICH II. erhielt er im Jahr 1512 im Tausch Grundstücke auf dem Culmberg oberhalb von Gesees und errichtete bereits ein Jahr später auf diesem Grundstück eine standesgemäße Burg mit einem Rittergut.

An gleicher Stelle fand er bereits einen von 13 stattlichen Warttürmen vor, die der Markgraf einige Jahre zuvor

Einen solchen markgräflichen Wartum, wie diesen bei Hof, fand NICOLAUS V. HERDEGEN auf dem Culmberg vor und integrierte ihn wohl in seiner neuen Burg. – Insert: Durch Markgräfin Marie wiederaufgebaute Burg auf dem Bayreuth-Panorama 1691 (Bildarchiv Taegert)

für seine Fehde mit den Guttenbergern hatte errichten lassen. Bei Gefahr sollten von dort aus mit Feuer und Rauch Signale zum Schutz der bedrohten Bevölkerung gegeben werden. Dieser Turm dürfte in die neue Burg zu einem trutzigen Ensemble integriert worden sein. Seit ihrem Einzug dort oben nannten sich diese Adligen „HERDEGEN VOM CULM".

Die HERDEGEN erwiesen sich als fürsorgliche Patrone der Geseeser Wallfahrtkirche; sie erhebt sich auf dem vorgelagerten Sporn dieses Culmberges. Solche Fürsorge wussten ihnen die Geseeser auch zu danken.

So zeugte die Familiengruft hinter dem Altar, die noch Pfarrer HÜBSCH in seinem Geseeser Büchlein erwähnt, vom Respekt für diese Familie. Diese repräsentative Grabstätte konnte zu seiner Zeit aber aus Kostengründen leider nicht länger erhalten werden.

Auch zeigte der Schalldeckel im Renaissancestil für die 1562 neu geschaffene sechseckige Kanzel bis zu seiner

Das Herdegen'sche Wappen in einer Darstellung aus dem 17. Jh. Es zeigt einen Schräglinksbalken auf silbernem Grund, der mit einem Kurzschwert belegt ist. Die Helmdecken sind Rot und Silber. Die gekrönte Helmzier setzt sich zusammen aus einem offenen Flug und einem Armstumpf mit nach oben ausgestrecktem Schwert. (Bildarchiv Taegert)

Herunternahme in den 1960-er Jahre in seinem mittleren Feld das Herdegen'sche Wappen.

Heute erinnert einzig das 470 Jahre alte Epitaph auf der Rückseite des Altars an diese bedeutende Stifterfamilie. Ihre farbig gestaltete Gedenktafel ließ Pfarrer HÜBSCH im Jahr 1846 renovieren. Sie zeigt alle lebenden und verstorbenen Mitglieder dieser Familie im Todesjahr des Patrons (1539) und seiner Frau (1556). Sie knien noch in „katholischer" Gebetshaltung unter dem Kreuz Jesu und erleben über sich die dramatische Vision der Auferstehung Jesu.

Als Schutzherren von St. Marien zum Gesees kümmerte sich die Familie HER-DEGEN damals um den Erhalt

Das Herdegen-Epitaph zeigt in "katholischer" Gebetshaltung die Angehörigen der Familie des NICO V. HERDEGEN mit der Vision der Auferstehung Jesu (Foto: J. Taegert)

der Wallfahrtskirche und die Ergänzung ihrer Innenausstattung. Das Gebäude war nach den schlimmen Schäden des Hussitensturms seit 1441 saniert und das Langhaus im spätgotischen Stil eingewölbt worden; es bedurfte bei dem starken Zustrom der Wallfahrer aber weiter des laufenden Bauunterhalts.

Wie sah wohl das Geseeser Gnadenbild aus?

Möglicherweise waren es also wirklich die Herren von HERDEGEN, die um 1515 auch den Auftrag oder die Zustimmung zum Schnitzen des „Gnadenbildes" gaben. Vielleicht war es eine Marien-Skulptur im Stil der Altöttinger Schwarzen Madonna. Das legt zumindest die Bemerkung der LENA REIM nahe, die schreibt, dass das Geseeser Gnadenbild „aus der Herdegenzeit" gestammt habe und „mit Gold und Edelsteinen behangen" gewesen sei. Diese Beschreibung erinnert an das bekannte Altöttinger Gnadenbild der gekrönten Maria mit dem Kinde, das mit Perlen, Gold und Edelsteinen besetzt ist. Es diente für viele alte Gnadenbilder als Vorbild.

Durch Renovierungen verwaschen, aber noch gut erkennbar: Gnadenbild im Schlussstein der Geseeser Kirche (Foto: J. Taegert)

Nicht zufällig erscheint ja auch ein Abbild der gekrönten Maria mit dem Kinde als Medaillon in der Geseeser Kirche: im Schlussstein in der vorderen Vierung des rechten Seitenschiffs. Es ist dort als Teil des geistlichen Programms der spätgotischen Meditationspraxis in dieser Kirche zu betrachten und sollte möglicherweise auf dieses Gnadenbild hinweisen.

Die Vorlage für diese Art von geistlichen Bildwerken ist in Altötting bereits im 14. Jh. nachzuweisen. So ist aus dieser Zeit in der Altöttinger Gnadenkapelle eine aus Lindenholz geschnitzte und inzwischen stark nachgedunkelte Skulptur von etwa 66 cm Höhe aufgestellt, die genau dieses Bildmotiv der gekrönten Maria mit dem Kinde zeigt. Ihr hängen die Wallfahrer bis heute immer wieder neue bunte, mit kostbaren Schmucksteinen versehene „Gnadenröckl" um, die in „liturgischen Farben" mit dem Kirchenjahr wechseln.

Die Altöttinger Madonna ist das Vorbild vieler Gnadenbilder (Repro: Taegert)

Seit fromme Erzählungen ab dem Jahr 1489 von der wundersamen Errettung eines Kindes in Altötting berichteten, wuchs auch an anderen Wallfahrtsorten das starke Bedürfnis, ein solches Bild zu besitzen. So lassen sich in ganz Europa heute 272 historische Skulpturen von solchen „schwarzen Madonnen" nachweisen.[30] Es spricht vieles dafür, dass auch für die

---

[30] PHILIPP KOHLMANN, Pfarrer in Gesees von 1950-1965, spricht in seiner 1958 herausgegebenen Broschüre „Lieder und Legenden um unseres lieben Herrgotts Kirche St. Marien zum Gesees" sogar

Geseeser Wallfahrt damals ein vergleichbares geschmücktes Bild gestiftet wurde. Es ist dann aber, den Angaben von LENA REIM zufolge, knapp 300 Jahre später von den Franzosen geraubt worden.

Die Existenz eines solchen (katholischen) Gnadenbildes in der evangelisch-lutherischen Kirche von Gesees – zumindest bis in die napoleonische Zeit – ist überraschend, aber auch durchaus strittig; denn weder erwähnt der sonst so zuverlässige Geseeser Chronist Pfarrer HÜBSCH das Vorhandensein eines so gearteten Gnadenbildes, noch dessen Raub.[31] Wir sind hier bislang allein auf das Zeugnis von LENA REIM angewiesen!

Zwar schreibt HÜBSCH in seinem Büchlein ein ganzes Kapitel über *„das Christentum mit dem Marienbilde"*. Er beschreibt dabei aber mehr die Bamberger Mission nach der Synode von 1058, die unter dem Patrozinium der MARIA erfolgte, und redet sehr diffus vom Marienkult und der

---

von *„sechstausend als wundertätig gepriesenen Bilder(n) der gebenedeiten Mutter des Heilandes"*, von denen *„unsere liebe Maria von Gesees"* eines gewesen sei.

[31] Anders der oben genannte Pfarrer KOHLMANN. Er geht in seinem Text davon aus, dass ein solches Gnadenbild tatsächlich vorhanden gewesen, aber schon längere Zeit verschwunden sei. Über den Verbleib des Bildes stellt er persönliche Vermutungen an: *„Aber wo ist das Bild verborgen, das die Pilger voll Inbrunst in ihren Herzen trugen? Ist es verbrannt? ist es vergraben? Ist es geraubt und verschleppt? Ruht es an verborgener Stelle unterm Verputz oder im Gemäuer?"* Aus Kohlmanns Fragen darf man folgern, dass die Erzählung von LENA REIM über den Raub des Bildes kein Bericht über unumstößliche Fakten ist, sondern wohl eher ein umlaufendes Gerücht widerspiegelt.

Mariensage in Gesees, ohne handfeste Fakten vorzutragen. Vielmehr bringt er seinen tiefsitzenden Abscheu über die Marienverehrung zum Ausdruck. Solcher Marienkult resultiere aus mangelnder Aufklärung der *„unwissenden Menge"*, die *„das Bild eher als das Wesen begreift und welche im Heidentum zu sehr an eine grobsinnliche Darstellung und Verehrung des göttlichen Wesens gewöhnt war."* Für HÜBSCH dienen Marienbilder lediglich als Ersatz für die zerschlagenen heidnischen Götterbilder.[32]

HÜBSCH vermutet seinerseits etwas fantasievoll, dass der runde Kreuzstein, der heute in der Kirche als Kostbarkeit aufbewahrt wird und auf dem man nur noch sehr schemenhaft die Gestalten von MARIA und JOHANNES unter dem Kreuz wahrnehmen kann *(Bild, Foto: J. Taegert),* einst am Ort der Marienerscheinung an der Schwemm gestanden habe. Er sei Teil eines größeren Marienbildes gewesen, für das man dort unten auch eine erste Kapelle erbaut habe, bevor man dann zum Kirchbau auf dem Berge schritt.

Andererseits zitiert HÜBSCH aus einer Kirchenrechnung von 1528, also vom Anfang der evangelischen Zeit, dass

---

[32] A.a.O. S. 93.

man damals die entbehrlichen Gerätschaften des katholischen Gottesdienstes verkauft und *„3 Pfund minder 10 Pfg. für zween leimwattene Flügel, vom hiligen Mariebild"* gewonnen habe.

War das Geseeser Gnadenbild vielleicht Teil eines Triptychons?

Hübschs Bemerkung über Verkauf von Teilen des Gnadenbildes passt nicht zu einer Holzskulptur. Die erwähnten Flügel haben auch nichts mit Engelflügeln zu tun; wieso sollte Maria Engelsflügel gehabt haben oder von ihnen umgeben gewesen sein? Und wieso sollte man solche Flügel verkaufen?

Vielmehr ist hier wohl eher ein „Triptychon" im Blick, also ein dreiteiliges Marienbild mit zwei klappbaren Seiten-

Spätgotisches Triptychon mit einem Mittelbild des flämischen Künstlers HUGO VAN DER GOES um 1480. (Bildarchiv J. Taegert)

flügeln. Dessen Zentralbild mit der Mariendarstellung müsste also nach dem Verkauf der Seitenteile in Gesees erhalten geblieben sein und auch in der evangelischen Zeit die Verehrung durch katholische Pilger als „verlassene Muttergottes" auf sich gezogen haben.[33]

Solche spätgotischen Mariendarstellungen gibt es aus dieser Zeit, in der wir uns 1528 befinden. So zeigt das Staedel Museum Frankfurt in seiner gleichnamigen Digitalen Sammlung, wie man sich ein solches Triptychon vorzustellen hat.[34]

Das ursprüngliche Mittelbild dieses Triptychons im Format 24 x 17,5 cm zeigt MARIA, die das unbekleidete Jesuskind im Arm hält. Dieses kleine Gemälde hat der flämische Künstler HUGO VAN DER GOES um 1480 geschaffen.

10 Jahre später haben unbekannte Künstler im Auftrag der Eigentümer das gerahmte Bildnis zu einem Klappaltar erweitert, indem sie links und rechts zwei Bildtafeln mit Scharnieren anschraubten. Diese Flügeltafeln zeigen auf ihrer Vorderseite die Gemälde des Stifterpaares, jeweils mit ihren Namensheiligen JOHANNES DER TÄUFER und MARTIN

---

[33] Weiter bestehende Marienwallfahrten zu Orten, die einst katholisch waren und in der Reformationszeit protestantisch wurden, werden auch in der offiziellen Praxis der Röm.-Kath. Kirche gern mit der Bezeichung „zur verlassenen Gottesmutter" versehen, vergl. die Webseite https://marienwallfahrtsorte.erzbistum-bamberg.de/. Beispiele aus der Erzdiözese Bamberg sind die Evang. Kirche von Veitsbronn und vor allem die nah bei Gesees gelegene Evang. Kirche von Lindenhardt. Es scheint so, als hätten die Pilger diesen polemisch gemeinten Ausdruck, seitdem die Geseeser Wallfahrt mit dem Zweiten Weltkrieg verebbt ist, nach Lindenhardt mitgenommen.

[34] sammlung.staedelmuseum.de/de/werk/marientriptychon

im Hintergrund. – Wenn man das Triptychon öffnet, hat dieser Altar etwa das Format DIN A3. Bei geschlossenem Zustand zeigen die Tafelrückseiten MARIA und den Verkündigungsengel.

Es wäre durchaus vorstellbar, dass in Gesees also nicht eine plastische Marienskulptur, sondern wirklich ein solches gemaltes Bild der Anziehungspunkt der Wallfahrt war, das wie das Frankfurter Vorbild zu einem kleinen Klappaltar erweitert war. Das Bild könnte noch in der ersten Zeit der HERDEGEN, also um 1520, entstanden sein. Dessen Seitenteile wären nach der Reformation verkauft worden. Das Mittelbild wäre dann bis 1808 erhalten geblieben.

In seiner gotischen Formsprache hätte dieses Bild auch gut zu dem gotischen Altärlein im Chorraum der Geseeser Kirche gepasst, das dann in der Barockzeit dem Brenckaltar weichen musste.[35].

Weitere Verwirrung stiftet aber Hübschs Bemerkung über die Habsucht des vermeintlich „frommen" Markgrafen GEORG, der *„am 28. Dezember 1529 alle inventarierten Kleinodien, Gefäße und Ornamente mit Ausnahme von ein oder zwei Kelchen aus den Kirchen hinwegnehmen und nach Ansbach schaffen ließ".*[36] –

Zweifellos hätte sowohl ein Gnadenbild im Stil der Alt-

---

[35] Die Holzteile dieses kleinen gotischen Altars haben ja lange auf dem Dachboden der Schule gelegen. Die Gliedmaßen der Heiligenfiguren sollen, wie HÜBSCH berichtet, einem frierenden Lehrer im angrenzenden Kantorat als Brennholz gedient haben, bis ihnen übermütige Buben mittels Schwarzpulver den Garaus machten. – A.a.O. S. 104f.

[36] A.a.O. S. 224.

öttinger Madonna mit all seinen zusätzlichen Schmuckgaben durch die Wallfahrer, als auch ein kleineres goldumrandetes Marienbild zu den *„inventarierten Kleinodien"* gezählt, die der Markgraf damals an sich riss. Wie hätte man das damals verhindert wollen?

Katholische Wallfahrt in der evangelischen Zeit

So kollidiert die Annahme der LENA REIM über die Stiftung des Bildes in der Herdegenzeit erstens mit der unumstößlichen Tatsache, dass zur Zeit der Familie HERDEGEN im Jahr 1528 unter Markgraf GEORG (1527-41) in Gesees die Reformation eingeführt wurde, die den Heiligenbildern ein Ende bereitet, und zweitens mit dem Faktum, dass der wichtigste Chronist der Gemeinde Gesees nichts von diesem Bilde und seinem Raub weiß.

Was das Erste betrifft: Diese Reformation bedeutete ja eigentlich das Ende der Vorstellung von einem „Gnadenbild", das ja in unmittelbarer Konkurrenz zum lutherischen Glauben „allein durch Christus" stehen würde.

Aber dagegen könnte man einwenden: Noch Georgs Vorgänger, Markgraf KASIMIR (1515-1527), war katholisch gesinnt; er hielt die alte und die neue Konfession für gleichwertig. Das würde auch die wahrscheinlichste Datumsgrenze für die mögliche Beschaffung eines Marienbildes in der Herdegenzeit bezeichnen. Wenn ein solches Bild tatsächlich zur Zeit der HERDEGEN aufgestellt wurde, dann könnte das nur zwischen der Ankunft der HERDEGEN 1512 auf dem Culmberg und der Beendigung der Herrschaft Kasimirs 1527 gewesen sein.

Eine Aufstellung eines solchen Marienbildes zu einem noch späteren Zeitpunkt ist äußerst unwahrscheinlich.

Denn mit dem Lutherschüler GEORG HEYDERER („Myrizius") erhält auch Gesees im Jahr 1528 einen lutherischen Pfarrer; er ist damals auch für die ganze Superintendentur Bayreuth mit zuständig. Und auch dem einst katholischen Kaplan CONRAD STEIGEL auf der Stelle des Geseeser Frühmessers wird im selben Jahr seine lutherische Rechtgläubigkeit bestätigt. Es wäre verwegen, anzunehmen, dass diese Geistlichen der Beschaffung eines Marienbildes zugestimmt oder diese gar vorangetrieben hätten.

Wie ist aber dann die Erzählung der MARIA REIM übner das Marienbild zu deuten?

Vielleicht darf man annehmen, dass diese neuen lutherischen Pfarrer keine Bilderstürmer waren, so wenig, wie

Spätgotisches Fresko an St. Marien zum Gesees: "Tod und Beweinung der MARIA *durch die Apostel. (Foto: J. Taegert)*

LUTHER selber ein Bilderstürmer war. Immerhin übernahmen sie ja mit Gesees eine Kirche, die nicht nur dem Patrozinium der Maria unterstand, sondern seit dem Wiederaufbau nach den Hussitenkriegen auch mit drei zum Teil großflächigen Darstellungen von Marienerzählungen geschmückt war:

So prangen in der Eingangsvorhalle seitdem die beiden Fresken *„Mariae Verkündigung durch den Engel"* und *„Tod und die Beweinung Marias durch die Apostel"*; und die linke vordere Säule im Kirchenschiff trägt das Fresko *„Maria mit zwei Heiligen"*.

Diese Marienbilder blieben durch die Jahrhunderte erhalten; sie wurden zu keiner Zeit übertüncht. – So wie ja auch der alte Name der Kirche nach der Reformation bis heute erhalten blieb: *„St. Marien zum Gesees"*.

Solche Toleranz ist doch angesichts der sich im Reformationszeitalter rasch vertiefenden Glaubensgegensätze erstaunlich, aber eine unbestrittene Tatsache!

Es gibt auch keine Nachricht, dass die katholische Wallfahrt an diesen Ort jemals von evangelischer Seite untersagt, behindert, unterbrochen oder abgewertet wurde. Vielmehr erweckt die weitere Erzählung der LENA REIM über die weinenden Ortsbürger den Eindruck, als hätten die Geseeser selbst den Glauben an das Gnadenbild verinnerlicht und sehr unter diesem Raub wie unter einem unersetzlichen Verlust gelitten.

Erwähnenswert ist in diesem Zusammenhang, dass der oben genannte Geseeser Pfarrer PHILIPP KOHLMANN zu seiner Zeit in einem Gedicht eine eigene Variante zum Raub des Marienbildes vorstellt, im Unterschied zu LENA REIM aber mit positivem Ausgang:

Das Gnadenbild

Es ritten drei Reiter gen Neuchateau,
Osten glühte das Morgenrot, so
sprach keiner ein Wort.

Einst über's hohe Gebirge ging
Maria, – der Sonnen Glanz mild sie umfing
und blieb in Gesees.

Da weihte man ihr die Kirche, gebaut,
wo weit man über den Hummelgau schaut,
Christus zu ehren.

Marodeure kamen, es war im Krieg,
die plünderten hart und schrieen von Sieg
und schleppten das Bildnis von dannen.

Da kam übers Land eine schwere Not,
die währt noch heut – o, sende, Gott,
das Bild wieder nach Gesees! - - -

Was bringen die Reiter am Abend zurück?
Sie tragen das Bild! Sie hatten Glück!
Sie jauchzen: AVE MARIA!

Pfarrer KOHLMANN geht also davon aus, dass ein Marienbild in Gesees wirklich existiert hat. Seine Hoffnung, als
er fünf Jahre nach Kriegsende nach Gesees kommt, ist, dass
es zu einer Versöhnung der einst verfeindeten Völker, insbesondere der Franzosen und der Deutschen, kommt. Die
erdachte Rückgabe des Marienbildes erscheint wie ein Ver-
söhnungsakt.

Dass der Historiker HÜBSCH demgegenüber zwar eigene
Vermutungen zur Gestalt dieses Gnadenbildes anstellt,
aber dessen Raub nicht einmal als Gerücht erwähnt, dürfte,

wie oben erwähnt, auf seine Abneigung gegen den Marien-kult zurückzuführen sein. Immerhin war aber die katholi-sche Marienwallfahrt wohl auch noch zu seiner Amtszeit eine weiter sprudelnde Einnahmequelle zum Kirchener-halt, an der ihm als beauftragtem Verwalter des Kirchen-vermögens sicher gelegen war.

Im weiter unten folgenden Tagebuch der KATHARINA HORN ist allerdings von einer Marienfrömmigkeit in Gesee nichts (mehr) zu spüren. Sie wendet sich auch im tiefsten Leid immer nur an den väterlichen Gott, der in Jesus Chris-tus unter die Menschen getreten ist.

Ende des Exkurses,
weiter im Bericht von LENA REIM:

Wie ging es nach dem Raub des Gnadenbildes und dem Abzug der Frazosen weiter?

Alle Leute in Gesees weinten. Wer wird jetzt unseren Ort beschützen? klagte einer dem andern, glaubten sie doch alle an die Wundertätigkeit ihrer guten Gottesmutter und meinten alle, Unglück müsse jetzt über Gesees kom-men![37]

Die Franzosen waren fort, und zum ersten Mal trat nachts wieder die richtige Dorfstille ein. Es war nach Mit-ternacht. Die WEIGELSBÄUERIN lag wie schon so oft schlaf-los in ihrem Bette.

---

[37] Das Raub des Gnadenbildes wird bislang meist auf das Jahr 1806 datiert. Lena Reims Datierung 1808 mit dem Abzug der Fran-zosen scheint aber überzeugender.

Von den gewaltsamen Übergriffen und Schrecken der Franzosenzeit in der angrenzenden Fränkischen Schweiz kündet diese zeitgenössische Radierung des Betzensteiner Künstlers ABRAHAM W. KÜFFNER *1796 (Bildarchiv J. Taegert)*

Da vernahm sie ein leises Klopfen an ihrem Fensterladen. Sie gab nichts darauf und meinte, sie habe wieder mit offenen Augen geträumt. Da wurde das Klopfen stärker. Schnell sprang sie aus dem Bett, glaubte an einen Franzosenüberfall und wollte nach ihren Knechten schreien. Da hörte sie eine wohlbekannte Stimme ihren Namen rufen. Rasch stieß sie den Fensterladen auf. Unten stand ihr guter Mann! War das ein Wiedersehn!

Aber wie sah der WEIGELSBAUER aus: ganz abgehärmt, und das Haar hing ihm wirr um die Schläfen.

„Ja," sagte er, „um mich war mir nicht bange, aber die Angst um meine gute Frau und um meinen Bauernhof brachten mich fast zum Wahnsinn. Und das Härteste für mich war, dass ich bei meinem Sprung durchs Fenster meine Kopfbedeckung verlor."

Als der WEIGELSBAUER gegessen und getrunken und sich umgekleidet hatte, fing er an zu erzählen:

„Als ich aus dem Fenster sprang und auf den Stadel zulief, da war mein erster Gedanke, du musst so schnell wie möglich aus dem Stadel heraus, sonst bist du verloren. Aber der Stadel hatte hinten keine Tore, und so stieg ich schnell die Leiter hinauf und sprang durch einen Laden in meinen Garten.

Dann legte ich mich auf den Erdboden und kroch die Hecke entlang, dann ein Sprung über die Hecke, und wie ein gehetztes Tier lief ich über die Flur. Es war Mittagszeit und wegen der Einquartierung kein Mensch auf dem Felde, und so kam ich unbemerkt über die Flur hinüber.

Im Lodenteich bei der Lodenquelle kletterte ich auf eine Eiche und blieb den ganzen Tag drauf stehen, bis es abends dunkel wurde. Dann sprang ich herab und löschte meinen Durst an der Lodenquelle und wusch mich.

Dann kroch ich hinauf in eines meiner Felder, dort raufte ich Ähren aus, zerrieb sie und steckte mir die Taschen voll Körner, davon ernährte ich mich. Dann legte ich mich auf den Erdboden und schlief ein paar Stunden.

Aber gegen Früh, wenn es dämmerte, dann kroch ich über die Flur und schaute, ob mein Hof noch steht. Und so machte ich es Tag für Tag, bis ich heute früh die Franzosen ziehen sah."

Den Franzosen entkommen

Drei Tage war WILHELM SÖLLHEIM schon in Rabenstein,[38] eben wurde er wieder zu einem Bauern gerufen, er
musste mit dem französischen Wachposten die Hecke ent-
langgehen, an einem anderen Bauernhof vorbei. Da hörte
er, wie in dem Hof zwei Offiziere miteinander redeten und
wie einer zum anderen sagte:

„Jetzt haben sie den Söllheim schon wieder gerufen, den
lassen wir überhaupt nicht mehr los. Der Söllheim leistet
uns gute Dienste, nachher muss er gleich wieder zu uns.“

Als dann WILHELM SÖLLHEIM die Bauern mit den Wünschen der Franzosen verständigte – es war Mittagszeit, die
Franzosen waren müde und zogen sich mit Posten in die
Bauernstube zurück – , benutzte er die Gelegenheit und
entfloh durch die Hintertür des Hauses auf einem Fußpfad
in den Wald.

Acht Tage waren die Franzosen fortgezogen, da kam
WILHELM SÖLLHEIM wieder in Gesees an. Sein erster Gang
war in den Weigelshof, und mit einem Jubelruf umarmte
ihn der WEIGELSBAUER. Gleich wurde ihm zu essen und zu
trinken vorgesetzt und dann gab es zu erzählen ... –

Die Franzosen waren fort[39] und ganz Gesees atmete erleichtert auf.

---

[38] Die Franzosen hatten ihn mitgenommen, weil sie seine Dol-
metscherdienste brauchen konnten.

[39] Ein Kommentar dazu aus dem „Geseeser Büchlein“ von
Pfr. HÜBSCH, Neuauflage, S. 109: „Überhaupt scheint der Ruin der
Turmuhren dem Mutwillen unnützer Soldaten ein besonderes
Vergnügen gemacht zu haben, das sich 1806 auch die Franzosen
nicht versagen konnten.“

Vier Jahre später, im Winter 1812-1813, marschierten die Franzosen wieder durch Gesees[40], diesmal kamen sie von Pottenstein her.

Beim WEIGELSBAUERN wurde in zwei Tennen gedroschen, in jeder Tenne droschen sechs Mann. Es war Vormittag gegen zehn Uhr, die WEIGELSBÄUERIN hatte vor fünf Minuten ihren Mann in die Wohnstube zu den Kindern gerufen, weil sie kochen musste.

Als die Franzosen durchmarschierten, am Weigelshof vorbei, da sprang plötzlich ein baumlanger Franzose aus dem Zug heraus und lief in den Weigelshof und riss sein Schwert[41] aus der Scheide und schaute mit gezücktem Schwert in jeder Tenne herum, doch den Weigelsbauern sah er nicht. Dann lief er wieder zu seinen Kameraden zurück. – Die Franzosen hätten sich nach Jahren noch gerächt, wenn sie den Weigelsbauern gesehen hätten. –

Es müssen viel Franzosen durchmarschiert sein, es war ein Freitag und Betstunde, und als die Leute von der Kirche heimgingen, kamen die Franzosen beim Weigelsbauern hermaschiert, da wollten die Kirchengänger im Hannihof warten, bis die Franzosen vorbei waren, und mussten von Vormittag zehn Uhr bis nachmittags halb vier Uhr warten, bis sie über die Straße gehen konnten.[42] –

---

[40] Es handelte sich um die letzten Truppendurchzüge und Einquartierungen der Franzosen in diesem Raum. Am 18. Oktober 1813 kam es dann zur denkwürdigen „Völkerschlacht bei LEIPZIG". An dieser bis zum Ersten Weltkrieg „größten Schlacht der Weltgeschichte" waren am Ende fast 1 Mio. Soldaten beteiligt.

[41] „Schwerter" waren zu der Zeit eigentlich „out". Hier dürfte an den Säbel gedacht worden sein, den Offiziere eher als Standesmerkmal trugen. Die unteren Ränge hatten ein Bajonett.

[42] Bei 5 ½ Std. Vorbeimarsch, einer angenommenen Marsch-

4. Vom Bader zum Dorfarzt

Leben im Baderhaus

WILHELM SÖLLHEIM ging es seit den Franzosentagen etwas besser. Sooft er in den Weigelshof kam, wurde ihm Essen vorgesetzt, und bei jeder Festlichkeit wie Schlachtfest, Kindstaufe, Kirchweih wurde er bedacht.

Aber die Kinder zogen ein im **Badershäusle**[43], und der Haushalt kostete jetzt mehr Geld. Wie viele Kinder WILHELM SÖLLHEIM hatte, weiß ich nicht, aber vier Kinder weiß ich ganz bestimmt, weil mein Großvater immer erzählte:

„Meine schönsten Jugenderinnerungen waren, wenn mein Vater mit seinen drei Buben[44] jede Messe nach Bayreuth ging. Dann hatten wir Drei blaue Samtanzüge an, mit kurzen Hosen und Schnallenschuhen aus des Vaters Kinderzeit, und WILHELM SÖLLHEIM hatte auch einen schönen, schwarzen Samtanzug. Bloß die Silberknöpfe schnitt er

---

geschwindigkeit von 5 km/h, einem Reihenabstand von 1 m und doppelter Kolonne müssten hier also annähernd 30.000 Mann durchmarschiert sein, also etwa ein Fünftel der Streitmacht, mit der Napoleon in die „Völkerschlacht" eintrat. Auffallend, dass es sich teilweise offenbar um dieselben Soldaten handelte, die schon einmal hier waren.

[43] Das „Badershäusle" war das winzige Holzhaus, das zwischen dem Beckn-Wirt (Gasthaus Hoffmann) und der ehemaligen Dorfschmiede (heute: Rühr/Will, Heißer Stein Nr. 1) bis zum Brand von 1862 stand. Dort hauste der „alte Helm" WILHELM SÖLLHEIM als Bader bis zu seinem Lebensende 1851.

[44] KARL MEIER-GESEES erwähnt die gleiche Geschichte, aber nur zwei Buben und zwei Mädchen.

*Das Badershäuschen stand in der Geseeser Ortsmitte rechts
etwas zurückgesetzt zwischen dem ehem. Gasthaus
Hoffmann und dem weißen Häuschen, gegenüber der
kleinen Feuerwehrhalle. (Foto: J. Taegert)*

heraus und ersetzte sie durch andere. Und mit einem Samtanzug wurde er auch zur letzten Ruhe gebettet."

Und die Tochter von WILHELM SÖLLHEIM war die
Großmutter vom Postboten KÜFFNER in Gesees, die habe
ich noch gekannt. Die überlebte meinen Großvater.

Die zwei Brüder von meinem Großvater gingen, sobald
es möglich war, zum Militär: Der eine davon, der Pate meines Vaters, besuchte meinen Großvater zweimal, er wurde
Regiments-Tambour in Lindau am Bodensee.

Nur meinen Großvater ließ WILHELM SÖLLHEIM nicht
fort. Er sagte: „Ich habe dir die Musik gelernt – mein Großvater war vom 16. bis zum 28. Lebenjahr Musiker –, und
das Baderhandwerk kannst du auch nach mir betreiben." –

Das Ende des alten Helm

Ende der zwanziger Jahre des vorigen Jahrhunderts[45] kamen zwei schwarze Boten nach Gesees geritten und fragten
nach WILHELM SÖLLHEIM und sagten zu ihm, sein Bruder
wäre als ein reicher Mann in Prag gestorben, 70 Jahre alt
und kinderlos.[46] Er solle mitgehen. – Als dieser Bruder 69
Jahre alt war, starb seine Frau, und mit siebzig Jahren heiratete er wieder ein 20-jähriges Mädchen und lebte dann
noch ein halbes Jahr. –

Eine so weite Reise nach Prag zu machen, ohne einen
Pfennig Geld, dazu fehlte dem jetzt bereits alten Mann der
Mut. Und wie sollte seine Familie durchkommen? Aber als
die Boten fort waren, reute es ihn. Er sagte:

„Wenn mein Bruder bei Lebzeiten sich nichts um mich
gekümmert hat, dann hätte man auch nicht nach seinem
Tode nach mir geforscht, wenn er mich nicht in seinem
Testament bedacht hätte!" Und Herr Pfarrer DÖHLA[47] be-
stärkte ihn in dieser Ansicht.

Fünf Jahre später starb WILHELM SÖLLHEIM,[48] und eini-

---

[45] Also um 1829.

[46] S.o. in Abschnitt 2. – Diese Geschichte wird auch bei KARL
MEIER-GESEES ausführlich diskutiert. Danach hätten aber die
Nachweise von Pfarrer DÖHLA aus den Geseeser Kirchenbüchern
nicht ausgereicht, um die Erbberechtigung von WILHELM SÖLL-
HEIM nachzuweisen. Man hätte also in die Bayreuther Matrikel
schauen müssen, was aber offensichtlich unterblieben ist.

[47] Pfarrer JOHANN DÖHLA aus Haid bei Zell, von 1826-1848 in
Gesees auf der I. Pfarrstelle, Amtkollege von Pfarrer JOH. ADAM
HÜBSCH.

[48] Im Jahr 1851. – Nach Karl Meier-Gesees war WILHELM SÖLL-
HEIM zweimal verheiratet: 1798 hatte er seine verwitwete Jugend-

ge Jahre[49] vorher wurde seine liebe Frau zu Grabe getragen, mit der er in glücklicher Ehe gelebt hatte. Er starb als armer Mann, doch geachtet und betrauert von den Dorfbewohnern.[50] –

Wie die Geseeser Bauern ihrem Bader das Arztstudium ermöglichen

Mein Großvater [KONRAD I. SÖLLHEIM, 1812-1888] wollte das Baderhandwerk weiter betreiben, aber die Bayreuther Ärzte verklagten meinen Großvater, weil er keine Schule durchgemacht hatte; bloß von seinem Vater hatte er gelernt. – Jetzt mussten die Bauern, wenn jemand krank wurde, immer erst nach Bayreuth zum Arzt laufen, und das

---

kameradin ANNA WEIß, geb. BAYERKÖHLER aus Moritzhöfen geheiratet, mit der er eine Tochter Johanna Eleonire hatte; diese Ehefrau war aber früh – vor 1805 – verstorben. – In zweiter Ehe hatte er dann 1805 ANNA KATHARINA BOCK aus Oberpreuschwitz geehelicht. Mit ihr hatte er drei Kinder, darunter den Protagonisten des folgenden Kapitels und späteren Landarzt Konrad Söllheim. Aber auch diese Frau verstarb früh, nämlich bereits 1816 „an Auszehrung".

[49] Bereits 1816.

[50] Diese hier beschriebene „Achtung", die LENA REIM ja auch mit der Beschreibung des besonnenen und konstruktiven Verhaltens von WILHELM SÖLLHEIM während der französischen Besetzung untermauert, kommt seltsamerweise im Bericht von KARL MEIER nicht zum Ausdruck. Bei ihm wird der „alte Helm" eher als eine skurrile und unangepasste Persönlichkeit beschrieben, dem die Geseeser mit Misstrauen und Argwohn begegneten und mit dem sie nie wirklich warm geworden seien. Zwar habe man seine sprachlichen und diplomatischen Fähigkeiten in der Franzosenzeit bestaunt, doch sei es danach still um ihn geworden.

kostete viel Geld. Da berieten sich die Bauern miteinander und sagten zu meinem Großvater:

„Konrad, du gehst nach Bamberg[51] und studierst ein paar Jahre. Wir müssen einen bekannten Arzt haben, wir leihen dir das Geld dazu."

Aber mein Großvater war schon einige Jahre verheiratet und hatte schon zwei Kinder, und meine Großmutter sah wieder Mutterfreuden entgegen.[52] Aber der Gedanke an eine bessere Zukunft beseelte ihn so, dass er alle Hindernisse vergaß.[53]

Und wirklich, acht Tage später ging er zu Fuß nach Bamberg und befragte sich, ob er noch studieren kann.[54] Ja, er konnte noch studieren, und schon in einigen Wochen könne er anfangen, sagten die Professoren.

---

[51] Die Universität Bamberg ist eine kirchlich-katholische Gründung des 17. Jh. Im Jahr 1802 wurde das Territorium des Hochstiftes vom Kurfürstentum Bayern als Kompensation für die verlorene Pfalz militärisch besetzt. Die Medizinische Fakultät musste im Oktober 1809 ihre Lehrtätigkeit einstellen und wurde zunächst durch eine „landärztliche Schule" ersetzt. Sie bildete bis 1823 „Landärzte" aus, die unter der Aufsicht eines Landgerichtsarztes arbeiteten. Dann entstand eine „Chirurgenschule" und von 1836-1841 eine Baderschule.

[52] Im Jahr 1839 hatten KONRAD SÖLLHEIM die Geseeserin MARGARETE, geb. EBY (*1812 +1891) geheiratet. Mit ihr hatte er acht Kinder. Zwei von ihnen kamen schon vor dieser Eheschließung auf die Welt, so KONRAD SÖLLHEIM JR., der später in die USA übergesiedelte „Onkel Doktor". „Unterwegs" war MICHAEL SÖLLHEIM, der Vater der Verfasserin LENA REIM.

[53] Nach KARL MEIER-GESEES begann KONRAD SÖLLHEIM dieses Studium im Jahr 1840.

[54] Er war ja schon 28 Jahre alt.

Die Geseeser Bauern liehen meinem Großvater das Geld zum Studium: Zweihundertfünfzig Gulden, das musste reichen auf zwei Jahre.

Und zur festgesetzten Zeit ging er zu Fuß nach Bamberg, und meine Großmutter begleitete ihn bis zum Schobertsberg[55], dann nahmen die zwei Eheleute Abschied voneinander auf zwei Jahre, jedes für sich allein den Kampf aufnehmend ums tägliche Brot.

Als mein Großvater nach Bamberg kam, widmete er sich mit ganzem Eifer dem Studium, und mit gespannter Aufmerksamkeit hörte er dem Unterricht zu. Aber in den Mußestunden, wenn die anderen Studenten spazierengingen, suchte und fand er Arbeit bei den Gärtnern, denn sein tägliches Brot musste er sich nebenbei verdienen.

Er nahm jede Arbeit an, und es war ihm gleich, ob sie ihn nachts 11 Uhr benötigten, wenn die Gärtner heimfuhren, oder früh um 3 Uhr, wenn die Gärtner auf Reisen gingen.

Wie Konrad Söllheims Ehefrau dem Maderbauer einen Zahn reißt

Schlechter gings meiner Großmutter. Sie musste viele Nächte die Kinder ohne Abendbrot weinend ins Bett tragen.

Einmal, erzählte sie, hatte sie für die Kinder einen ganzen Tag nichts zu essen, außer einem Liter Ziegenmilch. Es schnitt ihr ins Herz, wie die Kinder vor Hunger schrieen, bis sie sich müde geweint hatten und einschliefen.

Dann sagte sie: „Wenn der liebe Gott diese Nacht kein

---

[55] Der Schobertsberg liegt 1 Fußwegstunde westlich von Gesees an der Altstraße über Hollfeld nach Bamberg.

Brot schickt, müssen wir alle vier verhungern." Dann kniete sie auf dem Fußboden nieder und betete und schlief ein – oder war sie ohnmächtig geworden?

Ein heftiges Klopfen am Fensterladen schreckte sie auf. Sie riss den Laden auf. Draußen standen die zwei Großknechte vom Forkendorfer MADER und sagten:

„Der Madersbauer hat so Zahnweh und weiß nimmer wohin vor Schmerz. Margart, kannst an Zahn rausreißn?"

Die Zahnzangen von WILHELM SÖLLHEIM lagen im Schrank. Sie hatte noch nie einen Zahn gerissen, aber in der Angst um ihre Kinder sagte sie „Ja!"

Sie sperrte schnell das Haus zu und ging nach Mitternacht mit den Knechten nach Forkendorf und riss beim Schleißenlicht[56] dem MADERSBAUERN zwei Zähne aus.

Vor Freude wollte ihr der MADERSBAUER einen Gulden geben, aber sie wehrte ab und sagte: „Gebt mir was zu essen!" und klagte unter Weinen ihre Not.

Da wurde ihr zu Essen vorgesetzt, und der Madersbauer schenkte ihr zwei Laib Brot und sagte: „Margaret, wenn du wieder so in Not bist, dann komm nur zu mir."

„Ach", sagte meine Großmutter, die sich ihrer Armut schämte, „ich werde doch nicht betteln müssen!".

Aber von da an ging's ihr besser. Der MADERSBAUER erzählte von der Not der SÖLLHEIMS-MARGART, und

---

[56] „Schleißen" sind Kienspäne, die man auf Halter steckte. Es war die bei Ärmeren übliche Lichtquelle und entsprechend feuergefährlich. Nur die Reicheren konnten sich die teuren Wachskerzen leisten, die als einziges sonst aus Sicherheitsgründen in Stalllaternen zum Einsatz kamen. Erst um 1870 kamen Petroleumlapen in Gebrauch; nach der Wende zum 20. Jahrhundert wurden sie zunehmend vom elektrischen Licht abgelöst.

mancher Bauer gab ihr ein Stück Brot oder ein abgetragenes Kleidungsstück für ihre Kinder.

Im zweiten Jahr bei der Heuernte machte Herr Pfarrer DÖHLA bekannt: „Wer meine Wiese, den Weinberg, abmäht – vier Tagwerk – erhält von mir einen Gulden. Heuen tuts die Pfarrfamilie selbst".

Da bat ihn meine Großmutter, er solle sie das Geld verdienen lassen, das war ihm gleich recht. Und meine Großmutter mähte allein in vier Tagen. Sie ging immer wieder heim und dengelte ihre Sense und mähte bis sie fertig war.

„Acht Tage", sagte sie, „konnte ich den Türdrücker nicht halten vor lauter Schwielen in den Händen". Aber sie war glücklich, hatte sie jetzt doch einen Gulden, einen Notpfennig. Und diesen Gulden hütete sie wie ihren Talisman und gab ihn nicht aus. Sie hatte ihn noch, als mein Großvater wieder von Bamberg kam.

Die Zeit verging; der Tag der Schlussprüfung für meinen Großvater war da.[57] Alle Studenten erschienen in Hut und Frack, nur mein Großvater im einfachen Bauernkittel.

Einer nach dem andern wurde in den Hörsaal gerufen; und mancher, wenn er herauskam, sagte: „Durchgefallen!"

Da kam mein Großvater an die Reihe. Er wusste alles und konnte jede Frage beantworten. Und als nach Prüfungschluss zwei Studenten sich bei den Professoren für die Begünstigung ihrer Noten bedankten, sagte der Professor: „Wenn ich die Wahrheit sagen soll, so seid ihr freilich begünstigt worden. Aber der SÖLLHEIM dort, der hat euch alle übertroffen."

---

[57] Im Jahr 1842 legte KONRAD SÖLLHEIM in Bamberg sein medizinisches Examen ab.

Und dann gaben die fünf Professoren meinem Großvater die Hand und wünschten ihm Glück auf die Hochschule in München – und jedesmal gingen meinem Großvater die Augen über, wenn er von seiner Ärzteprüfung sprach. –

Als mein Großvater wieder daheim war, hatte er bald eine große Praxis. Schon nach Jahresfrist konnten meine Großeltern sich eine Kuh kaufen.[58] Das war eine schöne Einnahmequelle für meine Großmutter, galt es doch jetzt alles zusammenzusparen, um die Schulden zu zahlen.

Auch 100 Jahre nach Anschaffung der ersten Kuh waren die Kühe in der Landwirtschaft der Familie SÖLLHEIM und vieler anderer Geseeser Bauern unverzichtbar. Hier: Heuladen 1942 mit kriegsgefangenem Franzosen (Bildarchiv J. Taegert)

[58] Diese erste Kuh wird also im Jahr 1843 angeschafft. Sie bleibt lange Zeit die einzige. Erst seit 1882 und dann bis weit ins 20. Jh. hinein ist bei der Familie SÖLLHEIM der Besitz von mehr als einer Kuh nachweisbar. Damit gehören sie immer noch zu den über 90% Klein- und Kleinstbetrieben in Gesees.

Sohn Konrad assistiert als Bader, lernt Latein und will nach Amerika

Mein Onkel, der nachmalige Dr. SÖLLHEIM[59], musste meinem Großvater bald Helfersdienste leisten. Und mit neun Jahren schickte ihn mein Großvater schon allein in die Dörfer. Er musste die Bauern rasieren. Dabei musste er immer auf einem Schemel stehen.

Als mein Onkel zehn Jahre alt war, kam Herr Kantor BAUMANN zum Großvater und sagte: „Ich gebe jetzt täglich meinen drei Söhnen Unterricht in der lateinischen Sprache. Dein Konrad ist ein aufgeweckter Junge, und da wäre es mir ein Gefallen, wenn du täglich deinen Konrad eine Stunde zu mir schicken möchtest, er könnte so ganz umsonst die lateinische Sprache lernen. Und ich tu mir leichter; durch deinen Konrad passen meine Söhne besser auf."

Das war später, als mein Onkel nach Amerika reiste, von großem Vorteil, dass er schon Kenntnisse in der lateinischen Sprache hatte. –

In der damaligen Zeit gab es jedes Frühjahr viele Auswanderer nach Amerika.[60] Sie hatten es drüben besser. Als

---

[59] KONRAD SÖLLHEIM JR. (* um 1836) war der Erstgeborene des damals noch als Bader tätigen Landarztes KONRAD SÖLLHEIM sen. und wurde selber in den USA ein erfolgreicher Modearzt.

[60] Von dieser „Auswanderungslust", *„die dem Lande nicht bloß manche entbehrliche, sondern auch viele wohlhabende und arbeitsame Familien entzieht"*, erzählt auch Pfr. HÜBSCH in seinem Geseeser Büchlein (Neuauflage S. 40). – NACH LENA REIM erfüllte sich hier der Onkel aber einen eigenen Jugendwunsch.

KARL MEIER-GESEES setzt diese Auswanderung von KONRAD SÖLLHEIM für das folgende Jahr 1854 an, gibt ihr aber eine eigene Deutung und sieht die Initiative mehr bei den Eltern. So habe

mein Onkel siebzehn Jahre alt war[61], setzte er sich in den Kopf, er will nach Amerika.

Er wurde mit seinem Wunsch zuerst schroff abgewiesen: „Was bildest du dir denn ein? Wo sollen wir denn mit unseren Kindern das viele Geld hernehmen, dazu haben wir noch fünfzig Gulden Schulden von Vaters Studium."

Meine Großeltern hatten damals sechs Kinder. Doch Onkel wurde nach und nach ganz wortkarg. Mein Großvater musste ihn immer erst am Ärmel zupfen, wenn er ihn was fragen wollte, und beim Essen brütete er vor sich hin und rührte oft keinen Bissen an.

Da sagte mein Großvater: „Margart, der Junge gefällt mir schon lange nicht mehr, ich fürchte, er wird schwermütig und dann, wenn er sich das Leben nimmt, das andere mag ich gar nicht ausdenken. Wir müssen ihn fort nach Amerika lassen, ich hab mirs überlagt. Wir verkaufen unsere Kuh und alles Entbehrliche, dann werden wir schon das Geld zur Überfahrt zusammenbringen. Dann kann mein Kleiner[62] an Konrads Stelle treten und mir Helfersdienste leisten, und mein Junge hat recht, wenn er sagt:

KONRAD jr. *„sich schon früh an ein Mädchen gehängt, was die Eltern unterbinden wollten."* Deshalb hätten sie den damals 18-Jährigen *„wie viele andere unruhige Köpfe über das große Wasser"* geschickt. –

Nach seiner Zeit als Arzt in den USA kehrte KONRAD SÖLLHEIM JR., nach zwei Zwischenbesuchen daheim, im Alter endgültig nach Gesees zurück. – Vergl. zu seinem Ergehen und zu seiner Heimkehr unten das Kapitel 6 „Leben im Söllheimshaus".

[61] 1853.

[62] Vielleicht hatte er hier an seinen Sohn HEINRICH gedacht, der aber bereits 1858 im Kindesalter starb.

‚Bloß in Amerika kann ich emporkommen.'c Und für uns ist es noch lange nicht so hart wie damals, als ich nach Bamberg musste."

Von dem Tag an war es beschlossen, mein Onkel durfte nach Amerika.

Aber dem HANNALASBAUERN war mein Großvater noch fünfzig Gulden schuldig. Der kam jeden Tag und schimpfte beim Fensterladen hinein: „Was, ihr hochgetragene Bande, ihr wollt eueren Sohn nach Amerika lassen, so große Pläne habt ihr im Kopf, und mir seid ihr noch fünfzig Gulden schuldig?! Ihr wollt mich bloß um mein Geld bringen!"

Der HANNALASBAUER nannte nicht den Edelsinn sein Eigen, da Rücksicht zu Üben, wo er selbst eine mächtige Enttäuschung erlitten.

Doch mein Großvater beruhigte ihn und sagte: „Du kriegst dein Geld, sobald ichs hab!"

Und mein Onkel reiste am festgesetzten Tag[63] mit einigen Familien aus Gesees ab. Aber Bayreuth hatte damals noch keine Eisenbahn. Sie mussten mit dem Leiterwagen bis Marktschorgast fahren, und meine Großeltern begleiteten ihn bis zur Bahn. [64]

---

[63] KONRAD SÖLLHEIM II. wirkte von 1854 bis 1898 in Amerika und war dort nach seinem Studium ein angesehener Arzt.

[64] Damals begann auch für Oberfranken gerade das Eisenbahn-Zeitalter. Der Bahnhof Marktschorgast liegt auf der Höhe der „Schiefen Ebene" an der 1841 begonnenen und ganz Bayern durchquerenden „Ludwigs-Süd-Nord-Bahn" von Lindau nach Hof, er wurde 1848 eröffnet.

Erst fünf Jahre später, am 28. November 1853, erhielt die Stadt Bayreuth mit der Eröffnung der Bahnstrecke von Neuenmarkt her Anschluss an das bayerische Eisenbahnnetz. – 1863 wurde auch

Beim Abschied sagte mein Onkel: „Ich werde es meinen guten Eltern nie vergessen, was sie an mir getan haben, und wenn ihr in Not kommen solltet, so schreibt mir. Ich werde euch gewiss helfen." –

Als sie heimkamen, da sahen sie erst die Leere. Die Kuh, den Schmalztopf, sogar die Ofenbank hatten sie verkauft, dazu fehlte mein Onkel überall. Doch es musste weitergehen. Nach einem Jahr konnte mein Großvater wieder eine Kuh kaufen.

5. Eine Brandkatastrophe in Gesees vernichtet das Badershaus

EXKURS 2
von Jürgen Joachim Taegert:

Wie das Großfeuer von 1862 in Gesees zum heute noch bestehenden Ortsbild führte

Im nächsten Abschnitt ihrer Aufzeichnungen zu den großväterlichen Erinnerungen, der nach diesem Exkurs abgedruckt ist, erzählt LENA REIM auf ihre gefühlsbetonte Weise davon, wie die Familie des Landarztes KONRAD SÖLLHEIM zu einem eigenen Haus kommt – dem heute in veränderter Form noch bestehenden Söllheimshaus in der Geseeser Hauptstraße; es erhielt damals die Hausnummer 54 (heute 13). – Dabei geht sie von der schlüssigen Vorstellung aus, dass ein Feuer zuvor das

---

die „Ostbahn" nach Kirchenlaibach–Markredwitz angeschlossen, 1877 die Strecke nach Nürnberg, 1896 die Bahnstrecke nach Warmensteinach, 1904 und 1909 die inzwischen längst wieder stillgelegten Nebenbahnen nach Hollfeld bzw. nach Thurnau.

Mietshaus eingeäschert habe, in dem die Familie bis dahin viele Jahre gewohnt hat.

In diesem letztgenannten Häuschen hatte schon Konrads Vater WILHELM SÖLLHEIM bis zu seinem Tode 1851 gehaust und das Baderhandwerk betrieben; hier hatte auch der Sohn KONRAD vom Vater das Baderhandwerk gelernt und bis zu seinem späten Studium ausgeübt. Das einfache Holzhäuschen wurde im Volksmund deshalb das „Badershäusle" genannt.

Der Verlust dieser Wohnung durch das Feuer sei für die vielköpfige Familie der Anlass gewesen, trotz immer noch spürbarer Armut den eigenen Grunderwerb und Hausbau zu wagen. Mit viel Eigenleistung und Krediten von örtlichen Bauern, unterstützt vom ältesten Sohn KONRAD JR., dem „Onkel Doktor" in den USA, habe man im Jahr 1858 das riskante Projekt eines zunächst einstöckigen Sandsteinhauses verwirklicht.

Ein Brand ist für das Jahr 1858 bislang nicht nachweisbar

Nun ist es tatsächlich so, dass über dem Türstock dieses neuen Hauses, das danach noch vielfach umgebaut wurde, die Jahreszahl 1858 eingemeißelt ist; und es besteht auch sonst kein Zweifel, dass das Haus in ebendiesem Jahr errichtet wurde. Das Problem besteht vielmehr darin, dass bislang keine weiteren Quellen bekannt sind, die unter der hier genannten Jahreszahl 1858 für Gesees von einem Feuer berichten. Üblicherweise wird stattdessen das Jahr 1862 benannt, über das der damalige Dorfchronist PHILIPP FRIEDRICH MEIER in seinem Bericht über die 12 Jahre von 1862-74, vermerkt:

„*Von Unglücksfällen, welche Gesees neuerdings betroffen haben, ist der Brand vom Jahr 1862 zu bemerken, welcher im Schmiedshause entstand und wobei auch das Hoffmann'sche Wirths- und Gasthaus nebst den Nebengebäuden, das Haus der Witwe Schilling ein Raub der Flammen wurde.*"

Dieses Brandereignis verbindet der Chronist mit der Nachricht von nachfolgenden großen Ortsveränderungen, nämlich dass „*in den letzten zehn Jahren* [also zwischen 1864-74] ... *in Gesees nochmal neue Häuser erbaut worden* [sind], *auch hat sich das Dorf sehr verändert durch das Verwandeln der Schindeldächer in Schiefer- und Ziegeldächer*".

Und er unterstreicht, dass die Gemeinde damals wohl viel Geld in die Hand genommen hat, um zukünftig solchen Unglücken zu wehren: "*Die Feuerlöschmaschine, welche die Gemeinde Gesees besitzt, ist im Jahre 1864 angeschafft worden.*"

Bei der andauernden Brandgefährdung der Orte erlebte das Feuerlöschwesen damals gerade, angestoßen durch die bürgerliche Revolution von 1848, allerorts einen bedeutenden Aufschwung. Freiwillige Feuerwehren wurden allenthalben gegründet. Die seit der Barockzeit bekannten Handdruckspritzen wurden weiterentwickelt. – Allerdings rief man die Freiwillige Feuerwehr in Gesees erst 10 Jahre nach der Anschaffung dieser Spritze, nämlich im Jahr 1874, ins Leben.

Bei der Beschreibung des Ortsbrandes von 1862 erwähnt der Chronist zwar nicht explizit das Badershaus, das mit der Haus-Nr. 48 zwischen dem Schmiedegrundstück (Haus-Nr. 13) und dem Hoffmann'schen Anwesen (Haus-Nr. 12) auf dem „Schmiedhügel" stand. Wohl aber benennt er als mit abgebrannt *das Haus der Witwe Schilling*.

*Dieses kostbare Foto benennt das Jahr 1874 als Gründungsjahr
der Freiwilligen Feuerwehr Gesees; in der Bildmitte die bereits
1864 beschaffte, teuere „Feuerlöschmaschine"*

Der Eigentümer der Söllheim'schen Mietswohnung war wohl tatsächlich JOHANN SCHILLING bzw. nach seinem Tode dessen Witwe. Nach der Erzählung von LENA REIM wohnte KONRAD SÖLLHEIM hier durchgängig. –

Nach Recherchen bei KARL MEIER-GESEES ist er freilich erst *nach* seinem späten Arzt-Examen im Jahr 1842 mit seiner wachsenden Familie hier eingezogen; vorher habe er im windschiefen „Krämershäuschen" gewohnte. Es lag auf der „Insel" zwischen Wandergasse und Schwemm, wo heute das Backsteinhaus der ehemaligen Bäckerei OPEL steht. –

Das Schilling'sche Anwesen und das „Badershäusle" sind jedenfalls identisch. Ob zu diesem Zeitpunkt die Eigentümer SCHILLER mit in diesem eher kleinen Söldengut lebten, bleibt offen. Es müsste dann auf dem Hof sehr eng zugegangen sein, zumal sich die Söllheims ja bald drei wichtige Anschaffungen leisteten:

Sie kauften sich ihre erste Kuh für die eigene Milcherzeugung; sie erwarben eine Kutsche für die Patientenbesuche, und sie beschafften sich ein Reitpferd, um bei Unfällen rasch Hilfe leisten zu können.

Nach den abweichenden Recherchen von KARL MEIER-GESEES waren die Söllheims aber nur einige Jahre in diesem Haus und zogen dann bereits vor 1854 zunächst in das größere Anwesen Haus Nr. 6 um. Dann, nach einer weiteren Zwischenstation in Nr. 7, schritten sie schließlich im Jahr 1858 zum eigenen Hausbau.

Die Angaben bei LENA REIM müssen aber nicht gänzlich falsch sein. Es ist ja nicht auszuschließen, dass das Badershäusle bereits vier Jahre vor dem Brand von 1862 niedergebrannt und danach vielleicht sogar noch einmal provisorisch aufgebaut worden ist, zumal ja die Chronik für die

erwähnten Unglücksfälle ausdrücklich das Wort „neuerdings" gebraucht, sich also auf den beschriebenen Zeitraum seit 1862 beschränkt.

Andere Berichte wollen sogar den Eindruck erwecken,
dass die Witwe SCHILLING bei dem Brand 1862 ums Leben
gekommen ist.

Die alte Bau- und Lebensweise
förderte die Brandgefahr

Nun ist es ja so, dass der erste bedeutende Geseeser
Chronist, Pfarrer JOH. GEORG AD. HÜBSCH, in seinem
sg. Geseeser Büchlein von 1842 feststellt, dass es in Gesees
immer wieder Feuersbrünste gegeben habe, bisweilen im
Jahresabstand. Er machte dafür die Bauweise der zu seiner
Zeit bestehenden 50 Häuser in Gesees verantwortlich, die
nach seiner Aussage größtenteils ganz von Holz (!) erbaut
und mit Stroh oder Schindeln (!) gedeckt waren. Wohl nur
die beiden Pfarrhäuser mit ihren Nebengebäuden, dem
Kutscher- und dem Knechtshaus, sowie die Kirche hatten
zu seiner Zeit in Gesees Sandsteinaußenwände und feste
„Steinschindeln", also eine Schiefer- bzw. Ziegeldacheinde-
ckung.

Auch das alte „Glockenhaus" bei der Kirche zeigte zu
dieser Zeit noch in seinem Obergeschoss Holzwände aus
Blockbohlen und auf dem Dach Holzschindeln. Diese
Blockbohlen waren noch bis zur umfassenden Sanierung
von 2022-25 unterm Putz zu erkennen; und auch die alten
Holzschindeln mitsamt dem statisch dürftigen Dachgebälk
blieben unter der späteren Eternitabdeckung bis in die Gegenwart erhalten und weichen erst jetzt einem neuen
Dachstuhl mit Ziegeldeckung.

Die alte Holzbauweise war für Waldbesitzer kosten-
günstige und gegen Kälte und Schnee ergab sich eine hervorragende Wärmedämmung. Sie war deshalb in allen
Dörfern des Bayreuther Landes noch bis zur Wende ins
20. Jh. verbreitet, während sich in der Stadt Bayreuth und
in leidgeprüften größeren Siedlungen wie Weidenberg
schon im Verlauf des 18. Jh. durch markgräfliche Initiative
der Massivbau mit Sandsteinwänden und gebrannten
Dachziegeln durchgesetzt hatte.

Durch die spezielle Bauform der alten Holzhäuser war
die Feuergefahr auf den Dörfern besonders groß: Man
kochte auf offenen steinernen Herdstellen. Mit dem ebenfalls gemauerten Kamin zusammen ware die Herdstelle der
einzige feste Baukörper des ganzen Hauses. Zudem ver-
wendeten die Ärmeren zur Beleuchtung ihrer Holzhäuser
das offene „Schleißenlicht". Es ist ein vom Kiefernholz-
scheit abgehobelter Kienspan, den man auf einen Halter
steckte. Wie leicht konnte hier ein glühender Spreißel her-
unterfallen und die Einsichtung in Brand setzen!

Nur die Bessergestellten konnten sich durch die Jahrhunderte hindurch kostspielige Wachskerzen leisten. Das
Petroleumlicht wurde erst nach der Mitte des 19. Jh. zum
bevorzugten Beleuchtungsmittel, parallel zur Gasbeleuch-
tung im öffentlichen Raum. Erst mit Beginn des 20. Jh. trat
dann das elektrische Licht ganz allmählich seinen Sieges-
zug an.

Auch LENA REIM erwähnt das bei den Ärmeren verbreitete offene Licht des Kienspans: Nachts beim armseligen
Schleißenlicht muss ja die Frau des abwesenden studieren-
den Baders SÖLLHEIM dem Maderbauern in Forkendorf
den schmerzenden Zahn reißen!

Von den großen Brandgefahren durch die offenen Flammen der Beleuchtung, wie auch der Herdstellen künden allerorts die Chroniken der Zeit. So wurde z.B. im Jahr 1835 fast das ganze Dörfchen Hallerstein am nördlichen Waldstein eingeäschert, weil der örtliche Kantor und Lehrer mit einem „Schleißenlicht" in seinem Viehstall unsachgemäß hantiert hatte.

Aber auch zur bewussten Brandstiftung aus Rache oder Gehässigkeit lud die gefahrenträchtige Bauweise der Häuser ein: Bereits der Großbrand von Weidenberg 1770, der fast den gesamten Obermarkt – zum Glück aber, entgegen anderslautender Gerüchte, nicht die Kirche – einäscherte, war das Werk eines rachsüchtigen Mannes, der zur Strafe dann gehenkt wurde.

Gruss aus dem abgebrannten Lienlas.

Nach der Brandstiftung von Lienlas 1904 wurde diese makabre Postkarte in Umlauf gebracht

Und im Jahr 1904 zündete ein bis heute unerkannt Gebliebener das Dörfchen Lienlas in der Frankenpfalz östlich von Bayreuth an, das noch zu diesem späten Zeitpunkt ganz aus Holzhäusern bestand. Das bewegende Foto, welches das ganze Ausmaß einer solchen Katastrophe sichtbar macht, wurde damals als makabre Ansichtskarte gedruckt und verkauft: Nur noch die gemauerten Kamine und Herdstätten, die einzigen festen Bestandteile dieser Gebäude, sieht man wie Gerippe aus der rauchenden Asche ragen.

Dieses erschütternde Bild mit den gespenstischen Ruinen erschien damals auch in der Tageszeitung. Es erregte viel Anteilnahme und rief zur Hilfeleistung sogar den Prinzregenten in München auf den Plan.

Ein Bauboom verändert das Geseeser Ortsbild nachhaltig

Es waren aber nicht die wiederholten Brände allein, die in Gesees eine nachhaltige Veränderung des Ortsbildes bewirkten. So hatte schon Pfarrer HÜBSCH angenommen, dass auch die damals steigenden Holzpreise und die „Schwierigkeit, neue Schindeln zu erhalten", zur Folge haben würden, dass mehr Massivbauten aus dem Sandstein der ortsnahen Steinbrüche errichtet und mit Dächern aus Tonziegeln versehen würden.

Schon seit 1837 nahm am nördlichen Rand der damaligen Geseeser Ortsbebauung eine erste kleine Ziegelhütte den Betrieb auf. Nach einem Brand 1840 wurde sie wieder errichtet und konnte weiterarbeiten.

Anfangs dienten die Ziegelbacksteine in Gesees nur zur Ausfachung von Holzbalkenwerk, zur Errichtung von Innenmauern oder zur Ergänzung des Sandsteinmauerwerks, sei es zur Wärmedämmung, sei es auch für Außenwände in Bereichen, wo man nicht so hinschaute.

Erst zum Ende des 19. Jh. wurde aber das „Sichtziegelmauerwerk" überall zu einer regelrechten Mode. Gerade auch wohlhabendere Eigentümer wollten sich damit von der sonst üblichen Bauweise abheben und ihren Status unterstreichen.

Einen solchen Baustil mit Ziegelwerk zeigen auch viele Geseeser Häuser dieser späten „Gründerzeit", so auch das Obergeschoss des direkt an das Söllheimshaus angrenzenden stattlichen Hauses des „STEFFERS-PHILP", des Schreinermeisters und Postagenten PHILIPP FRIEDRICH MEIER, des Vater von KARL MEIER-GESEES und nachmaligen Gemeindeschreibers (vergl. das Foto des Ortsbildes weiter unten).

Die Häuser, die kurz vor oder nach dem Bau des Söllheimshauses entstanden, und die heute noch das Geseeser Ortsbild prägen, wurden aber damals, zumindest in ihrem Erdgeschoss, noch alle im behäbigen Sandsteinstil des Hummelgaues erbaut, so nicht nur die Dorfwirtshäuser und andere repräsentative Anwesen seit dem Ortsbrand von 1862, sondern schon das 1859 neu errichtete „Kantorat", d.h. die Schule bei der Kirche. Auch die „Klaa Schul" unten an der Hauptstraße zog 1884 in ein solches mehrere Jahre zuvor erbautes Sandsteinhaus ein, nachdem der ursprüngliche Eigentümer, der Büttner MICHAEL BAUER, mit seinem Betrieb insolvent geworden war.

Bereits für das Jahr 1874 hatte der Geseeser Chronist, wie oben bereits erwähnt, vermelden können, dass *„in den letzten zehn Jahren [also zwischen 1864-74] ... in Gesees nochmal neue Häuser erbaut worden, auch hat sich das Dorf sehr verändert durch das Verwandeln der Schindel-*

dächer in Schiefer- und Ziegeldächer".

Das Ortsbild des alten Dorfes, wie wir es heute noch als typisch für Gesees wahrnehmen, und das einen gewissen Wohlstand zu verströmen scheint, verdankt sich also einem „Bauboom", der innerhalb von nur einer Generation den Charakter dieses Bauerndorfes völlig verwandelt hat. Dabei stand der Bau des Söllheimshauses 1858, von dem LENA REIM berichtet, in Gesees zeitlich ziemlich am Anfang.

Das damals bereits 100 Jahre alte, erste Forkendorfer Sandsteinhaus des "Schwarzenbauern" auf einem Foto von 1938 mit dem damaligen und dem heutigen Eigentümer (Archiv J. Taegert)

Dagegen setzte die vergleichbare bauliche Entwicklung im benachbarten Forkendorf schon einige Jahre früher ein. Offenbar saßen hier die finanzkräftigeren Bauern.

So war bereits im Jahr 1838 das neue Haus des „SCHWARZENBAUERn", der erste zweistöckige Sandsteinbau, mit einem Dach aus „Steinschindel", also Schiefer, errichtet worden. Der Sandstein für die Giebelseiten des Untergeschosses kam vom Felsrand des Funkenbaches, die Seiten dagegen waren anfangs mit Geseeser Ziegel aufgemauert, und auch der Aufbau des Obergeschosses bestand zunächst aus Ziegelfachwerk und wurde erst später durch Sandstein ersetzt.

Seit einem Brand, der bereits im Jahr 1861 Forkendorf heimsuchte, wurden in diesem Dorf auch die übrigen Häuser in Stein neu gebaut, manche wie vorher einstöckig, manche gleich zweistöckig.

Wie stark dieser Wandel in die alte Bausubstanz eingriff und die Ortschaften veränderte, zeigt sich am Beispiel von Gesees, wenn man die Lithographie des Geseeser Ortsbildes genauer betrachtet, die JOHANN CHRISTOPH BÄR als Titelgrafik für das Geseeser Büchlein im Jahr 1842 verwendete und die auch jetzt das Cover des „Zweiten Geseeser Büchleins" schmückt: Dieses Bild beurkundet den Bauzustand *vor* diesem nachhaltigen Wandel.

Ansicht des alten Gesees bis 1842 (Archiv J. Taegert)

D. h. weitaus die Mehrzahl der Bürger wohnte zu dem Zeitpunkt, als diese Ortsansicht auf einer Kalksteinplatte verewigt wurden, noch in den feuergefährdeten Holzbauten mit Stroh- oder Holzschindeldeckung! Man erkennt deutlich: Außer der Kirche und den beiden Pfarrhäusern nebst Nebengebäuden stand damals noch keines der heute typischen Sandsteingebäude. Nur diese Anwesen der beiden Pfarrer ragen deutlich sichtbar am Hang des Kirchberges aus den umgebenden Obst- und Laubbäumen hervor. Sie bewohnen große, zweistöckige Häuser mit festem Walmdach und Sandsteinwänden am Untergeschoss oder am ganzen Gebäude. Die übrigen Häuser im Dorf sind noch fast durchwegs einstöckig, ihr Holzbalkenwerk ist verputzt bzw. weiß angestrichen.

Dieses Erscheinungsbild des Dorfes wird auch bestätigt durch die fast gleichzeitig mit der Lithographie erstellte, sehr maßstäblich und genau gezeichnete regierungsamtliche Karte der „Uraufnahmeblätter" (Abbildung auf der folgenden Seite).

Wachsender Wohlstand trotz vieler Widrigkeiten

Da die neue Massivbauweise für Privathäuser recht aufwändig und kostspielig war, darf man also mit Recht fragen: Was hat damals diesen Wandel binnen so kurzer Zeit ermöglicht und begünstigt? Dokumentiert sich hier nicht doch ein gewisser wachsender Wohlstand auch in der armen Gemeinde Gesees? Und wo hat er seine Quellen?

Bis ins 19. Jh. hinein war ja die allgemeine Lage in der Landwirtschaft im umgebenden „Hummelgau" trotz der

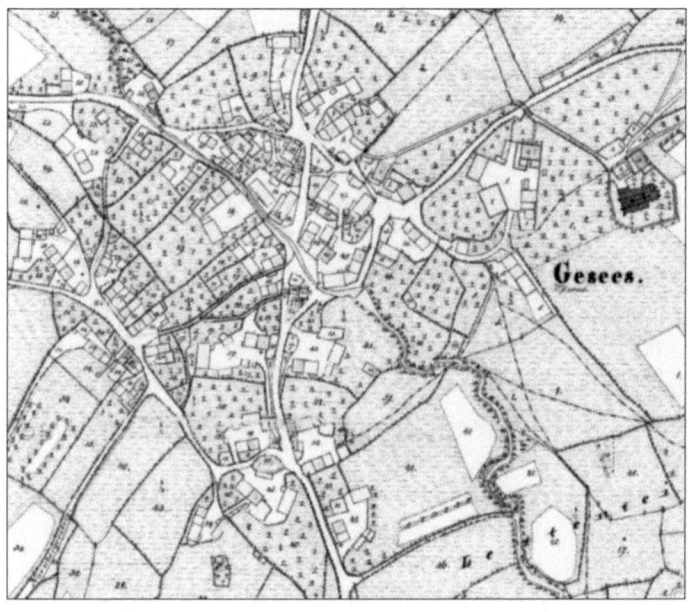

Ortsmitte von Gesees auf dem Uraufnahmeblatt 1850.
Die Wohngebäude sind überwiegend in gelber Farbe
markiert, die Nebengebäude in Braun. (Repro: J. Taegert)

meist ordentlichen Böden angespannt. Schuld an der verbreiteten Armut waren einerseits die „große Politik", die
gern den Krieg als Mittel für ihre Bestrebungen einsetzte,
andererseits das Wetter.

So erinnert Pfarrer HÜBSCH mit Recht an die Schäden,
welche bis in sein Jahrhundert hinein die Kriege dem
„Hauswesen des Landmanns" zugefügt haben.

Insbesondere die „französische Zeit" zu Beginn des
19. Jahrhunderts hatte die Bewohner des Bayreuther Landes gelähmt, belastet und Viele an den Rand ihrer Existenz

gebracht. Ganze Armeen waren hier durchgezogen und manche großen Truppenteile an Offizieren und Mannschaften hatten das Land bei ihrem längeren Verweilen förmlich ausgesaugt. Übergriffig hatten sich die Besatzungssoldaten bei allem bedient, was der Landmann besaß; wie und wo es ihnen gefiel, hatten sie wie die Vandalen gehaust.

So hörten wir ja nach dem obigen Bericht der LENA REIM, wie z.B. der WEIGELSBAUER in Gesees die Einquartierung von 12 französischen Offizieren auf einmal zu ertragen hatte. Man zwang ihn, diese Männer nicht nur adäquart beherbergen, sondern auch noch fürstlich verköstigen!

Zu diesen typischen Kriegsnöten kam die allgegenwärtige Abhängigkeit von der Natur mit ihren unvorhersehbaren Wetterphänomenen. Da gab schon damals, nach einem gewaltigen Vulkanausbruch auf der südlichen Erdhalbkugel, in Mitteleuropa das erschreckende „Jahr ohne Sommer" 1816/17. Seine tiefgreifenden Auswirkungen beschreibt ja Pfarrer HÜBSCH[65]. Es war aber nur der Höhe- und Schlusspunkt einer ganzen Serie von Armuts- und Hungerjahren seit 1799. Das hatte jedem damals ins Bewusstsein gerufen, wie stark der Ertrag der Landwirtschaft verknüpft war mit der Witterung des jeweiligen Jahres. Das Wetter entschied in hohem Maße in der Landwirtschaft über Gewinn und Verlust und bewirkte auch die immer wieder leidvoll erlebten Teuerungen.

Im Leben der kleineren Leute war diese Abhängigkeit

[65] Sein Bericht über das Notjahr 1816 findet sich abgedruckt in der Neuausgabe des „Geseeser Büchleins" von 2020 ab S. 252ff.

vom Wetter, neben der Gesundheit, sogar der Hauptfaktor, welcher die Lebensqualität bestimmte, das zeigen dann sehr eindringlich die Jahresbilanzen im Bericht der KATHA-RINA HORN weiter unten. Wie oft heißt es bei ihr, wenn sie über das bittere Landleben in Gesees im 19. Jahrhundert schreibt: *„Der Feldbau ist gerade nicht gut ausgefallen, so muss ich fort sorgen und kann doch auch nichts daran ändern ... es sind keine guten Aussichten"*.

Andererseits haben die größeren Bauern in Gesees seit Anfang des 19. Jh. ihre Anbauflächen für Getreide mehr als verdoppeln können. Das allgemeine Bevölkerungswachstum und die gesteigerte Nachfrage aus der Stadt haben einen Markt für Nahrungsmittel geschaffen, der es lukrativ machte, in die Landwirtschaft zu investieren.

Andere Gebiete des Bayreuther Landes, insbesondere solche, die bis dato noch vom Landadel beherrscht wurden, wie z.B. der Frankenpfalz,[66] waren meist rückständiger und ärmer. Hier wirkte sich dann auch die „Bauernbefreiung", die im Jahr 1848 unter MAXIMILIAN II. in Bayern verfügt wurde, zunehmend belebend aus. Sie beendete die alten Adelsrechte und befreite die Bauerm aus aristokratischer Bevormundung. Die Zertrümmerung bzw. der Verkauf der Adelsgüter ermöglichte manchem Kleinbauern auch hier, seine Existenz neu zu gründen. Allerdings waren auch dort die Hauptbegünstigten meist die Bessergestellten, weil sie bei der Versteigerung mehr bieten konnten.[67]

---

[66] Vergl. vom selben Verfasser das Buch „Wo König und Herzog einfache Leute sind – Spurensuche Frankenpfalz", ab S. 93.

[67] So endete die Adelsherrschaft in Reislas in der Frankenpfalz erst mit dem Tod des letzten Gutsherrn HEINRICH V. LINDENFELS im Jahr 1913. Der Müller, der Wirt und der ehem. Schlossver-

Diese erlösende Bauernbefreiung betraf aber den Hummelgau kaum noch. Denn hier regierten Kirche und Pfarrer als Grundherren; und deren Rechte waren seit jeher durch geordnete Pachtverträge eingeschränkt. Auch wurden die je nach Gebiet sehr unterschiedlichen landwirtschaftlichen Erlöse der Geistlichen zunehmend durch die gerechtere Pfarrbesoldung aus einer eigenen. zentral verwalteten Kirchensteuer ersetzt.

Dazu kam als weiterer belebender Faktor in diesem Teil des Bayreuther Landes, dass mit der zeitweiligen französischen Herrschaft, trotz der unangenehmen Einquartierung von Truppen, auch Reformideen und aufgeklärte Gesellschaftstheorien einflossen. War der bisherige „Untertan" noch als rechtlos angesehen, so sollte jetzt aus allen rechtlich anerkannte „Staatsbürger" werden; das hob das allgemeine Selbstbewusstsein.

Im weiteren Verlauf dieses Jahrhunderts veränderte sichg azuch die Landwirtschaft sehr nachhaltig. Die Bauern erprobten sehr erfolgreich neue Methoden in der Bewirtschaftung ihrer Felder; gezielter als bisher setzten sie auch die bewährte Naturdüngung ein.

Der Weg zum chemischen Dünger und zur Anwendung von Maschinen war zwar noch weit; diese umwälzenden Errungenschaften markierten dann in vielen Gemeinden wie Gesees erst den Weg ins 20. Jh. Sie bewirkten aber schließlich, dass auch notorisch arme Gegenden des Bayreuther Landes, wie die oben bereits genannte Frankenpfalz, noch ihren nachträglichen Aufstieg erlebten, wenn

walter taten sich damals als Käufer zusammen und überlisteten so ärmere Interessenten, – a.a.O. S. 133.

Schon im frühen 19. Jh. erfunden, revolutioniert das „Lanz-Loko-mobile" auch in Gesees die Landwirtschaft seit dem späten 19. Jh., hier beim „Tauben-Opel" um 1920 (Bildarchiv J. Taegert).

auch praktisch als Letzte in diesem Landkreis.

Aber in Gesees bahnt sich diese Intensivierung der Landwirtschaft und der bauliche Wandel des Ortsbildes eben schon mehr als 30 – 40 Jahre früher an. Und ein Grund für diesen Wandel dürfte tatsächlich hier die vermehrten Einkünfte insbesondere bei den Großbauern gewesen sein.

Aber nicht allein den gewachsenen Erträgen der Landwirtschaft verdankte sich der neue Wohlstand. Sondern auch andere Erwerbszweige erblühten und trugen zur Wohlstandshebung bei.

Wie ein verliebter junger Gründer ein neues Wirtshaus errichtet

Ein solcher besonderer Fall ist die Entstehung des Gasthauses LINDISHACKER in Gesees im Jahr 1870. Dieser Genusstempel insbesondere für die freizeitliebende Bayreuther Bevölkerung wurde genau gegenüber dem Söllheimshaus errichtet und zählt zu den vom Chronisten oben beschriebenen „neuen Häuser", die das Ortsbild sehr veränderten. Hier bildet eher die wirtschaftliche Erfolgsgeschichte eines jungen Gründers der damaligen Zeit den Hintergrund, sie ist aber, wie in einem Groschenroman, verknüpft mit einer Liebesgeschichte.[68]

So hatte der 1845 im benachbarten Pettendorf geborene Bäcker ANDREAS HACKER in jungen Jahren den Sprung in die aufstrebende Industriestadt Nürnberg gewagt und dort nach der Meisterprüfung eine gut gehende Bäckerei gegründet.

Von den Bäckern ist ja bekannt, dass sie das Geheimnis des Bierbrauens beherrschten. Die Verwendung ihrer Hefen hatte ihnen dieses Privileg eher zufällig zugespielt, schon lange bevor die moderne Chemie die dazu gehörenden Formeln herausfand. Sie besaßen also damals gewissermaßen ein unerforschtes Monopol, einen geheimen „Goldesel".

Nun hatte sich aber dieser Bäcker in die zwei Jahre ältere BARBARA aus Gesees verguckt, die zufälligerweise nach ihrer ledigen Mutter MARGARETHA ebenfalls HACKER hieß, aber nicht mit ihm verwandt war. Beide kannten sich wohl schon aus der gemeinsamen Schulzeit im alten Geseeser Kantoratsgebäude bei der Kirche und waren sich bei der Kerwa nähergekommen.

---

[68] Der Verfasser verdankt seine Informationen dem rührigen Nachfahren des „Lindishacker", dem 2024 verstorbenen KONRAD „KURT" HACKER. Aus dessen liebevoll zusammengestellten Archiv stammen auch manche wertvollen der in diesem Buch veröffentlichten Bilder.

Auch besaß die resolute zukünftige Schwiegermutter einige Jahre Erfahrung als Köchin und Hauswirtschafterin; sie hatte im großen Haushalt von Pfarrer HÜBSCH bis zu dessen Weggang aus Gesees 1848 mitgearbeitet.

Weitsichtig hatte sie dann, zusammen mit ihrem Bruder, im Jahr 1869 bewusst am Geseeser Ortseingang ein 1,5 Hektar großes Bau- und Wirtschaftsgrundstück erworben. Es liegt an der viel auch von Touristen befahrenen Landstraße von Bayreuth in die Fränkische Schweiz.

Beides, die nunmehr 26-jährige Freundin, aber auch die Aussicht auf einen gemeinsamen Hausbau, müssen den 24-jährigen Bäckermeister so angespornt haben, dass er 1870 seinen gutgehenden Betrieb in Nürnberg verkaufte. Den stolzen Erlös brachte er nun in das gemeinsame Projekt eines neuen Dorfwirtshauses am unteren Lindig ein.

So ein Projekt auf der grünen Wiese war nicht ohne Risiko, denn sowohl in Gesees, als auch im benachbarten Forkendorf, bestanden schon seit vordenklichen Zeiten große eingesessene Gasthäuser. So musste man sich auch in dieser Branche als Gründer zur Werbung etwas Neues einfallen lassen. Dieses „gewisse Etwas" traute sich das junge Paar, ausgerüstet mit dem Geheimnis des Bierbrauens und kundig im Umgang mit Fremden, zu.

So entstand noch im selben Jahr in Sandstein, aber nunmehr im klassizistischen Stil, mitten auf der grünen Wiese vor Gesees das mächtige „Lindnis-Wirtshaus". Mit seinen 4 auf 5 Achsen und 40 Fensteröffnungen war es fast genauso stattlich, wie das fast 140 Jahre ältere schlossähnliche Geseeser Pfarrhaus, mit dem Unterschied, dass im Wirtshaus auch das Dachgeschoss noch zusätzlich mit Zim-

Auch nach der Schließung 1940 noch ein beliebter Treff:
Das 1870 erbaute Lindis-Wirtshaus bei der ersten
Flüchtlingskerwa 1946 (Bildarchiv J. Taegert)

mern ausgestattet werden konnte – was sich ja dann 75
Jahre später bei der heranbrandenden Flüchtlingswelle
nach dem II. Weltkrieg als Segen erweisen sollte[69].

Des Weiteren besaß dieses Haus im Erdgeschoss eine
große „Wärtsstubn" mit geräumiger Küche, sowie eine
Schenke und fortschrittliches WC. Im Obergeschoss konn-

---

[69] Vergl. das entsprechende Kapitel im neuen Geseeser Heimatbuch 2021 „Ich bin ein Fremder gewesen, und ihr habt nmich aufgenommen – Arbeitsmaiden, Kriegsgefangene, Zwangsarbeiter ...
Flüchtlinge" – S. 421 ff.

ten sich Gäste das größte und schönste Zimmer zum Übernachten aussuchen.

Dagegen war die ganze östliche Haushälfte als zeitgemäßer Tanzsaal eingerichtet. Weitere WCs, auch für einen vorgesehenen Biergartenbetrieb, gab es im Nebengebäude. Nachdem damals eine gemeinsame örtliche Wasserversorgung in Gesees noch nicht in Sicht war, musste ein 25 m tiefer Brunnen erbohrt werden, der die benötigten Mengen Wasser lieferte.

Die Lindiswirte machten auch selbst Musik, hier der Sohn JOHANN (li.) 1909 mit dem 'Gärgn-Hans' beim sonntäglichen Aufspielen gegenüber beim Söllheimhaus (Bildarchiv J. Tae-

Der Erfolg der einen ...

Das Projekt des jungen Unternehmerpaares wurde ein Erfolg. Der deutsche Sieg gegen Frankreich 1870/71 und die Reichsgründung verbreiteten viel Aufbruchsstimmung. Vereine entstanden. Viele Menschen suchten Vereinslokale als Treffpunkte und Ausflugsziele für ihre Freizeitbedürfnisse. „Laufkundschaft" aus der Stadt und der ganzen Umgebung kam nun zu Fuß oder mit der Kutsche nach Gesees.Vor den beliebten Ausflügen in die Fränkische Schweiz kehrte man im Biergarten dieses neuen Gasthauses ein.

Als weiterer Glückstreffer erwies sich der gerade aufbrandende Wagner-Hype. Im denkwürdigen Jahr 1876 wurde ja Bayreuth mit großem Brimborium zur Festspielstadt[70]. Damals schauten sich die Opernfans aus ganz Deutschland und aller Welt die Aufführungen der Ring-Trilogie noch komplett an vier Tagen an. Doch nach den anstrengenden Darbietungen suchten sie natürlich Entspannung und fanden sie auch im nahen Gesees.

Beim Lindiswirt verkosteten sie das süffige Bier und bestellten eine deftige Brotzeit. Vom Garten aus genossen sie die beschauliche Aussicht auf den nahen Geseeser Kirchberg mit seinem eindrucksvollen Wehrkirchen-Ensemble. Geheimnisvoll ragt der Sophienberg im Hintergrund auf. So waren auch die Fremdenzimmer in der Saison jetzt für weit gereiste Gäste stets ausgebucht.

Doch nicht nur Fremde, sondern auch immer mehr Einheimische fanden sich bei den jungen Wirtsleuten ein. Es waren vor allem Arbeiter. Für sie wurden in Gesees mit dem allgemeinen wirtschaftlichen Wandel neue Arbeitsplätze erschlossen, z.B. in den Sandsteinbrüchen. Aber auch Ziegeleibetriebe erwuchsen allerorten, so auch am Ortsrand von Gesees. Nach ihrem harten Arbeitstag suchten diese Männer Entspannung und Geselligkeit beim eigenen Stammtisch. Später gründeten sie mit Hilfe von Lehrer und Sozialistenfreund GEBHARDT an dieser Örtlichkeit sogar ihren eigenen Gesangverein.

Aber auch Angebote für die Jugend ersonnen die jungen

---

[70] Vergl. das entsprechende Kapitel weiter unten im Tagebuch der KATHARINA HORN.

Wirtsleute. So boten sie regelmäßige modische Tanzveranstaltungen an, die bald sehr populär wurden.

Zum jährlichen Hauptereignis steigerte sich natürlich die Kärwa, die hier seitdem nicht mehr wegzudenken war. Unter den schmetternden Klängen der Blasmusik versammelte sich die nachwachsende Dorfjugend zum Vortrag der lustigen Kerwa-Lieder in ihrem besonderen Kerwa-Outfit. Zunehmend stellte sich auch die ganze Dorfgemeinschaft ein, um Zeuge dieser geselligen Selbstvergewisserung zu sein.

Im Haus gegenüber hatte der Landarzt Dr. SÖLLHEIM in seiner Praxis auch eine viel besuchte Apotheke eingerichtet. Den Wünschen seiner Kunden folgend hatte er sein Sortiment zunehmend um Artikel des täglichen Bedarfs erweitert. Und weil er nicht nur unter der Woche offen hatte, sondern traditionell auch sonntags nach der Kirche seine Tür öffnete, sprach sich dies als Tipp herum und die Kundschaft wuchs unaufhaltsam. So mauserte sich dieser Laden immer mehr zum bekanntesten und meistfrequentierten Vielzweck-Kaufladen im ganzen Hummelgau.

Und natürlich wollte es niemand versäumen, wenn er nach dem Gottesdienst für die kommende Woche erfolgreich eingekauft hatte, auch noch im gegenüberliegenden „Lindis-Wirtshaus" einzukehren. Zeitweise sollen sich Schlangen von Kutschen bis zur Heidegasse hinunter gebildet haben.

... der Mangel der anderen

Dieses junge Existenzgründerpaar LINDIS-HACKER war sicher ein ganz besonderer Fall; sein Erfolg mit seinem Spürsinn am Puls der damaligen Zeit war nicht zufällig.

Daneben vermochten vor allem die wenigen großen Bauern am Ort ihre Einkünfte zu steigern, auch wenn die Betriebsgrößen mit den heute üblichen bei weitem nicht vergleichbar sind.

Insbesondere die kleineren Bauern waren aber weit abgehängt. So bewirtschafteten knapp drei Viertel der Geseeser Bauern – die oben bereits genannten „Stieglhupfer" – Kleinstbetriebe mit maximal 10 ha Flächen und besaßen nur eine Kuh oder höchstens deren zwei. Zu dieser Kategorie der armen Leute zählen auch die Nebenerwerbsbetriebe der Handwerker: Auch sie hatten meist nur eine Kuh im Stall, dazu noch einiges Kleinvieh.

Knapp ein weiteres Viertel waren Kleinbetriebe bis ca. 20 ha mit durchschnittlich drei Kühen. Und nur gut eine Handvoll Betriebe besaßen bis 40 ha Land; sie werden in den Erzählungen der LENA REIM und der KATHARINA HORN als kapitalkräftige „Großbauern" angesehen, waren aber eigentlich auch nur Mittelbetriebe.

So garantierten die meisten der damals insgesamt 78 Betriebe in und um Gesees ihren Inhabern nur ärmliche bis bescheidene Lebensverhältnisse; lediglich in besonders guten Jahren erwirtschaftete zumindest die Hälfte der Bauernschaft ein durchschnittliches Einkommen. Normalerweise mussten sie ihre Kühe auch als Zugtiere einsetzen, wodurch sich aber ihre Milchleistung verminderte.

Nur die wenigen größeren Betriebe konnten sich auch die kostspieligen Pferde leisten und einsetzen. Diese „Großbauern" erscheinen in den Erzählungen der LINA REIM auch als die potenten Kreditgeber. Bisweilen gebärden sie sich aber auch als gierige „Kredithaie" gegenüber den kleineren Bauern.

Kühe als Zugtiere noch im 20. Jh.: Familie SÖLLHEIM beim Brennholzladen um 1942 (Bildarchiv J. Taegert)

Es gab damals also zahlreiche Arme in der Gemeinde; viele mussten sich nach der Decke strecken. Mit nur einer oder höchstens zwei Kühen hatten sie eigentlich gar keine Mittel zum Hausbau. Wenn solche Leute sich dennoch ein Heim schaffen wollten oder mussten, weil niemand sie als Mieter haben mochte, dann wurde so ein Hausbau auch zu einem Abenteuer mit offenem Ausgang, im Falle des Geseeser Landarztes letztlich mit einem guten Ende.

Kehren wir nach diesem Exkurs also zurück zu LINA REIM, die ihre Geschichte nach den Erzählungen des Großvaters KONRAD SÖLLHEIM aus ihren frühen Kindheitserinnerungen an dieser Stelle etwas anders fortführt, als ihr Neffe KARL MEIER-GESEES es dann tut.

– Ende des Exkurses,
weiter im Bericht von Lena Reim:

6. Leben im Söllheimshaus

Zwei Jahre war mein Onkel schon fort, da klopfte der Storch noch einmal an im Baderahäusla (1856). Es zog wieder ein Mädel ein. Meine Großeltern mussten sieben Kinder großziehen, davon starb eine Tochter, zweiundzwanzig Jahre alt, an Typhus.[71] Wie sie zu dieser Krankheit kam, das bleibt ein Rätsel. Und die jüngste Tochter wurde siebzehn Jahre alt.[72]

Schwieriger Hausbau auf Kredit nach dem Brand von Gesees

Mein Großvater hatte jetzt ein paar ruhige Jahre. Er hatte jetzt seine Schulden abgezahlt und bereits einige Gulden zurückgelegt. Man schrieb jetzt das Jahr 1858, ein für meine Großeltern denkwürdiges Jahr: In Gesees brach Feuer aus, und das Badershäusla brannte mit ab.[73] Jetzt hatte mein Großvater keine Wohnung.

Da kam der BÖHNERSTEPHASBAUER und sagte: „Konrad, du baust dir ein Haus, und ich gib[74] dir den Bauplatz!

---

[71] Nach KARL MEIER-GESEES hieß diese älteste Tochter KUNIGUNDE und starb 1860.

[72] Auch die jüngste, noch zu Lebzeiten der Ältesten geborene Tochter, wurde KUNIGUNDE (1856-1873) genannt; sie erscheint in den Erzählungen als die „Klaana". Von ihrem tragischen Geschick erzählt LENA REIM weiter unten. Sie ging als 16-Jährige mit ihrem großen Bruder KONRAD nach den USA und beging dort nach einem Jahr aus Heimweh Suicid.

[73] Auf die oben bereits besprochenen Abweichungen in der Dargestellung der Fakten sei hier nochmals hingewiesen.

[74] „Geben" nicht im Sinn von „schenken", sondern gegen Geld

Und der reiche GERGALASBAUER sagte „Und ich leih dir fünfhundert Gulden dazu."

Gleich ging mein Großvater auf diesen Vorschlag ein. Er ließ sich sofort den Bauplatz notariell verbriefen, und eine Woche später ging das Bauen an.

Meine Großeltern arbeiteten Tag und Nacht. Wie oft, wenn der Mond schien, grub mein Großvater nachts Sand im Talanger, damit die Bauern gelegentlich fahren konnten. Und in einem halben Jahr konnten meine Großeltern in ihr Haus einziehen.

Als das Haus ganz fertig war, sagte mein Großvater zum BÖHNERSTEPHASBAUERN: „Ich muss dir halt einen Schuldschein ausstellen, weil ich den Bauplatz nicht bezahlen kann."

Da sagte der BÖHNERSTEPHA lachend: „Von dir brauche ich keinen Schuldschein, du verhaust nicht." –

Dann sagte mein Großvater zum GERGALASBAUERN: „Über die fünfhundert Gulden, die du mir geliehen hast, lass ich dir halt eine Hypothek auf mein Haus schreiben. Wenn es dir recht ist, so gehen wir morgen früh nach Bayreuth zum Notar."

Der GERGALASBAUER erwidertet „Mir ists schon recht, ich gehe mit, wenn du morgen zum Notar willst, aber eine Hypothek brauche ich nicht. Ich lasse das Haus gleich mir überschreiben."

„Was," schrie mein Großvater, „du willst mir mein Haus nehmen, und ich habe mein ganzes Erspartes hingewendet und wir haben wir uns alle geplagt."

„zur Verfügung stellen". – Das Grundstück an der Hauptstraße hat heute die Haus-Nr. 36.

„Wenn es dir nicht recht ist," sagte der GERGALAS-
BAUER, „dann zahlst du mir mein Geld zurück!"

Das war ein Schlag für die Söllheimsfamilie. Mein Großvater wusste vor Sorge keinen Ausweg. In dieser Nacht
blieb sein Bett unberührt, er saß am Tisch und sann.

Am Morgen sagte er: „Ich habe mich besonnen, ich geh
nicht nach Bayreuth. Und von meinem Haus gehe ich nimmer naus, bis sie mich hinaustragen. Heute noch schreibe
ich meinem Konrad in Amerika, vielleicht kann der mir
hundert Gulden schicken."

Als mein Großvater von seinen Krankenbesuchen
heimkam, setzte er sich hin und schrieb einen langen Brief,
und schrieb alles meinem Onkel in Amerika und trug
gleich selbst den Brief zur Post nach Bayreuth.

Der Onkel in Amerika und der Bittbrief

Als mein Onkel KONRAD nach Amerika auswanderte[75],
hatte das Schiff eine ganz stürmische Überfahrt. Sie waren
elf Wochen auf dem Wasser. Alles Brot war verdorben, und
das Trinkwasser war faul und sah aus wie Tinte.

Da brach auf dem Schiff die Cholera aus, und es starben
ganze Familien an dieser Krankheit. Sie mussten die Leichen im Schiff behalten, bis sie an die Insel Kuba anliefen.

---

[75] Dr. KONRAD SÖLLHEIM JR. (1836-1915) lebte als Auswanderer
von 1854 bis 1898 in Amerika und kehrte dann nach Gesees zurück, um seinen Lebensabend zu genießen. Er dürfte der damals
23-jährigen LENA manches hier Geschilderte persönlich erzählt
haben. Wie schon der Vater und der Großvater konnte auch er
Geige spielen und traf sich noch bis ins Alter mit dem Lindiswirt
und anderen Freunden zum musikalischen Quartettspiel (vergl.
die Bilder S. 107 und 116).

Dortwurde alles geprüft. Und dann wurden die Leichen über Bord geworfen. – Und am andern Tag, welch ein grausiger Anblick, um das Schiff herum eine Herde verendeter Haifische. Das Leichengift hatte gewirkt.

Auf Kuba blieb das Schiff einen Tag, es wurde frisch verproviantiert. Und acht Tage später landete es in New Orleans. Wie sie dahingekommen sind, wusste mein Onkel nicht.

Mein Onkel erhielt gleich Arbeit in einer Apotheke. Er unterzog sich jeder Arbeit und sparte sich Geld, und das verwendete er zum Studium. Bevor er ein Semester studierte, musste er zweihundert Dollar einzahlen. Und da musste er immer ein halbes Jahr arbeiten, bis er soviel Geld beisammen hatte.

Jetzt hatte er schon drei Semester hinter sich, und nun hatte er wiederdas Geld beisammen zu einem Semester. Er packte seine Sachen und wollte morgen verreisen und sich wieder auf ein Semester einschreiben und die zweihundert Dollar einzahlen. Da kam der Brief von seinem Vater.

Als mein Onkel den Brief gelesen hatte, setzte er sich hin, packte sein Geld zusammen – fünfhundert Gulden[76] – und schrieb einen langen Brief an seinen Vater. Dann ging er mit dem Brief und dem Geld zum nächsten Postamt und schickte es miteinander ab. –

Es war um Pfingsten herum, und jetzt waren es elf Wochen, dass mein Großvater den Brief nach Amerika schrieb. Und vor sechzehn Wochen, meinte er, kann er keine Antwort von Amerika haben.

Da kamen abends in der Dämmerung zwei reitende Bo-

---

[76] Nach heutigem Wert wie oben schon erläutert rd. 50.000 €.

Dr. KONRAD SÖLLHEIM JR. nach seiner Rückkehr aus den USA als 73-Jähriger beim Geigespiel vor dem Söllheimshaus (Bildarchiv J. Taegert)

ten, sie hatten jeder eine Ledertasche umgeschnallt und hielten beim Söllheimshaus ihre Pferde an und fragten nach Doktor KONRAD SÖLLHEIM.

„Der bin ich," sagte mein Großvater.

Dann sagte der Bote: „Haben Sie einen Sohn in Amerika?"

„Ja," sagte mein Großvater.

„Und wie heißt er und wo wohnt er," fragte der Bote wieder.

Mein Großvater beantwortete alle Fragen. Dann sagte der Bote: „Es stimmt alles. Hier ist ein Brief von Ihrem Sohn, lesen Sie zuerst."

Und dann zeigte er auf die Ledertasche. „Und hier schickt Ihr Sohn fünfhundert Gulden."

Nachdem alle Formalitäten erledigt waren, zahlte der Bote das Geld auf den Tisch. Dann ritten sie wieder davon.

Mein Onkel schrieb unter anderm: „Deinen Brief, lieber Vater, habe ich mit gemischten Gefühlen gelesen, und ich wunderte mich, dass es noch so herzlose Menschen gibt. Was müssen meine lieben Eltern durchgemacht haben!

Aber es freut mich, dass ich Euch helfen kann. Die fünfhundert Gulden schenke ich Euch, und ich werde nie vergessen, was meine guten Eltern an mir getan haben."

Die Boten waren fort, und das viele Geld lag auf dem Tisch. Die ganze Familie SÖLLHEIM stand in der Wohnstube, die Augen auf das viele Geld gerichtet. An ein Abendessen dachte niemand. Mein Großvater setzte sich in die Nähe des Tisches und zählte wiederholt das Geld nach.

Da sagte meine Großmutter: „Hier können wir doch das Geld nicht liegen lassen. Ich zünde ein Licht an in der oberen Stube und hole meine Ledertasche. Da tun wir das viele Geld hinein, und wir gehen in die obere Stube."

Um Mitternacht gingen die Kinder zur Ruhe, und Großmutter sagte zum Großvater: „Leg dich zur Ruh' in dein Bett, wir lassen das Licht brennen. Und ich leg' das Geld unter mein Kopfkissen."

Und Großvater legte sich schlafen, aber alle paar Minuten schrie er: „Margart, hast das Geld noch?" Sie hatten ja noch nie ein Geld in Händen, die guten Alten.

Da krähte der Hahn, und es fing an zu dämmern. Da sagte meine Großmutter: „Jetzt halt ichs nimmer aus. Wir ziehn uns an. Und ich nimm die Tasche mit dem Geld in meine Schürze, und du führst mich, und wir tragen das Geld hin zum Gergalasbauern." –

Von dem Tag an ging es meinen Großeltern besser. Sie hatten ein eigenes Haus und nicht viele Schulden.

Ein Jahr später kaufte mein Großvater eine Wiese und ein Pferd mit Wagen. Jetzt fuhr er in seinem Wagen zu seinen Kranken. Aber bei Unglücksfällen schwang er sich schnell aufs Pferd und ritt hin. –

Michel soll statt Lehrer Arzt werden

Mein Großvater ließ meinen Vater [MICHAEL SÖLL-HEIM] das Baderhandwerk in Bamberg Iernen. Er wäre so gerne Lehrer geworden. „Und mit diesem Wunsch," sagte er oft, „legte ich mich nachts nieder und stand früh auf." Und die Liebe zum Lehrerberuf hat sich später auf seine Söhne vererbt. –

In den sechziger Jahren ging es meinen Großeltern gut. Ende der Sechziger heirateten drei Töchter nacheinander, und meine Großeltern konnten Jeder eine kleine Ausstattung und fünfhundert Gulden geben. –

Es war im Januar 1870. Mein Vater[77] war jetzt verheiratet –. Da war die Baderstelle in Regnitzlosau frei, und die wollte er annehmen.

Da sagte mein Großvater:

„Michl, ich habe mir das alles anders überlegt: Du bleibst bei mir. Ich kann es gar nicht ausdenken, wie es gehen soll, wenn ich dich nicht mehr um mich habe. Ich übergebe dir mein Haus und die Kuh, und von heute an übernimmst du die Leichenschau und hilfst mir, sooft ich dich brauche, und baust das Haus ein Stockwerk höher, dahin zieh' ich in die oberen Räume und führe dort meine Praxis aus. Ich habe gar kein Kind mehr daheim, wie meine Kleine" – die war damals 15 Jahre alt –

Mein Vater fügte sich gern in Großvaters Wunsch.

---

[77] MICHAEL SÖLLHEIM (1839-1900), Kaufmann, Inhaber des „Geseeser Ladens". Er war seit 1870 verheiratet mit MARGARETE WEIGEL von der Thalmühle. Sie hatten 12 Kinder, von denen fünf früh verstarben. Die 1875 geborene LENA war die Vierte.

Der Anfang des Geseeser Dorfladens

Mein Großvater hatte eine kleine **Drogerie** im Hause, weil er seine Arzneien selbst zusammensetzte. Und damals kam der Kaffee auf. Die alten Leute und die Kinder tranken Kaffee. Und wenn die Leute manchmal auf meinen Großvater warteten, sagten sie: „Bei euch sollte man halt alles haben können."

Dies fing mein Vater auf und gründete ein Ladengeschäft mit den nötigsten Artikeln.

Die KUNDMÄNNA war Markedenterin in Gesees, und auf ihren Botengängen musste sie manches für die Bauern besorgen. Da sagte die kleine KUNDMÄNNA zur Schwester meines Vaters: „Wir ham aa an Ladn, wir verkaufen aa Kaffeebohna!"

„Ja,"sagte meine Tante, „aber ihr kauft nicht gleich fünf Pfund miteinander ein." –

Der alte Söllheimsladen nach dem Ausbau des Hauses
(Archiv I. Taegert)

Der Tod des alten Doktors

Seitdem sind sechzig Jahre vergangen, und in dieser Zeit hat sich viel geändert in Gesees und auch im Söllheimshause. Zwischen meinem Vater und Großvater fiel nie ein unfreundliches Wort. Sie haben beide den Stürmen des Lebens getrotzt und haben's bestanden. – Mein Großvater starb am 31. Dezember 1888, als die Glocken zum Abendgottesdienst zu läuten anfingen, und im Westen ging wie ein Glutball die Sonne unter. Und mit dem Scheiden des Jahres ist er eingegangen zur ewigen Ruhe. Herr Pfarrer WEIGEL hielt ihm eine schöne Grabrede über das von ihm schon vor Jahren selbstgewählte Bibelwort:

> *„Herr, bleibe bei uns, denn es will Abend werden*
> *und der Tag hat sich geneigt."* *(Luk. 24,29).*

NACHTRAG: Wie es dem Onkel als Arzt in Amerika erging

Lena Reim berichtet in einem Nachtrag:

Mein Onkel [KONRAD SÖLLHEIM] in Amerika machte sein Doktorexamen mit bestem Erfolg. Er stand in Dayton [Ohio] als der Erste im goldenen Buch. Damals brach in Amerika der Krieg aus gegen die Südstaaten.[78] Da zog mein

---

[78] Die ersten Berufsjahre von KONRAD SÖLLHEIM JR. als junger Arzt in den USA fallen zusammen mit dem amerikanische „Sezessionskrieg" von 1861-65. Dieses größte Kriegsereignis auf dem ameriakanischen Konginent entzündete sich an der Frage nach der Sklaverei und legte die tiefen sozialen und politischen Gegensätze zwischen den Nord- und Südstaaten bloß.

Weit über ½ Million Menschen fielen dieser für beide Seiten

Onkel als der jüngste Arzt mit in den Krieg. Er war beim Regiment der tapferen Neuner und kam als Brigadearzt zurück. Das Regiment der Neuner hatte seinen Sitz in Cincinnati.[79] Als das Regiment vom Krieg heimkehrte, sagte mein Onkel zu seinen Kameraden: „Wir wollen keinen offiziellen Empfang, wir richten es, dass wir nach Mitternacht nach Cincinnati kommen, und früh morgens wird es heißen: Die Neuner sind da!" —

Als die heimkehrenden Soldaten nach Mitternacht den Berg hinunterritten, da wo man Cincinnati sehen konnte, läuteten dort alle Glocken, und der Bürgermeister an der Spitze der Behörden kam ihnen entgegen mit einem Fackelzug zum Empfang. Und der Bürgermeister hielt eine ergreifende Rede. Dann schritt er auf meinen Onkel zu und übergab ihm eine goldene Uhr mit Kette und schloss mit den Worten: „Die Uhr möge dem Brigadearzt Dr. KONRAD SÖLLHEIM bloß gute Stunden schlagen."

Auch mein Onkel hielt eine Ansprache und bedankte

äußerst verlustreichen Auseinandersetzung zum Opfer. Es war der erste Krieg der Menschheitsgeschichte, der mit modernen Waffen und Technik geführt wurde, u.a. kamen Maschinengewehre und als rasches strategisches Transportmittel die Eisenbahn zum Einsatz. Dies wurde auch Vorbild für die weitere Kriegsführung in Europa.

Die ersten Kampfhandlungen waren von den abtrünnigen Südstaaten ausgegangen, die mit der Wahl des Sklaverei-Gegners ABRAHAM LINCOLN zum Präsidenten nicht einverstanden waren. Der Krieg endete mit einem Sieg der Nordstaaten. Er hatte die endgültige Abschaffung der Sklaverei in den USA und die Stärkung der Zentralmacht zur Folge.

[79] Im Norden von Kentucky, also im Bereich der Nordstaaten, gelegen.

*Nach seiner Heimkehr hielt sich
der bürgerkriegserprobte
Brigadearzt Dr. SÖLLHEIM auch in
Gesees zu den Veteranen.
– Bild 1909 (Bildarchiv J, Taegert)*

sich im Namen des Regiments für den herzlichen Empfang und für das wertvolle Geschenk der Stadt Cincinnati.

Aber wieder war es der Fluch der Armut, die ihn drückte, mein Onkel hatte keinen Pfennig Geld in der Tasche und noch keine Praxis.

„Und nach drei Tagen," sagte mein Onkel jedesmal, „musste ich die Uhr versetzen, wenn ich nicht hungern wollte. Lieber hätte ich die Kette verkauft, aber das konnte ich nicht, in der Kette waren Eingravierungen von der Stadt Cincinnati. Die Kette schenkte mein Onkel meinem Bruder LORENZ in München".

Wie oft sagte mein Onkel: „Die Uhr, das schöne Andenken vom Kriege, hätte ich nicht verkaufen sollen. Wenn ich zum Bürgermeister der Stadt gesagt hätte: Leiht mir hundert Dollar, – das Geld hätte man mir gerne gegeben. Mein Großvater WILHELM SÖLLHEIM hatte auch eine goldene Uhr, aber die verkaufte er nicht.[80] Lieber hungerte er. Aber das Geschick ist oft

---

[80] Diese goldene Uhr existiert heute noch. Sie ist im Besitz des

mächtiger als der Wille, und deshalb trage ich keine Uhr, weil es mir nicht vergönnt war, eine geschenkte Uhr zu tragen." –

Mein Onkel hatte bald eine große Praxis. Der frühere Besitzer der Steinmühle STAMÜHLSTEPHA wanderte nach Amerika aus und hatte eine Gärtnerei in Cincinnati. Er war Onkels Nachbar und schrieb in einem Brief an seine Verwandten: „Wenn Dr. SÖLLHEIM Sprechstunde hält, dann meint man, es wäre Fabrikschluss, so viele Leute kommen aus dem Söllheimshaus."

Das sagte ich einmal meinem Onkel.

„Ja," sagte er, „der Stepha hat nicht zuviel geschrieben. Eine Menge Leute musste ich täglich meinem Kollegen Schmittlei überweisen, Besuche, die ich nicht bewältigen konnte."

Aber mein Onkel ist ein einfacher Mann geblieben, auch als der Lorbeer des Ruhmes sich um seine Schläfen wandt.

Solange er wirkte, war er auch Armenarzt. Wie oft sagte mein Onkel: „Wenn ich Kranke in den Kellerwohnungen besuchte, brauchte ich keine Medizin auf das Rezept zu schreiben, sondern ‚Holt ein halbes Jahr eine kräftige Suppe aus dem nächsten Restaurant auf meine Kosten!'."

Ein angespanntes Wiedersehen und ein trauriges Tagebuch

Im Jahre 1872 besuchte Onkel wieder seine Heimat.

Ur-Ur-Urenkels WOLFGANG SÖLLHEIM in Esslingen. Er ist auch im Besitz vieler Originalbriefe und Unterlagen des „Onkel Doktor" KONRAD SÖLLHEIM JR. aus dessen Amerikazeit.

Diesmal fuhr er auf einem Dampfschiff. Aber welche Enttäuschung, als er ins Söllheimshaus kam! Mein Großvater konnte meinen Onkel nicht leiden,[81] weil er mehr war, als er. Wenn mein Onkel sagte: „Vater, drückt dich irgendein Schuh?" sagte Großvater schroff: „Nein!".

Einmal sagte meinOnkel: „Wenn mein Vater Geld benötigte, ich hätte einen Siebentausenddollarschein draußen, den würde ich ihm schenken."

„Ich nimm nichts von dir an," schrie mein Großvater und kehrte ihm den Rücken, wo er konnte.

„Solange mein Onkel in der Stube war," sagte mein Vater, „schaute mein Großvater zum Fenster hinaus." –

Als mein Onkel wieder nach Amerika fuhr, sagte seine kleine Schwester: „Ich möchte auch mit nach Amerika!"

Mein Onkel nahm sie nicht gern mit. Acht Tage vor seiner Abreise sagte mein Onkel zum alten Schwomlorz – der war in seinem Alter: „Ich nehme meine Schwester nicht gern mit, aber ich trau meinem Vater nicht widersprechen.

---

[81] Diese Abneigung ist eigentlich umso unerklärlicher, weil Sohn KONRAD ja 1858 so großzügig seine Studienrücklage von 500 Gulden nach Gesees zum Hausbau geschickt hatte. – Der Nachfahr KARL MEIER-GESEES macht sich hier eigene Gedanken, wenn er die Eifersucht des Vaters beschreibt, der *„trotz seines Könnens und seines Fleißes niemals die Fesseln der Dorfchirurgen-Laufbahn sprengen konnte, [er] fühlte voll tiefer Bitternis das Gegensätzliche ihrer beiden Schicksale und Lebensanschauungen. Die Spannung vertiefte die überlegene, den Vater verletzende Art, wenn ihn der ‚Onkel Doktor' von dem Hinterwäldlertum deutscher Medizin und Geisteshaltung sprach. Und als er schließlich die ‚Mordinstrumente' des Vaters durch neue ersetzen wollte, war Großvater im tiefsten gekränkt. Er hat sich dann auch jede Hilfe des Sohnes verbeten und selbst den Scheck von 7.000 $ abgelehnt."*

Das verzogene Kind passt nicht für Amerika! Doch sie kann ja bei mir bleiben, sie kann die Stelle eines Zimmermädchens in der Sprechstunde übernehmen." –

Mein Onkel musste seine kleine Schwester mitnehmen. Er zahlte alles für sie, auch die Kleider, und sagte: „Ich will dir jeden Wunsch erfüllen, wenn ich kann."

Aber die „Klaana", als sie acht Tage beim Onkel war, sagte sie zu ihm: „Ich mag nicht bei dir bleiben, von dir mag ich nicht abhängig sein. Ich verdien mir mein Brot selbst."

Da redete Onkel mit seinem Kollegen SCHNITTLEI – und dann wechselten beide die Zimmermädchen – und deshalb sah mein Onkel nicht, wie seine kleine Schwester unterm Heimweh litt. Sie schrieb vor Heimweh nicht ein einzigesmal heim, aber sie schrieb ein Tagebuch und besuchte meinen Onkel jede freie Stunde.[82]

Ich und MARGARET fanden einmal dieses Tagebuch in Großmuttere Stube, als sie krank war. Es waren schon viele Blätter herausgerissen, aber ich las unter anderem:

„Ich, der verzogene Liebling meiner Eltern, wandelte auf einem blumenbedeckten Pfad und sah den Abgrund nicht, der jäh zu meinen Füßen gähnte. O, könnte ich noch einmal zurück zu Dir, meine liebe Mutter! Nur noch einmal zu Dir, ach, mein lieber, guter Vater, was für eine gehorsame Tochter wollte ich Dir sein! Aber nun ist es zu spät. Gestern war ich beim Bruder. Ich sagte ihm, dass ich nichts essen könne,

---

[82] Nach dem Tagebuch der KATHARINA HORN nahm sich das „verwöhnte Klaanerle" KUNI im folgenden Jahr am 26. Mai 1873 in den USA das Leben, indem sie sich in einer Zisterne ertränkte. – Vier Jahre später beging auch die einzige Tochter des amerikanischen Onkels Suicid; die 18-Jährige erschoss sich mit einem Revolver.

da sagte er mir kalt und gemessen: ‚Wenn du nur Hunger hättest, dann würdest du schon gegessen haben.' Aber, ach Gott, er kannte meinen Jammer nicht."

Und dann sah man am Papier, dass sie weinte. –

7. Gesees und die Wallfahrer im 19. Jh.

LENA REIM, geborene SÖLLHEIM, schreibt am 30. August 1931:

Im Herbst des Jahres 1845 brach in Bärnreuth eine Krankheit unterm Vieh aus. Gastwirt MORG von Muthmannsreuth schlachtete das erste Stück Vieh und ritzte sich am Arm. Sofort schwoll der Arm auf. Gastwirt MORG ließ sofort sein Pferdefuhrwerk holen und fuhr zu meinem Großvater. Mein Großvater stellte Vergiftung durch Milzbrand fest und schnitt den Arm vom Handgelenk bis zur Achselhöhle auf.

Damals gab es noch keine antiseptische Wundbehandlung, sondern es wurde alles durch Eiterung geheilt. Gastwirt Morg musste zehn Wochen lang täglich nach Gesees und sich den Arm verbinden lassen. Mein lieber Onkel, der nachmalige Doktor SÖLLHEIM, musste immer meinem Großvater behilflich sein, er war damals neun Jahre alt. Er musste jeden Tag den Arm aufbinden und die Wunde auswaschen, und deshalb kannte mein lieberOnkel den MORG.

Gesees war früher ein Wallfahrtsort, und noch heute [im Jahr 1931!] ziehen viele Wallfahrer durch Gesees. Und bis auf den heutigen Tag haben die Wallfahrer ihre besonderen Wirtshäuser, wo sie einkehren, z.B. beim Gastwirt MORG in Muthmannsreuth und beim Gastwirt HOFFMANN in Gesees. – Auch haben sie ihre eigene Wallfahrtsstraße:

Von Muthmannsreuth aus geht es durch den Wald über die Geseeser Flur, und man kommt auf dem Anger beim Zimmermeister Keller in Gesees an.[83] Dann geht man den Stenga (Steegga) hinunter – Steg – der steinerne Gehsteig für die Wallfahrer,[84] der darf heute noch nicht befahren werden –Und der führt beim Großbauern OPEL in Gesees wieder auf die alte Distriktsstraße

Meine Großmutter diente vom Jahre 1830 bis zum Jahr 1836 beim Gastwirt HOFFMANN in Gesees. Und die erzählte uns immer, dass im alten „Becknhaus" im großen Hausplatz vier Weihkessel aufgestellt waren, mit Heiligenbildern an den Wänden, und auch neben jedem Weihkessel

---

[83] So erschließt sich auch heute jedem Suchenden dieser Weg hinauf zur Kirche St. Marien zum Gesees als einem „Ort der Kraft": Der erste Zielpunkt der Wallfahrt in Gesees war die „Wandergasse"; sie führt hinunter zur „Schwemm", heute eine Furt durch den Funkenbach, zugleich der tiefste Punkt dieser Wallfahrt. Damals wurde das Gewässer mit der als heilig geltenden „Stenga" überbrückt. Symbolisch erlebte der Wallfahrer hier den Durchgang des Volkes Israel durchs Rote Meer auf seinem Weg der Befreiung; und er vergegenwärtigt sich als Christ den Durchgang durch den eigenen Tod ins Leben im Wasser der Taufe. – Von da an führt ihn sein Weg aufwärts dem segnenden Christus entgegen, der ihn im Altarbild des Brenck-Altars in der Kirche oben auf dem Berg erwartete und mit seiner Lebenskraft stärkt.

[84] Unweit dieser Stelle am alten Wallfahrtsweg soll an einer Gartenmauer bis zum Jahr 1935 der auf S. 61 gezeigte Rundstein mit der Kreuzigungsgruppe gestanden haben, der danach viele Jahre in der Kirche rechts des Chorraums in einer zugemauerten spätgotischen Torbogennische stand; nunmehr wird er links gleichsam wie eine Oblate von zwei ehernen Händen emporgehalten.

stand ein Kruzifix.[85] –

Ein Mord unter Wallfahrern in Gesees

Im Anfang des vorigen Jahrhunderts[86] zogen alle Wallfahrer vom Becknhaus[87] mit Musik hinauf in unsere Kirche und opferten der Mutter Gottes, bis die Franzosen unsere Kirchenschätze raubten[88] [s.o.].

Vierzehn Tage nach Pfingsten im Jahre 1846 ging [wieder] ein großer Zug Wallfahrer durch Gesees, sie kehrten diesmal nicht ein, und man sah, dass sie untereinander uneins waren. Es waren zwei Parteien, und bei der Röth schimpften und stritten sie laut miteinander.[89] –

Mein Onkel musste jeden Tag und bei jedem Wetter vor und nach der Schule nach Forkendorf und am Forkendorfer Brunnen frisches Wasser holen für seine Blutegel. Bei blutigen Abszessen wurden früher Blutegel angesetzt, und

---

[85] In diesem Haus soll nach anderen Zeitzeugenaussagen auch noch nach dem II. Weltkrieg ein Weihwasserkessel für die katholischen Wallfahrer gehangen haben und von Pilgern benutzt worden sein.

[86] Gemeint ist das 19. Jh., also die „französische Zeit".

[87] Gaststätte HOFFMANN.

[88] S.o. S. 54 das Kapitel: *„Als die Franzosen das Marienbild stahlen"*

[89] Der Weg dieser Wallfahrer ist nicht ganz klar. Kamen auch sie aus der fränkischen Schweiz, und waren sie bereits auf dem üblichen Weg zur Kirche hinauf gegangen, also am unteren und oberen Pfarrhaus vorbei, und befanden sie sich auf bereits auf dem Heimweg, auf der anderen Seite, den alten Forkendorfer Kirchweg hinunter? Der geschilderte Vorfall ereignete sich jedenfalls offensichtlich nördlich des Dorfes an der Einmündung dieses Kirchweges auf die Distrikstraße beim heutigen Sportplatz.

das war ein teuerer Artikel in den Apotheken, aber man konnte die Blutegel wieder verwenden, wenn man sie in eine große Flasche tat und ihnen täglich frisches Quellwasser gab, dann entleerten sie sich in ein paar Monaten wieder.

Mein Onkel ging am Tage meiner Erzählung gleich nach der Schule nach Forkendorf und führte meinen Vater an der Hand. Mein Vater war vier Jahre jünger als mein Onkel, die beiden waren unzertrennlich. Außerhalb der Röth wollten sie neben der Distriktsstraße an den Wallfahrern vorübergehen. Doch die Wallfahrer schimpften und stießen einander, und mein Onkel sprang mit meinem Vater über den Graben und blieb auf der Röthwiese stehen und schaute den Wallfahrern zu.

Plötzlich drängte sich ein Mann durch die Menge, zog sein langes Messer und stieß es seinem Gegener in den Unterleib. Dann kehrte er gleich wieder um.

Wie ein frisch erschlossener Brunnenquell schoss dem Getroffenen das Blut im Bogen aus dem Bauch heraus, und mit dem Rufe „Ach, Bruder, ich muss sterben!" fiel er rückwärts zu Boden.

Unter den Wallfahrern brach eine Panik aus. Sofort wurde nach meinem Großvater und dem Bürgermeister geschickt.

Um dieselbige Zeit ging Gastwirt MORG von Muthmannsreuth harmlos durch Gesees. Er musste am fraglichen Tag nach Bayreuth, musste um 1 Uhr im Amtsgericht sein. Er war heute zwei Stunden später wie gewöhnlich, wenn er nach Bayreuth musste, von daheim fortgegangen, weil er nicht mehr mit den Wallfahrern zusammenkom-

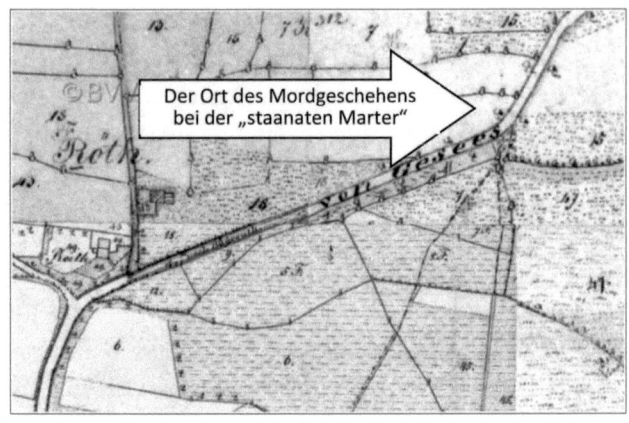

Der Ort des damaligen Mordgeschehens an der
„Staanaten Marter" am nordöstlichen Ortsausgang von
Gesees, am Abzweig des Forkendorfer Kirchweges

men wollte. Die Wallfahrer konnten den MORG nicht leiden, weil er anderen Glaubens war und weil es oft Reibereien gab wegen Zechprellerei. Und auch bei ihrer Einkehr an diesem Morgen hatte es wieder Streit gegeben.

Da bei der Röth sah er die Wallfahrer stehen. Schon wollte er die Röthfuhr hinaufgehen und den Feldweg nach Forkendorf nehmen (Alter Weg), da hörte er von dem Unglück. Er ging hin an die Unglücksstelle, und vor Schrecken blieb er bei dem Ermordeten stehen.

Fünf Minuten später kam der Bürgermeister, und einige hundert Meter hinter ihm sah man meinen Großvater im Laufschritt kommen. Er kniete nieder und untersuchte den Erstochenen. Und nach ein paar Minuten stand er auf und sagte: „Hier ist menschliche Kunst vergebens, der Mörder hat sein Opfer gut getroffen. Wer hats getan? Wer ist der Schuldige?"

Da riefen alle Wallfahrer wie aus einem Mund: „Der Morg hots do!"

„Packt den Morg!"

Und schon wollte man den MORG wegführen – da schrie eine Kinderstimme von der Röthwiese hinüber: „Na, Vater, der Morg hats nicht getan! Den Morg kenn ich, ich kenn den Morg!"

Dann lief er hin zu seinem Vater und erzählte vor der Menge alles, wie ich es geschildert habe und dass der Morg erst nach dem Unglück eintraf. Und deshalb konnten sie den Morg nicht festnehmen.

Wie oft, sagte mein Großvater, hielt die grüne Gerichtskutsche vor dem Badershäusle und holte meinen Onkel in den Gerichtssaal als Hauptzeugen ab. Es wurde ihm jeder Wallfahrer vorgestellt. Aber mein Onkel sagte jedesmal: „Ich kann den Mann nicht herausfinden, aber der Morg hats nicht getan. Den Morg kenn ich! Ich kenn den Morg!"

Und so konnten sie den Gastwirt MORG nicht verurteilen. Dieser Mord blieb ungesühnt.

Ich habe diese Begebenheit niedergeschrieben, wie es mir mein lieber Onkel wiederholt erzählte.

LENA REIM, geb. SÖLLHEIM

EXKURS 3
von Jürgen Joachim Taegert:
Die „Staanate Marter und ihre Deutung"

Noch heute steht am Grundstücksrand beim letzten Haus rechts am Ortsausgang von Gesees in Richtung Forkendorf (alte Haus-Nr. 77, Haus von „Schneidershans" Hans Brendel, Hauptstraße 36) ein Kreuzstein von 80 cm

An dieser Stelle mündete früher der Forkendorfer Kirchweg in die
Hauptstraße ein. Im Hintergrund der Geseeser Kirchberg.
Der Kreuzstein rechts neben dem Pfosten am Gebüsch (im roten Kreis)
wirkt unscheinbar. Er stand einst auf der linke Seite.

Höhe und 60 cm Breite bei 30 cm Dicke. Sein ursprünglicher Standort war angeblich etwa 20 m weiter nordostwärts, unmittelbar neben dem einstigen Abzweig des Alten Kirchweges von der Forkendorfer Straße.

Der Sandstein trägt über die ganze Länge und Breite seiner Frontseite die tief eingeritzten Balkenkonturen eines Kreuzes, dazu in der rechten oberen Ecke ein kleines V-Zeichen für eine Pflugschar und links unten eine kleine Reutschaufel. Dieser Stein wird gern mit dem oben geschilderten Wallfahrerdrama in Verbindung gebracht, dürfte aber tatsächlich erheblich älter sein, ohne dass Näheres bekannt ist. Manche Gerüchte und Legenden umgaben einst die Stätte.

Es spuke und gehe hier um. Der „Veitnlorz" mit seinem zweiten Gesicht habe hier neben dem Stein die „Weiße Frau" stehen sehen, als er am Totengedenktag hier vorüberfuhr. Andere meinten hier einen Reiter ohne Kopf gesehen zu haben. Die Flur um diesen Stein heißt bei den Geseesern schon seit alten Zeiten die „Staanate Marter".

Der in Altbayern und Oberpfalz häufig verwendete Ausdruck „Marter" meint an sich die bildliche Darstellung der Marter Jesu bei seiner Kreuzigung und von hier ausgehend die vielen im katholischen Raum vorfindlichen Marterkreuze. Sie sind durchwegs Stiftung von Privatleuten für Anlässe von Dank oder Klage. Wegen des Kreuzes, das in den Geseeser Stein eingemeißelt ist, wurde der Ausdruck auch auf den Geseeser Stein übertragen; er ist aber nach fachlicher Definition eigentlich keine Marter, sondern ein typischer „Kreuzstein".

Solche Kreuzsteine, wenn sie nicht bloße Gemarkungs- und Flurzeichen sind, können auch in derselben Funktion auftreten, wie die etwa gleichgroßen „Sühnekreuze", die aber freie Kreuzenden haben.

Bis ins 16. Jh. wurden Tötungsdelikten im Affekt nur zivilgerichtlich und kirchenrechtlich verfolgt. Erst seit 1532 regelt die Constitutio Criminalis Carolina (zeitgenössisch-deutsch auch: „des Keysers Karls des fünfften und des heyligen Römischen Reichs peinlich Gerichtsordnung") den staatlichen Umgang mit Totschlag. So findet man auch bis ins 16. Jh., also bis in die Reformationszeit hinein, solche Steine, die von den Tätern als Teil seiner Sühne für einen Totschlag im Affekt aufgestellt werden mussten. Hier sollte auch die Seele des Getöteten zur Ruhe kommen, nachdem ihm ja die Sterbesakramente versagt geblieben waren.

Die „Staanate Marter" stand wohl schon vor diesem Mord am Abzweig des Forkendorfer Kirchweges (Bild: Jürgen Taegert)

Das bittere Landleben in Gesees im 19. Jh.

KATHARINA HORN (rechts) und ihre
Mutter MARGARETE SÖLLHEIM um 1865

II. Das bittere Landleben in Gesees im 19. Jahrhundert

AUFZEICHNUNGEN 1860 – 1901 der KATHARINA HORN, geb. SÖLLHEIM[90]

Inhalt

---

[90] Aus den Tagebuch-Erinnerungen der KATHARINA HORN, geb. SÖLLHEIM (*27.08.1844 in Gesees +21.09.1902 in Forkendorf), Tochter des Landarztes Dr. KONRAD SÖLLHEIM – gesammelt vom Enkel HERBERT LÖSCH-HORN.

Vorbemerkung des Enkels zu den Aufzeichnungen seiner Großmutter

I m Februar 1977 suchte ich in den nachgelassenen Schriftsachen meiner Mutter nach einer Urkunde, die sich zum Nachweis der Staatsangehörigkeit meiner Eltern eignen würde. Meine Kinder CLAUDIA und BARBARA halfen mit beim Kramen, nicht zuletzt der alten Briefmarken wegen. Dabei entdeckte CLAUDIA ein vollgeschriebenes, vergilbtes und zerfleddertes Notizbüchlein, dessen Schrift sie nicht lesen konnte.

Zu unserer Überraschung und meiner großen Freude stellte sich das mit deutschen Buchstaben Niedergeschriebene als der erste Teil der Lebens-Aufzeichnungen meiner Großmutter KATHARINA HORN, geb. SÖLLHEIM, heraus. Den zweiten Teil davon besaß ich bereits. Jene im Jahr 1879 beginnenden Texte hatte meine Kusine LISBETH HELBING, geborene HORN, Tochter meines Onkels HANS, vor einigen Jahren im Nachlass ihres Vaters gefunden und mir eine Fotokopie davon zum Geschenk gemacht.

Besagtes Notizbuch hat meine Großmutter, die ich persönlich nicht gekannt habe, da sie schon 1902 starb, von Herrn BERNHART HAARBURGER aus Bayreuth zum Geschenk erhalten, wie auf dem Deckel des Einbands zu lesen steht. Sie hat darin alles für sie Bedeutsame festgehalten.

So finden sich in bunter Reihenfolge: Gedichte, die sie als junges Mädchen bewegt haben, die Schilderung eines Ausflugs in die fränkische Schweiz – in der noch autolosen Zeit mit entsprechend engem persönlicnen Aktionsradius ein außerordentliches Reiseerlebnis für ihr aufgeschlossenes Gemüt –, Geburtstage, Rezepte, Ertragsaufstellungen ihrer Landwirtschaft, die erhaltenen Hochzeitsgeschenke, Kosten und Ausstattung von Taufen, der Lohn der Magd u.a.m., vor allem aber die Jahresberichte von 1867 bis 1878. Dazwischen gestreut sind ihre Gedanken und Empfindungen, die sie bei persönlichem Kummer sowie traurigen und freudigen Ereignissen in der Familie spontan niederschrieb.

Der guten Lesbarkeit halber habe ich öfters Rechtschreibung und Zeichensetzung dem heutigen Stand angepasst sowie bei den Jahresberichten die Reihenfolge geordnet. Die Worte sind nicht verändert, so dass Großmutter HORN noch unmittelbar zu uns spricht und uns menschlich damit sehr nahekommt.

Zum besseren Verständnis der Zusammenhänge erlaube ich mir an einigen Stellen Zwischenbemerkungen und Einfügungen in Klammern.[91] Dank der Erzählungen meiner Mutter besitze ich noch gewisse Detailkenntnisse, die ich meinen Nachfahren nicht vorenthalten möchte. Lassen wir Großmutter nun beginnen mit ihrer Fahrt in die Fränkische Schweiz, für die sie leider keine Jahreszahl angegeben hat.

H.L.-H.

---

[91] Hinter diesem Kürzel verbirgt sich der Enkel von KATHARINA HORN, in dieser Neuausgabe zitiert mit „H.L.-H." Ein Onkel ist der 1870 geborene AUGUST HORN; er wurde später Lehrer. Ein anderer Onkel ist wohl der 1874 geborene Sohn von KATHARINA, HANS, der später Soldat und Gendarm wurde und dann zur Schutzpolizei ging.

1. Glückliche Jungmädchenzeit

Ausfahrt in die Fränkische Schweiz

Heute vor acht Tagen, am 14. Juli waren wir in der Fränkischen Schweiz. Wir fuhren morgens 4 Uhr von Gesees ab. Unsere Reisegesellschaft bestand in Herrn und Frau Gevatter LOTTES[92], welchen auch das Fuhrwerk gehörte. Wir fuhren durch Pettendorf, Pittersdorf, Mistelgau, Frankenhaag. Beim Käpala[93] stiegen wir ab und besahen es uns. Die zwei Pferde zogen wacker aus, und so waren wir bald durch die paar Ortschaften, die ich kannte – Obernsees war die letzte. Alle die anderen Ortschaften, durch welche wir kamen, waren mir noch unbekannt.

Wir fuhren ein schönes Tal hinab an der Wiesent. Wie freute es mich, dies herrliche Naturbild genießen zu können. Das Tal war schmal. Neben der Wiesent, die an manchen Stellen toste, breitete sich ein grüner Wiesenteppich hinab; die hohen steilen Felswände waren mit schönem grünem Buschwerk überwuchert, aus dem hie und da riesi-

---

[92] Anmerkung vom Enkel Herbert Jösch-Horn (H.L.-H.): Gevatter LOTTES war ein Jugend- und Lebensfreund meines Großvaters HORN. Sie hatten zusammen das Zimmerer-Handwerk erlernt. Um bei der Selbständigmachung nicht zu Konkurrenten zu werden, hat Großvater noch auf Schreinerei umgesattelt. So konnten sie später bei Bauten als Zimmer- und Schreinermeister zusammenarbeiten.

[93] Gemeint ist die alte Rupertkapelle vor Obernsees, von den Einheimischen auch liebevoll „Rupertla" genannt. Die Stätte mit der Mineralquelle ist ein alter „Ort der Kraft" und, neben Gesees, der Ausgangspunkt des Christentums im Hummelgau im 11. Jh.

ge Felsblöcke herausschauten. Dann kamen wir über den Doser Berg nach Muggendorf. Wir besahen uns die Höhle, das Kurhaus.

Besonders gefiel mir im Wiesenttal das Schloss Rabenstein, das oben in riesiger Höhe thront auf einem steilen Felsen. Und da es der Zufall wollte, dass wir gerade ein wenig anhalten mussten, so konnte ich mir es recht gut besehen. Ich konnte mich nicht satt sehen, und immer schaute ich wiederum darnach, sitzt es doch oben fast wie ein Schwalbennest und von dem schönsten Grün umwuchert.

Wir durchfuhren ein anderes Tal, durch welches die Püttlach fließt. Es schien mir noch romantischer, die Felsen noch großartiger aufgetürmt. Auf mancher an und für sich schon sehr hohen Felsenmasse standen wieder riesige Felsen, die turmähnlich in die Luft ragten.

In der Behringersmühle stellten wir ein, gingen den Berg hinauf und schauten die wirklich schöne Kirche zu Gößweinstein an, stiegen dann hinauf zum alten Schloss, welches auf dem höchsten Punkte des Hügels steht.

Aber mehr als das altertümliche Schloss fesselte hier oben die Gegenwart: Weithin geht der Blick ins Tal hinein – welch großartiger, herrlicher Anblick. Ich hätte ein Maler sein mögen, damit ich hier das herrliche Bild hätte malen können. Jetzt kann ich mir doch auch einen Begriff von der wirklichen Schweiz machen und auch das Lob begreifen, das man ihr spendet.

Wir stiegen auf einem anderen Weg herunter ins Tal zur Stämpfermühle, zu den berühmten drei großen Quellen. Nie in meinem Leben habe ich ein solches kristallenes Wasser gesehen; schauten auch das riesige Pumpenwerk, welches den Gößweinsteinern das Wasser vom Tal hinaufpumpt. Einen Mönch haben wir auch gesehen.

Wir fuhren dann weiter das Tal entlang durch manches Dorf nach Ottenstein zu. Das Tal wurde oft sehr eng, dann wieder weiter. Die Felsen wurden auch kahler und nackter.

In Pottenstein ist es auch romantisch schön; besonders fesselte meinen Blick das alte Schloss, welches wieder hoch auf den Felsen steht, wovon aber nur noch ein Flügel steht.

Dann ging es wieder heim. Es wurde Nacht und kalt, der Heimweg wurde uns langweilig.

Jungmädchen-Gedichte[94]

Liebes Mädchen nimm zum Spiegel[95]
Dir die Einfalt der Natur.
Herrlich schmückt sie Tal und Hügel;
Herrlich doch und einfach nur.
Ihre Zauberhände geben
Jedem Wesen, das sie schaffet,
Durch sich selbst emporzustreben
Ohne fremde Hilfe, Kraft.

* * *

Froh erwarte jeden Morgen,[96]
Froh erfülle deine Pflicht.
Wo du gehst, flieh' Gram und Sorgen
Und es blüh' – Vergissmeinnicht !

---

[94] Wohl für den Eintrag in Poesiealben bestimmt.

[95] Unbekannter Autor, nachgewiesen im „Frauenzimmer-Almanach" 1794 unter dem Titel: Lehre und Warnung / An ein junges Mädchen.

[96] Das Gedicht ist unter „Anna Balmberger, Reichenschwand 1818" beim Stadtarchiv Hof indiziert.

* * *

Es flieht mir das eilende Leben
Vergnügter und heiter durch dich.
Und wären mir Kronen gegeben,
Ich gäbe die Kronen für dich.

* * *

Dir sei das beste Glück beschieden
Auf deiner Lebensbahn.
Und alles Gute, was hienieden
Zufrieden machen kann!

* * *

Jede Freude, jedes sanfte Glück,
Das der Himmel gibt, erwarte dich!
Jeder Himmel lächle heitre Blicke,
Und an jedem Orte liebe mich!

* * *

Die Liebe gibt Freude,
Die Tugend gibt Ruh,
Drum wähle sie beide
Und glücklich bist du.[97]

* * *

Liebe Freundin, dich erfreue,
Was die Welt nur Schönes hat,
Und den besten Segen streue
Gott auf deinen Lebenspfad!
Fühle immer süße Wonne,
Holdes Glück in deiner Brust;
Jede neue Tagessonne
Wecke dich zur Freud und Lust!

---

[97] Ein typischer Poesiealbumspruch

* * *

Die Zeit vergeht, was nützet uns die Klage?
Sie wird nichts ändern, rückwärts führt kein Pfad.
Begehe jeden deiner flücht'gen Tage
Mit einer guten, Gott gefäll'gen Tat,
Mit einem Werk der Liebe und der Treue,
Mit einem Trost den Weinenden gebracht,
Mit einer stillen Freude ohne Reue,
Mit einer Geistesblüt', die neu erwacht,
Dann geht der Tage keiner dir verloren,
War er auch nicht zu Großem dir erkoren.

* * *

Umworben (1863-66)

Im Jahr 1863[98] wurde ein „Blatz"[99] aufgeführt. Ich und die BERBL[100] wurden auch dazu gewählt. Es wählten uns –

---

[98] Zwischenbemerkung H.L.-H.: Die folgenden Zeilen sind eine erst 1871 verfasste Erinnerung meiner Großmutter an den Glanz ihrer jungfräulichen Jahre. Anlass dazu gab – so vermutet der Enkel – die Hochzeit der Schwester ANNA, die einen Lehrer heiratete und damit eine sogenannte „gute Partie" machte. – Übrigens der"Blatz"muss eine Art Schönheitskonkurrenz gewesen sein.

[99] Zum Ausdruck „Blatz" (Platz) vergl. unten in der „Geseeser Chronik" den Bericht über die „Hummelhochzeit" für den Prinzregenten.

[100] Die „Berbl" ist die 1844 geborene BARBARA HACKER, die Tochter der ledigen MARGARETHA HACKER. Gerüchte verdächtigen den den II. Geseeser Pfarrer J.G.Ad.Hübsch als Kindsvater, bei dem Margaretha als Haushälterin arbeitete. Ihre Tochter heiratete am 3. Jan. 1871 den gleichnamigen, aber nicht verwandten Bäckermeister ANDREAS HACKER aus Pettendorf, der mit ihr und der Schwiegermutter im Jahr zuvor, 1870, das „Lindis-Wärtshaus' in

wenn man es so sagen will – die angesehensten Burschen im Dorfe. Wir wurden von den meisten Mädchen beneidet, sogar von unseren Freundinnen. Das kümmerte uns jedoch wenig. Wir machten uns sehr, ja sehr vergnügt.

Ich hatte gerade das 19. Jahr zurückgelegt, wir waren in der schönsten Blüte. Wir wurden von gar vielen bewundert, zumal die Nachkirchweih, weil wir durch unsere Tracht ein weit schöneres Aussenen hatten als unsere Mitgenossinnen.

Am zweiten Tage konnten wir Kränzchen aufsetzen, die anderen aber nicht. Sagte mir doch meine Frau Pat, die mir niemals schmeichelte, dass uns die Stadtleute so bewunderten. Aber auch auf unsere Blatzburschen mussten wir einen tiefen Eindruck gemacht haben. – Ich werde jene Kirchweih nie vergessen.

Im Jahr 1864 kam der Herr Zapf auf unsere Kirchweih, ein schöner gewandter junger Herr. Er war längere Zeit schon mit mir bekannt, er machte mir den Hof in ganz liebenswürdiger Weise. Wohl hätte ich ihn lieben können, aber zum Glücke glaubte ich seinen Liebesworten nicht. Denn ein so feiner Herr würde niemals ein Mädchen vom Lande zur Frau nehmen, und nur auf das Zureden meiner BERBL habe ich mit ihm geredet.

1865 war es, als der Herr Doktor SCHMIT die Kirchweih hier war, wo er sich verkleidet hatte zu einem Bauernburschen. Er sagte, ich war kalt gegen ihn; ich hatte ihn aber nicht erkannt. Wir tanzten miteinander, ich war glücklich.

Gesees erbaute; vergl. oben im Exkurs von Jürgen Taegert auf S. 103 den Abschnitt: „*Wie ein verliebter junger Gründer ein neues Wirtshaus errichtet*".

Er liebte mich, das weiß ich. Hätte ich Reichtümer, wollte ich mich dieser Liebe hingeben und mein Herz und alles ihm opfern. Aber da obige fehlen, muss ich diese Leidenschaft beherrschen und unterdrücken.

Immer wieder kommen mir diese albernen Gedanken. Immer muss ich darüber nachsinnen, wie ich einen Mann gefesselt hatte – als ich noch ledig war –, einen Mann, der zwar ältlich, aber doch noch liebenswürdig war. Ich hätte ihn erobern können, hätte ich ihm nur Zeichen gegeben, als wenn ich ihn liebte.

Ich wäre dadurch die Besitzerin von soundso viel Tausend geworden, und zu meiner Verfügung wäre ein großes geräumiges Haus gestanden. Ich hätte ein Leben führen können ohne Mühe und Sorge.

Dieses alles überlegte ich damals nicht, weil mein Herz nicht mehr frei war und die Sorgen und Mühen des Lebens noch nicht kannte; weil ich nicht daran dachte, dass es auch zum Glücke gehört, Geld zu haben, wenn man es braucht.

Ich will mich aber befleißigen, diese Gedanken zu verbannen. Ich muss diese vergeblichen Wünsche unterdrücken, denn sie sind Sünde. Ich muss meine Pflicht erfüllen als Frau und Mutter. —

Die erste teuere Fotositzung

H.L.-H.: Auch diese Notizen hat Großmutter als junges Mädchen eingetragen:

Sonntag, den 14. Mai 1865 haben wir uns phothographieren lassen–- bezahlt 3 fl.

Sonntag, den 16. Juni 1866 haben wir uns wieder phothographieren lassen – Kosten 2 fl 12 Cr.[101]

2. Ein arbeitsreiches Eheleben

Zeittafel der Ehefrau und Mutter

A m 13. Oktober 1867 sind wir getraut worden.[102] Am 15. April 1868 morgens 2 Uhr ist unser kleiner Sohn geboren, und am 24. April wurde er getauft auf den Namen MICHAEL. Mein kleines Söhnchen ist meine größte Freude.[103]

Am 25. Juli 1870 habe ich wieder ein Knäblein geboren, abends halb 5 Uhr.[104]

Als der kleine AUGUST 4 Wochen alt war, war er krank, todkrank. Oh, was habe ich da gelitten. Gibt es etwas Schwereres, als wenn eine Mutter ihren Säugling leiden sieht?

Am 7. Oktober 1873 ist wieder ein Söhnchen (FRITZ) eingezogen. Am 13. wurde er getauft, wobei Herr Zimmermeister LOTTES die Patenstelle übernahm. Am 19. Dezem-

---

[101] Bereits seit 1839 stand das photographische Verfahren der Daguereotypie für jedermann frei und kostenlos zur Verfügung. Bereits kurze Zeit später nutzten erste Fotoateliers die rasch weiterentwickelte Technik professionell. Die Preise waren aber, wie oben zu erkennen, für die ärmere Kundschaft noch astronomisch hoch: mehr als einen Wochenlohn für eine Fotositzung!

[102] Bei ihrer Hochzeit mit dem Bauern PHILIPP HORN ist die im Jahr 1844 geborene KATHARINA HORN, geb. SÖLLHEIM, 23 Jahre alt.

[103] MICHAEL HORN ertrank im Alter von drei Jahren, s.u. S. 152f.

[104] Dieser Sohn AUGUST ist der einzige überlebende Stammhalter dieser Familie und der Vater des überliefernden Enkels HERBERT LÖSCH-HORN.

ber 1873 ist FRITZCHEN heimgegangen zu den Engeln. Ruhe in Frieden!

Am 1. Oktober 1874 ist wieder ein Knäblein geboren, HANS, am 14. wurde er getauft. Schwager HAFNER war der Taufpate.

Am 29. April 1876 ist wieder ein Söhnchen geboren und der Taufpate war wieder Herr LOTTES. Es hieß wiederum FRITZ.

H.L-H.: Der Vollständigkeit halber sei hier auch das Geburtsdatum des jüngsten Kindes nachgetragen: Am 4. November 1880 kam Töchterchen ANNA zur Welt. Taufpatin war die MADER-Bäuerin aus Forkendorf.

Hochzeitsgeschenke:

2 Sprenger	1 Kaffeebrett
2 messingene Pfannen	1 Zündhölzchenbehälter
1 Waschkessel	1 Laterne
1 eiserner Dampftiegel	1 Hemd
1 blecherne Schüssel	1 Tischtuch
1 Porzellan-Schüssel	1 Paar Strümpfe
1 Salzfaß	1 paar Strumpfbänder
2 Kaffeemühlen	1 Regenschirm
2 Pokale mit Löffelchen	1 messingener Leuchter mit Putzschere
1 blaues Bierglas	3 Kaffeeschalen
1 Bierglas mit Porzellan-Deckel	1 Kaffeebrett
1 Bierreibe	1 Paar Straminschuhe
1 Präsentierteller	20 Gulden bares Geld
1 Kaffeezeug mit Zuckerschale	Nachträglich: 1 Leuchter

6 Kaffeeschalen   1 Bild
6 Kaffeelöffel

Hochzeit und Kindgeburt (1867-68)

Am 13. Oktober 1867 war unsere Hochzeit, gerade an unserer Kirchweih. Man sagt und schreibt viel von den Flitterwochen. Aber was waren meine Flitterwochen? Wartete doch schon Arbeit und Sorge auf mich und dazu ein Kindlein unter dem Herzen und jene ungewohnten Arbeiten[105].

Ich hatte nichts im Haus, das ich hätte essen können, wann mir etwas, das auf den Tisch kam, nicht schmeckte – wie es doch bei den meisten Frauen, die in solchen Umständen sind, der Fall ist.

Und gab mir meine Mutter manche Kleinigkeit, so sahen die Schwestern neidisch hin und schimpften mit der Mutter, wenn ich fort war. Machte doch die ANTL wegen ein wenig Kaffee einen Lärm vor der ganzen Gesellschaft. Sie gönnten mir nicht das Notwendige, das mir versprochen war und ich haben musste. Und ich dachte immer, sie sehen scheel auf mich, wann ich hineinkam. Das hatte ich nicht an ihnen verdient. Doch ich klagte niemanden was, ich schwieg und weinte.

Meine liebste Freundin war in dieser Zeit – aber auch schon lange her – BARBARA HACKER,[106] die ich sehr viel interessierte. Ich habe sie immer gern; sie war mir jederzeit lieb, ob auch viele sie wegen ihrem etwas eigenen Wesen nicht ausstehen wollen.

---

[105] Anmerkung der ersten Herausgeberin zur Erklärung des „ungewohnt": *„Großmutter war ja keine Bauerntochter".*

[106] Die oben genannte „Lindiswirtin".

Am 15. April 1868 ist mein kleines Söhnchen (MICHA-
EL) geboren. O ich hab' damals viel gelitten. Mein guter Vater[107] sagte, dass ich dem Tode nahe, sehr nahe war.

Mein guter PHILIPP[108] war, solange ich im Wochenbett
bleiben musste, sehr besorgt um mich. Jeden kleinen
Wunsch, den ich äußerte, erfüllte er auf das Genaueste. Er
ist überhaupt sehr gut gegen mich. Auch meine gute Mutter hatte sich sehr um mich angenommen, die BERBL auch.

Am 9. Tag ging ich zum erstenmal wieder in die Wohnstube, als eben unser kleiner Sohn getauft wurde. Er wurde
in der Taufe MICHAEL KONRAD FRIEDRICH [HORN] genannt. Es war eine schöne Kindtauffeier. Meine Eltern und
Geschwister waren hier, bloß die ANTL nicht. Die ANTL
und das GLOCKENLIESETTCHEN läuteten,[109] was sich schön
ausnahm. Das HACKERBÄSLE kochte, die große ANTL war
auch hier und unser Schwager HUMMELSHANS.

Als der kleine MICHL fünf Wochen alt war, wurde er ge-
impft. An meinem guten Kinde hängt mein ganzes Herz.
Als ich zum erstenmal mein Kind in die Arme nahm – es
war etliche Tage nach seiner Geburt – gleich konnte ich es
nicht nehmen, ich war so schwach –, betete ich für das
Wohl meines Kindes und dankte Gott, dass es so ohne Fehler zur Welt gekommen ist.

---

[107] Der Landarzt KONRAD SÖLLHEIM.

[108] Der Ehemann PHILIPP HORN.

[109] Den Läutedienst an der Geseeser Kirche versahen durch Jah-
erhunderte hindurch die verschiedenen Sippen der „Glockenleut."
Ihnen war zum Wohnen das originelle Glockenhaus überlassen,
das seit 1468 als Blockbohlen- und Fachwerkhaus auf der nordwestlichen Kirchenmauer thront. Seine Restaurierung unter Pfarrer EKKEHARD DE FALLOIS ist seit 2022 im Gange.

Ich dachte dann, für was wohl das Kind bestimmt sei und was einst sein Beruf werden mag; da fuhr mir ein besonderer Gedanke durch den Kopf, das ich aber vorderhand keinem Menschen sagen werde.

Ein glückliches Jahr (1869)

Heute am 18. April 1869 der erste Geburtstag unseres Söhnchens! Es ist ein Donnerstag, ein schöner und heißer Tag. Unser kleiner Michl ist ein hübsches Kind und groß zu seinem Alter. Wie freute ich mich doch über sein Lachen und über sein kindliches Wesen. Möge er doch jederzeit seiner Eltern Freude bleiben. –

Gib Deinen Segen,
Du lieber Vater im Himmel,
dass er sich stets halte nach Deinen Geboten,
gib ihm Deinen Engel bei,
dass er ihn geleite auf diesen Lebenswegen,
leite ihn nach Deinem Rat,
bis Leid und Zeit ein Ende hat.[110]

Samstag 28. Dezember, heiliges Weihnachtsfest

Drei Monate sind es über zwei Jahre, seit ich hier bin. Manches ist über mich gegangen seit jener Zeit. Ein Söhnchen habe ich geboren (AUGUST), und ich musste die Bedeutung jener Worte fühlen: „Mit Schmerzen sollst Du Kinder gebären."[111] Viele Ärgernisse mit dem Schwiegervater, viele Unannehmlichkeiten von meinen Schwestern!

---

[110] Die zahlreichen Gebete in ihren Tagebüchern sind wahrscheinlich alle von der frommen KATHARINA HORN selbst erdacht.

[111] 1. Mose 3,16.

Das Härteste war die Krankheit, welche mein Mann zu bestehen hatte. Gott allein weiß, welchen Kummer und welche Sorge ich damals hatte, und jetzt stürmt wieder manches auf einmal los: Dass die BERBL heiratet jenen, von welchem ich ihr jedesmal abriet. Es hat mich sehr herabgestimmt und zum Zorn gereizt. Und wie hart kommt es mir doch vor, dass im väterlichen Hause eine Veränderung vorgeht.

Wieder fühle ich, dass ich ein Kindlein unter dem Herzen habe. Ich weiß nicht, warum ich darüber so in Sorge bin. Alles will ich anheimstellen dem, der alles lenket, wie es am besten ist. Hat er mir doch ein munteres, hübsches Sönnchen beschert und mir meinen lieben Mann wieder gesund werden lassen. Oh, dafür kann ich Gott nicht genug danken. Er wird auch alles andere zum Besten lenken.

Verschont (1870)

Es ist jetzt so still in meinem Stübchen, meine beiden Söhnchen schlafen, mein lieber Mann ist in das Wirtshaus. Gerade hat es acht Uhr auf dem Kirchturm geschlagen, es ist diese Zeit so sehr geeignet zum Nachdenken. –

Ich gedenke des verflossenen Jahres 1870, das jetzt wieder geendigt hat. Glücklich hat uns der Allgütige durchgeführt, er hat den blutigen Krieg[112] von uns abgewendet, der zu dieser Zeit so schrecklich in Frankreichs Gauen wütet. Er hat uns eine reichliche Ernte bescheret und allen Unfall von uns ferngehalten. Unsere Familie hat sich um ein Glied

---

[112] Deutsch-französischer Krieg 1870/71.

vermehrt; ein kleines Söhnchen[113] hat uns das verflossene Jahr gebracht, ein liebes herziges Kind. Ich kann mich nicht sattküssen an diesem kleinen Liebling. Wer ihn nur sieht, sagt, er sieht mir ganz ähnlich.

Was wird uns wohl das Neue Jahr bringen? Wird es uns wieder Glück und Segen bringen, oder ist es im Buche des Schicksals anders geschrieben? Wird uns wohl das Neue Jahr meinen lieben Bruder aus Amerika bringen? Als Kind wünschte ich ihn wiederzusehen, und als Jungfrau wünschte ich so oft jenen glücklichen Tag des Wiedersehens, und jetzt als Frau wird der Wunsch immmer heißer. Oh, ich möchte ihn wiedersehen, diesen edlen Bruder, der uns schon als Jüngling verließ und von dem ich nur Gutes weiß.

Ein großer Schrecken inmitten der Friedensfreude (1871)

Am 2. Osterfeiertag war Annas Hochzeit. Gar nicht hat es mir auf dieser Hochzeit gefallen, ich hatte nichts als Mühe und Arbeit. Ich habe mich jederzeit schon viel um die ANNA bemüht und aber nur Undank geerntet.

Der 3. Mai war für uns ein Tag des Schreckens. An diesem Tag ertrank unser gutes MICHALA[114], am 5. Mai wurde er begraben. Es ist heute der siebte Tag, dass es geschehen ist. Wie öde und leer erscheint mir die Welt, seitdem dieses lebensfrohe Kind von uns geschieden ist. Ein unendliches Weh durchzieht mein Herz bei jeder Gelegenheit, die mich an ihn erinnert.

---

[113] AUGUST HORN.

[114] Der kleine Junge, der erstgeborene dreijährige MICHAEL, stürzte in die Zisterne des Gartens.

Immer wieder denke ich, ich muss sein helles, frohes Lachen hören und den Liebesnamen, den er mir gab – gut's
Mamala. Jede Spielsache, jedes Kleidungsstückchen von
ihm macht die Wunde von neuem blutend. Klagen darf ich,
aber murren will ich nicht gegen den Allgewaltigen und
Allliebenden im Himmel. Er wird mit der Zeit lindernden
Balsam in die Wunden gießen, dass sie nicht mehr so
schmerzen.

Zehn Wochen liegt jetzt unser MICHALA droben im
Kirchhof. Ach, mir kommt der Tod dieses lieben guten
Kindes nicht aus dem Sinn. Wenige Tage sind vergangen,
dass ich ihn nicht beweinte.

Vor etlichen Wochen war ich in Bayreuth, als das FRIE-
DENSFEST[115] gefeiert wurde. Ich hätte unter all dem Jubel
laut weinen mögen. Eine gewaltige Sehnsucht nach dem

---

[115] Seit der Reichsgründung in Versailles mehrten sich in
Deutschland Stimmen, die einen gemeinsamen nationalen Feier-
tag verlangten. So richtete bereits im Frühjahr 1871 ein Gremium
von Persönlichkeiten aus kirchlich-evangelischen und liberalen
Kreisen ein Bittgesuch an Kaiser WILHELM I. mit der Bitte, einen
Tag als Stiftungstag des Reiches zu benennen. Vorgeschlagen
wurde ein jährlich wiederkehrendes Stiftungsfest zum Datum der
Kaiserproklamation am 18. Januar oder ein Frühlingsfest zum
Friedensschluss in Frankfurt zum 10. Mai 1871. Letzteres wurde
in Berlin favorisiert und dürfte in den Aufzeichnungen der KATHA-
RINA HORN gemeint gewesen sein.

Durchgesetzt hat sich aber schließlich seit 1873 der „Sedantag"
am 2. September, der Tag der entscheidenden Schlacht von Sedan
im Krieg mit Frankreich, wenn er auch nie „amtlichen" Charakter
erhielt. Immerhin galt er als offizieller Erinnerungstag für den
Deutsch-Französischen Krieg. In vielen deutschen Städten und
Dörfern weihte man an diesem Jahrestag Kriegerdenkmale ein.

heißgeliebten dahingeschiedenen Kinde bemächtigte sich meiner und ich hätte vergehen können, wenn ich kleine Knaben seines Alters sah. Das ist mein einziger Trost noch, dass ich weiß, dass unserem Kinde ein besseres Los beschieden ist, als wir ihm hätten bereiten können.

„Er ist ein Engala jetzt", sagte meine Schwägerin, die HUMMELA, als das Unglück geschehen war und sie mich trösten wollte. Und dies waren die ersten Worte, die in meinem vom Schmerz zerrissenen Herzen eine leise Linderung machten.

Und als am Friedensfeste die Stadt Bayreuth festlich beleuchtet war, als ich sah, was ich noch nie gesehen hatte – alles strahlte und leuchtete. Herrlich war alles, wo man nur hinsah. Freude und Jubel überall! Die Kanonen donnerten, Raketen stiegen, ein Feuerbrunnen sprang, ein feuriger Friedensengel stand hoch oben, die Häuser waren durch allerhand Beleuchtungen ganz verklärt. So weit meine Augen sahen, war der Fackelzug, der sich, einem Feuerstrome gleich, fortbewegte. Man glaubte in eine andere Welt versetzt zu sein. –

Da fragte ich mich: „Wird wohl eine solche Herrlichkeit drüben im Jenseits sein, wo unser gutes Michala jetzt weilt?"

Ja, es ist dort weit schöner und herrlicher. Unser Heiland sagt: „Sie werden Freude die Menge und liebliches Wesen die Fülle haben."[116]

Heute am 25. Juli 1871 ist AUGUSTCHEN ein Jahr geworden. Es ist ein etwas trüber und regnerischer Tag.

Unser Augustchen ist ein schönes, liebes Kind. Wer ihn

---

[116] Nach Psalm 16, 11.

sieht hat seine Freude an ihm. War aber schon immer kränklich, ist auch etwas zurückgeblieben im Laufen. Jetzt ist er aber gesund.

Segne ihn auch ferner mit Gesundheit,
Du lieber himmlischer Vater,
und gib ihm alles,
wessen er zu seinem zeitlichen und
ewigen Heil bedarf.
Segne ihn in allen Sachen,
Leite seinen Schritt und Tritt,
Segne ihn im Schlaf und Wachen,
Teil ihm Deinen Segen mit.

Heute ist der Jahresschluss von 1871. Meine Leute sind in der Kirche, ich und mein Augstchen sind allein im Hause. Wieder ein Jahr ist zurückgelegt. Ich hoffte, dass uns das Jahr den geliebten Bruder von Amerika bringen werde.[117] Aber der liebe Bruder kam nicht, und ein geliebtes Söhnchen [MICHAEL] ging von uns. Durch ein Unglück wurden wir dieses lieben Kindes verlustig. Oh, ich könnt laut aufweinen, indem ich das schreibe.

Dieses abgerechnet, ist das vergangene Jahr gut abge-

---

[117] Gemeint ist der älteste Sohn des Landarztes, KONRAD SÖLLHEIM JR., der 1854 nach USA ausgewandert und dort ein angesehener Arzt geworden war. Er wurde „Onkel Doktor" genannt. Er kam dann im folgenden Jahr 1872 erstmals wieder nach Gesees und nahm dann bei seiner Rückreise das „Klaanerle", Katharinas jüngste Schwester KUNIGUNDE II., mit nach Amerika. – Vergl. dazu in den Erinnerungen der LENA REIM S. 120 den Nachtrag: „Wie es dem Onkel als Arzt in Amerika erging" und den Abschnitt „Ein angespanntes Wiedersehen und ein trauriges Tagebuch".

laufen. Der liebe Gott hat es uns nicht mangeln lassen an irgendeinem Gut. Das Geschäft ging gut, auch der Feldbau ist zu unserer Befriedigung ausgefallen.

Wie wird es wohl im kommenden Jahre gehen? Wird vielleicht dieses Jahr der liebe KONRAD kommen? Wird wohl der Brunnen, den wir zu graben angefangen haben, zu unserer Befriedigung ausfallen? Wird aus dem Schlafzimmer etwas werden, und was wird wohl noch kommen?

> *Alles ist an Deinem Segen,*
> *großer Gott, allein gelegen!*

Ein schlimmer Unfall, aber eine reiche Ernte (1872)

Heute ist der Jahresschluss von 1872. Die Kirche ist aus, Hunderte von Lichtern strömten den Kirchweg herab; denn es ist so stille in der Natur, dass keines erlosch. Eine seltene Neujahrswitterung, denn es ist noch warm. Bloß des Nachts gefroren, bei Tage immer Sonnenschein und dreckig.

Ereignisvoll für uns war dieses Jahr. Bis Monat Juli verlief es ohne Bedeutung, aber dann ging fast keine Woche mehr ohne Bedeutung dahin. Am 8. Juni kam der lang erwartete liebe Bruder aus Amerika. Oh, welcher Festtag war dies für die Familie SÖLLHEIM mit ihren nahen Verwandten.[118]

---

[118] Vergl. zu dieser Wiederbegegnung von Vater und Sohn die Erzählungen der LENA REIM und von KARL MEIER-GESEES, die beide, trotz der spendablen Großzügigkeit des Auswanderers, ein anderes, eher düsteres Bild von der Beziehung zwischen dem Vater und seinem Sohn vermitteln.

Heuernte und Heuladen waren stets gefährlich. Hier die Nichte und Großnichten Söllheim der KATHARINA HORN beim Heuladen um 1942. (Bildarchiv J. Taegert)

Der liebe amerikanische Bruder, die lieben Eltern und ich machten eine Besuchsreise nach Hof zur ANNA und waren vier Tage fort. Ja, das waren vergnügte, glückliche Tage. Aber die trüben sollten erst kommen.

Die Heuernte kam heran, ich ging zu meinen Leuten, die mähten. Mir glitten beide Füße weg, ich fiel schwer zu Boden. Noch blieben mir die Folgen dieses Falles verborgen bis im fünften Monat meiner Schwangerschaft. Dann machten sie sich mit Gewalt geltend. Ich hatte einen Abortus.

O Gott, was habe ich gelitten! Am 16. Tag nach der Frühgeburt löste sich erst die Nachgeburt, ein Fall ganz selten in seiner Art, wie mein lieber Vater versichert. Acht Tage dauerten die Wehen wie bei einer Gebärenden. Ich fühlte unendliche Schmerzen meinen Leib zerreißen. Oh, ich war nahe, sehr nahe dem Tode, ich fühlte es.

Doch meine gesunde Natur und meine Jugend, sie siegten endlich. Ich ward dem Leben wieder gegeben. Aber die große Schwäche, die durch die vielen Blutverluste herbeigeführt wurde, wollte sich immer nicht heben, und fortwährend hatte ich mit allerhand Leiden zu kämpfen und bin heute nach 20 Wochen noch nicht gesund.

Wenn ich doch gar gesund wäre! Ich sehne mich herzlich danach, und in meinem ganzen Leben werde ich die Angst und den Jammer nicht vergessen, den ich ausgestanden habe. Oft schien es mir, als hätte mich der liebe Gott ganz vergessen, weil er mir nicht Hilfe sandte auf mein sehnliches Flehen. Ja, ich gestehe es, mein Glaube wurde oft klein.

Mein lieber Mann und mein Söhnchen waren gesund dieses Jahr. Dafür danke ich dem lieben Gott recht von Herzen, er wird mir auch gar helfen. Die Ernte ist heuer zur größten Befriedigung ausgefallen. Alles wuchs im Überfluss so arg, dass nicht alles unter Dach gebracht werden konnte. Und allenthalben sah man Stöße von Getreide auf freiem Felde. Wir konnten auch unser Stroh nicht eintun. Auf unsrem Baumbeete und in unsrer kurzen Röth schlichten zwei große Haufen.

Das Geschäft ging auch ganz gut. Der Segen Gottes fehlte uns trotzdem nicht. Wir werden 200 Gulden Kapitalschulden wegzahlen. Wäre ich nicht krank gewesen, würden es noch mehr sein.

Viel neuer Kummer (1873)

Heute am 10. Februar 1873. Ich bin so traurig, ich kann

das Weinen nicht verhalten. Habe ich nicht genug gelitten seit fast ¾ Jahren? Muss noch ein neuer Kummer sich einstellen? Ich will sehen, wie alles vorübergeht, wenn ich dieses Mal das Leben durchbringe.

Ach Gott verlass mich nicht,
lass wieder an Deine Güte und Hilfe glauben.

Mein einziger Trost ist mein lieber Mann, der so liebevoll und gütig gegen mich ist.

Manchen Kummer habe ich schon in dieses Büchlein eingeschrieben. Und wieder muss ich ein schweres Leid eintragen: Das jüngste Schwesterchen (KUNI II.), das gute KLANALA, ist gestorben in Amerika.[119] Das arme unglückliche, verwöhnte Mädchen konnte nicht leben ohne die liebe Heimat und die lieben Angehörigen. Sie suchte den Tod in einer Zisterne und fand ihn darin. Du gutes Kind, was musst du gelitten haben, bis du dieses tatest! Ach Gott, ach Gott wie dauerst du mich. Ich möchte immer laut weinen.

Am 7. Oktober 1873 habe ich ein Söhnchen geboren. Heute am 20. Dezember liegt er droben in der kalten oberen Stube, denn er ist tot. Der liebe Gott allein weiß, was in meinem Herzen vorgeht.

Oh, du liebes gutes Kind, wenn ich dich noch einmal erwecken könnte! Aber sie bleiben geschlossen, die seelen-

---

[119] KUNIGUNDE II., die nach den übereinstimmenden Erzählungen von LENA REIM und KATHARINA HORN durch den Vater ziemlich verwöhnt worden war, ist als 16-Jährige im Jahr 1872 auf eigenes Drängen mit dem Bruder nach Amerika gegangen, hatte sich aber im folgenden Jahr aus Heimweh das Leben genommen, s.o. S. 125..

vollen Äuglein, in die ich jedesmal mit Entzücken sah, und lilienbleich und kalt sind die schönen Wangen, die ich immer so stürmisch küsste.

Ja, droben liegt er, mein kleiner Säugling, hinweggerissen von meinen Brüsten, deren Quell ihn reichlich nährte. Wie war er doch so stark, so rund und voll geworden in dieser kurzen Zeit, die er gelebt, dass sich jedermann darüber wunderte. Eine unnennbare Sehnsucht überkommt mich, wenn die Brüste schmerzen.

Dir ist wohl, du liebes, gutes Kind. Schön wie ein Engelchen liegst du droben; du hast ausgekämpft und ausgelitten, aber mir bleibt die Sehnsucht und der bittere Schmerz.

Wiederum ein Jahr verschwunden! Heute ist der Jahresschluss von 1873.

Es ist so warm, so gemütlich in unserem Stübchen. Der HERRLA [Opa] schläft auf der Ofenbank, mein Mann liest, KUNI und AUGUSTCHEN schauen die Bilder in einem Geschichtsbuch. Wie eifrig blättert dieser hübsche Knabe mit seinen roten Wangen und den schönen, seelenvollen Augen. Er ist jetzt wieder unser einziges Kind.

Vergangenen Montag war es acht Tage, dass FRITZCHEN begraben wurde. Mein Herz ist sehr betrübt über den Verlust des lieben Kindes.

Ruhe sanft, gutes Fritzchen!

Am 26. Mai ist Schwesterchen KUNI[120] in das Wasser gesprungen, dieses unglückliche Mädchen. Sie war 17 Jahre und vier Monate. Sie konnte in Amerika die liebe Heimat nicht vergessen und suchte den Tod in einer Zisterne. Nun ruht sie fern von der Heimat seligen Gefilden, fern von den

---

[120] Das oben genannte „Klaanerle".

lieben Eltern und Geschwistern. Welch' schreckliche Botschaft mussten wir da hören, diesen Jammer werde ich zeitlebens nicht vergessen.

Anderseits ist, Gott sei Dank, alles gut gegangen. Ich habe das Wochenbett glücklich überstanden. Wir sind mit dem Feldbau zufrieden, auch das Geschäft ging sehr gut. Wir werden wieder etwas von Kapitalschulden abzahlen.

Freude und Leid (1874)

Der Jahresschluss

Wieder ein Jahr dahin mit seinen Sorgen, seinen Leiden und Freuden. Manches Unangenehme, manche Sorge, manche Täuschung, auch Krankheit hatten wir zu bestehen. Doch traf uns kein Unglück und heute können wir Gott danken, denn wir sind alle gesund und zufrieden. Es starb dieses Jahr unser kleiner Pate, ein Söhnchen des Bruders MICHL.

Ich habe wieder ein Söhnchen[121] geboren am 1. Oktober. Nicht ganz 6 Wochen später überfiel mich eine schwere Krankheit, die Gesichtsrose, woran ich über 6 Wochen hatte. Mein lieber Mann und die beiden Söhnchen waren gesund.

Der Feldbau ist trotz der großen Trockenheit, die den halben Sommer und den ganzen Herbst fortwährte, zu unserer Befriedigung gediehen. Das Geschäft ging auch sehr gut.

---

[121] HANS HORN; er wurde Soldat und später Gendarm.

Guter Hoffnung (1875)

Heute am 1. Oktober 1875 ist unser kleiner HANS ein Jahr geworden. Er ist ein hübsches Knäblein, so kräftig, so rund und voll; er hat schon 8 Zähnchen und läuft schon 14 Tage. Wie er uns liebkost und wie gerne er seinen lieben Vater hat. Wenn er doch immer zu unsrer Freude lebte!

Ich empfehle ihn deiner Gnade
und deiner Liebe, du guter Gott,
beschütze ihn auf seinem Lebenswege
und zeige ihm den Steig deiner Gebote.

Heute der Jahresschluss von 1875. Dieses Jahr ist, Gott sei Dank, gut abgelaufen. Wir hatten keine Krankheit zu bestehen, auch keinen Todesfall zu beklagen. Einen Schaden hatten wir mit unserem Vieh, das die Seuche so sehr hatte und darüber uns ein schönes Kalb zugrunde ging.

Die Monate vergingen fast gleichförmig ohne Bedeutung, einer wie der andere. Wir waren zufrieden.

Diesen Sommer gingen wir öfter auf Kirchweihen, es gefiel uns auch.

Um unsere Kirchweih entdeckte ich, dass ich in der Hoffnung sei. Das war nun wohl ein Schlag für mich und stimmte mich sehr herab. Hatte ich mir doch alles anders träumen lassen und schön ausgemalt, aber dieses machte mir einen Strich durch alles. Nun, ich habe mich jetzt auch drein ergeben. Wenn mir nur der liebe Gott eine glückliche Niederkunft und ein fröhliches Kind beschert, so will ich ihm danken und loben.

Der Feldbau ist sehr mittelmäßig gediehen, mit unserem Weizen haben wir schlecht gebaut. Das Geschäft ging sehr gut – immer sehr notwendig.

Der Deutsche Kaiser zu Besuch in Bayreuth zur Eröffnung der Festspiele (1876)

Im Sommer des Jahres 1876 war der Kaiser WILHELM I. in Bayreuth.[122] Es war an einem Samstag. Wir hatten ei-

---

[122] Anlass für diese Visite waren die ersten Bayreuther Festspiele.

JOHANNES SALTZWEDEL schreibt über dieses weltweit beachtete Spektakel in SPIEGEL GESCHICHTE 3/2013:

„Solch ein Aufgebot von Staatsoberhäuptern wie am 13. August 1876 hatte das wenig mondäne Bayreuth nie zuvor beherbergt. Allein aus Deutschland waren König Karl von Württemberg, die Großherzöge von Mecklenburg-Schwerin und Sachsen-Weimar und Eisenach, der Herzog von Anhalt-Dessau, der Fürst von Schwarzburg-Sondershausen und viele andere gekommen; an der Spitze der hochadligen Gäste stand Kaiser Wilhelm I. Aber auch Kaiser Pedro II. von Brasilien wollte erleben, wie Richard Wagner seine ersten Festspiele mit der gewaltigen Tetralogie ‚Der Ring des Nibelungen‘ eröffnete.

Nur Bayerns König Ludwig II. ließ sich nicht sehen. Der menschenscheue Monarch, Wagners wichtigster Gönner, hatte den ‚Ring‘ vorher unbeachtet von der Öffentlichkeit in besonderen ‚Generalproben‘ erlebt. Damit war eine große Chance vertan, Bayerns Kulturrolle in Bismarcks neuem Kaiserreich zu betonen. Für die Hofbeamten in München, die seit langem über Ludwigs Launen stöhnten, ein weiterer Beleg, dass mit diesem verträumten Sonderling kein Staat zu machen war.

Umso mehr konnte nun der Komponist triumphal Hof halten. Scharenweise umringten ihn Geistesgrößen: Wagners Schwiegervater, der Klavierstar und Klangpionier Franz Liszt, weitere Berühmtheiten der Musikwelt wie Camille Saint-Saëns, Edvard Grieg und Peter Tschaikowski, aber auch etliche Malerfürsten und natürlich Opernintendanten. Zwischen all der Prominenz leicht zu übersehen war ein erst 31 Jahre alter Herr mit wallendem Schnurr-

Kaiser WILHELM I begrüßt RICHARD WAGNER bei seinem Besuch in Bayreuth 1876. (Sammelbild von Liebigs Fleischextrakt, Archiv J. Taegert)

gentlich zu arbeiten, aber ich ging doch auch hinein. Die lieben Eltern waren auch dabei.

Dass die Bayreuther alles aufgeboten hatten, um die Stadt festlich zu schmücken, kann man sich denken, und es sah auch herrlich aus. Wir gingen hinaus in den Bahnhof. Etliche Tage zuvor war auch unser König LUDWIG II. hier, welcher aber schon wieder fort war. (Er) ließ aber dem Kaiser sein ganzes Gefolge zurück.

Wie gesagt, ich und die lieben Eltern gingen hinaus auf den Bahnhof. Es kam ein großer Zug Fremder. Es waren

---

bart, den der Trubel vorwiegend abstieß: Friedrich Nietzsche aus Basel."

zwei Lokomotiven davor gespannt. Es war die Nordbahn, der Kaiser war noch nicht dabei. Im Bahnhofe wimmelte es. Fiaker hielten da, festlich ausstaffiert mit blauen Maschen am Rock. Endlich kam der Zug, der den Kaiser brachte – die Ostbahn.[123]

Ich stand auf dem eisernen Zaun, der den Bahnhof umgibt. Ein braver Mühlbursch oder Bäcker hielt mich ein wenig, ich konnte fast alles sehen. Eine Viertelstunde ehe der Kaiser kam, kamen die königlichen Kutscher mit ihren herrlichen Gespannen, etwa 20 Gespanne, um den Kaiser abzuholen.

Ein Gemurmel der Bewunderung ging durch die Reihen. „Das ist aber was Herrliches, so ein königlicher Kutscher," hörte (man) öfters sagen, und das dachte auch ich. Wie schön sie aussahen, diese jugendlichen Gestalten, mit Gold und Silber betresst, und diese schönen Pferde und Wagen!

Ich sah den Kaiser, von den Großen der Stadt empfangen, in den Wartesaal gehen. Dann trugen sie ein riesiges Blumenbouquet in einen der königlichen Wagen, welchen der Kaiser bestieg.

Neben dem Kaiser, der mit schwarzem Rock und Zylinder bekleidet war, saß der königliche bayerische Leibjäger Graf von N.N. in schöner Uniform mit Federbusch. Der Wagen, worin der Kaiser saß, fuhr voran, dann kamen die anderen königlichen Wagen.

---

[123] Die „Ostbahn" ist die Strecke von Bayreuth nach Marktredwitz, sie wurde 1863 eröffnet. „Nordbahn" meint den 1853 eröffnetern Anschluss der Bahnstrecke von Neuenmarkt her an die 1841 begonnene „Ludwigs-Süd-Nord-Bahn" nach Hof.

Das war ein Jubel und ein Hochrufen. Ich ließ Vater und Mutter zurück und lief mit dem kaiserlichen Wagen fort, der in stetem Trab der Stadt zufuhr.

Ich weiß nicht, welches Gefühl mich überkam, als ich den freundlichen, greisen Kaiser[124] von Angesicht sah. Wenn ich ihm auch nicht laut zujubelte wie die Menge, in meinem Herzen schlug es laut für ihn. Es wäre mir lieb gewesen, wenn mein lieber Mann auch alles hätte mitansehen können, aber er hatte sich verspätet.

Der Jahresschluss von 1876

Es ist Sonntagabend, gleich werden die letzten Stunden hin sein. Wieder ein Jahr dahin mit seinen Sorgen und Freuden! Ja, mit seinen Sorgen, denn Sorgen hatten wir dieses Jahr mehr als Freuden. Im Frühling kam unsre KUNDL fort. Statt ihrer kam Melgors MARGRETH in unser Haus und mit ihr Ärgernis, Unfrieden und Verdruß. Ich war manchmal ganz krank vor Ärger, mir gefiel gar nichts mehr, bis wir sie endlich fortjagten.

Am 29. April zog unser FRITZCHEN ein, Hänschen war 1½ Jahr. Diese Kinderplag, die ich den Sommer hatte! Zwei Creezer Felder haben wir gekauft und das Geld dazu geschafft, 600 Gulden. Andere 600 Gulden wurden uns gekündigt.

Die Kinder waren ernstlich krank. Unsre schwarze Kuh mussten wir schlachten.[125] Immer habe ich mich gesorgt,

---

[124] KAISER WILHELM I. ist im Jahr 1797 geboren, er war also zum Zeitpunkt dieses Ereignisses 79 Jahre alt.

[125] Die Kuh spielt im Leben der kleinen Leute in Gesees eine große Rolle. Fast jede Familie war bemüht, eine Kuh zu halten. Sie war Milchgeber, Zugtier, Düngequelle und Kapitalanlage in einem.

auch oft unnötig. Das ist nun, Gott sei Dank, alles überstanden und heute sind wir gesund und wirklich zufrieden. Getreide und Kartoffeln haben wir gut gebaut, aber Rüben schlecht. An Kapitalschulden wollen wir auch wieder etwas abzahlen.

August kommt in die Schule
– Der Suicid der Nichte (1877)

Der Jahresschluss von 1877

Ich habe heute nicht viel zu schreiben. Dieses Jahr verlief fast gleichmäßig, ein Monat wie der andere. Das einzige Harte oder vielmehr das einzige Unglück, das uns traf, war die Krankheit, die mein lieber Mann auszustehen hatte, welche volle sechs Wochen dauerte. Da habe ich wieder viel Sorge und Kummer durchgemacht. Wie habe ich mich oft abgeweint, doch Gott sei herzlich Dank: Es ist wieder alles gut, und heute sind wir alle gesund.

Wie vergnügt meine drei lieben Söhnchen um mich herum sind, auch ich und mein lieber Mann fühlen uns vergnügt und froh.

AUGUST ist diesen Frühling in die Schule gekommen. Er lernt recht, welch Glück das für mich ist! Vielleicht gehen meine Wünsche in Erfüllung. AUGUST hat heute schon seinen Großeltern einen Neujahrswunsch geschrieben. An AUGUST habe ich Gefallen. Der liebe Gott wird seinen Segen weiter geben.

Der Feldbau ist gerade nicht gut ausgefallen, aber das Geschäft ging sehr gut, wir haben wieder ein Teilchen

---

Musste man seine letzte Kuh schlachten, stand es schlecht um die Familie.

Kapitalschulden abgezahlt.

Noch ein Unglück habe ich aufzuzeichnen. Die einzige Tochter (18 Jahre) unseres lieben Bruders in Amerika hat sich erschossen. Obgleich ich sie nicht gekannt, so habe ich doch schmerzliche Tränen nachgeweint. Ich habe erst an den Bruder geschrieben.

Ein zufriedenstellendes Jahr (1878)

Heute am 30. April 1878 ist unser Fritzchen zwei Jahre geworden. Er ist ein liebes, munteres Kind, zeigt viel Verstand zu seinem Alter. Wie müssen wir oft lachen über ihn; wir haben unsre Freude an ihm. Er tanzt und singt: „Hola mei Dada Thala", was so drollig herauskommt.

Jetzt haben wir eine schöne Zeit, es ist ein schöner Frühling, so fruchtbar. Wir können schon tüchtig grasen, haben viel und schönen Klee. Ich habe fast schon die Gärten ganz bestellt; heute habe ich Bohnen gesteckt. Ich bin so recht zufrieden und vergnügt. Wie schön ist es, dass ich so fortkann, dass mich kein kleines Kind hindert und auch sonst nichts Anderes.

Der Jahresschluss von 1878

Dieses Jahr verlief fast gleichmäßig. Es hat sich nichts Besonderes zugetragen. Wir blieben, Gott sei Dank, alle gesund, waren auch fast immer zufrieden, machten uns manche Vergnügen, sind öfters auf Kirchweihen gegangen, haben die Fränkische Schweiz besucht. Auch ein Gartenhäuschen hat mein lieber Mann gebaut, welches mir sehr gefällt.

Mit unsren Leuten waren wir auch zufrieden. Das Geschäft ging sehr gut, aber der Feldbau ist beinahe schlecht gediehen. Mit dem Vieh waren wir glücklich, haben eine

Kuh um 300 Mark verkauft.[126] Am vergangenen Samstag haben wir zwei tüchtige Schweine geschlachtet, mit 265 Pf ohne das Schmeer, und eine Geiß.

Es fehlt an Arbeit (1879)

8. März 1879

Ich bin so traurig, wir mussten heute unsren Gesellen kündigen. Es fehlt an Arbeit.[127] Ich fühle mich fast unglücklich, es gefällt mir gar nicht, immer nur Unannehmlichkeiten. Mit dem Zahlen können wir auch nicht Herr werden.

---

[126] Der Text lässt vermuten, dass KATHARINA HORN zu diesem Zeitpunkt wieder mehr als nur eine Kuh gehabt hat.

[127] Solche bei KATHARINA HORN immer wieder eingestreuten Nachrichten sind hilfreich, um die Gesamtentwicklung im 19. Jh. auch für den ländlichen Bereich von Gesees zu verstehen. Hier spielt sie auf ein wirtschaftliches Konjunkturtief an, das die gesamte Weltwirtschaft in der „Gründerzeit" traf und das für die Jahre 1873 bis 1896 gern als „Große Depression" bezeichnet wird. Diese Krise wurde ausgelöst durch den Wiener Börsenkrach im Mai 1873: Die aufgeblähte Spekulationsblase der überhitzten Aktienkurse platzte und ein weltweites Beben brach los.

Ein Grund für diese Talfahrt ist im wirtschaftlichen Wandel der Zeit zu sehen: Noch bis weit ins 19. Jh. war die wirtschaftliche Konjunktur von der landwirtschaftlichen Produktion und damit auch vom Wetter abhängig gewesen. Mit der industriellen Revolution und dem weltweiten Handel war es zunächst zu einem breiten Aufschwung gekommen, der mit der Reichsgründung in Deutschland 1870/71 noch zusätzlichen Schub erhalten hatte. Doch die Baisse der 1880-er Jahre führte dann zur Beendigung des Freihandels und zur Aufrichtung wirtschaftlicher und dann auch leider auch ideeller Mauern. Letztlich wurde dann auch der I. Weltkrieg bei allen Beteiligten zu einer schlafwandlerisch akzeptierten Logik.

Wir müssen schon länger Korn kaufen, Kartoffeln gehen auch sehr zusammen. Die 11 ½ Jahre, dass ich hier bin, ist es das erste Mal, dass wir wegen Mangel an Arbeit den Gesellen müssen abgehen lassen – wie das anfliegt! Ich will sehen wie es weitergeht. Ich bin so weich gestimmt, ich könnte eher weinen als lachen.

Wir haben viele Zahlungen gehabt. Dieses Jahr hat es immer nicht gelangt. Ich habe fort gespart und mich in allem so eingeschränkt, aber doch sind wir mit den Zahlungen nicht fertig geworden. Wir müssen die alten Schulden in das Neue Jahr mit herübernehmen. Wäre der Feldbau nur halbgut ausgefallen, hätten wir uns herausgerissen, aber so muss ich fort sorgen und kann doch auch nichts daran ändern. Ich will sehen, wie es dieses Jahr geht, es sind keine guten Aussichten.

[**Fortsetzung dieser Jahresberichte im 2. Teil der Aufzeichnungen weiter unten im Kapitel „Harte Jahre"**]

3. Spontane Einträge, die sich zeitlich nicht einordnen lassen

September

Ich bin heute so wehmütig gestimmt. Schwester ANNA in Hof ist bedenklich krank. Ach Gott, wie sie mich dauert, könnte ich zu ihr nur eine Stunde und ihr Trost und Hoffnung zusprechen. Aber so ist es unmöglich für mich. Ich will sehen, wie es abläuft.

Ach, ich könnte laut weinen; etwas Trauriges habe ich erfahren. Ach, guter Gott, sei mir und meinem Kindchen gnädig, erhalt ihn mir, den meine Seele liebt. –

Gott sei Dank, es ist wieder etwas besser. Mein Herz ist wieder leichter. –

Acht Tage sind vergangen, und ich sehe wenig oder gar keine Besserung. Wird es wohl nicht mehr besser werden? Wie trübe ist es um mich!

> *Ich habe dem Herrn meine Sorge*
> *in der Kirche vorgetragen.*
> *Er wird mein Gebet erhören;*
> *ich hoffe auf ihn. Amen!*
> *Der Herr hat damals mein Gebet erhört,*
> *er wird auch weiter für uns sorgen.*

Ich habe etwas wahrgenommen, ich bin sehr niedergeschlagen darüber. Ich will sehen, wie dieses Mal alles vorübergeht. Ich hoffe auf den Herrn; er wird mir nicht mehr auferlegen, als ich tragen kann. – Ich hatte mich nur getäuscht. Es ist alles wieder gut, ich bin wieder zufrieden.

Über dreiviertel Jahr sind jetzt vergangen, aber dieses Mal ist es keine Täuschung sondern Wirklichkeit. Wieder ist es mir zu bald. Ich weiß nicht, warum ich so besorgt bin für die Zukunft.

> *Verbanne von mir diese Sorge, Du guter Gott.*
> *Du wirst mich nicht verlassen.*

Heute am 5. Oktober bin.ich so traurig, bange Zweifel quälen mich. Ich will, sehen, wie ich daran bin. Alles freut sich auf die Kirchweih, mir lässt die Sorge kein Freuen.

11. September: Was ich gefürchtet, ist zur Gewissheit

geworden. So hart wie dieses Mal habe ich mich noch nie dareingefügt. Es ist halt gar zu häufig, ich darf gar nicht daran denken. O Gott, wie manches Herzeleid begegnet uns in dieser Zeit. Wenn nur alles vorüber wär. Der Mutter kann man nichts klagen.

H.L-H.: Auch folgender Eintrag zeugt von Großmutters Problemen als Frau:
Umstände 7. März; 4. April; 28. April; 23. Mai; 1. August; 23. August; Mittwoch, 15. September; Samstag, 9. Oktober.

Kindstaufen und Patenschaften in Zahlen

Was unsere Kindstaufe kostete bei August:
2 fl[128] Mehl, 21 Cr Gries
2 fl 27 Cr Fleisch: 5 Pf. Schweinefleisch,

---

[128] Anmerkung zum Geldwert in Ergänzung zum oben bereits Gesgten: 1 fl ist ein Gulden, unterteilt in 6o Cr (Kreuzer, oft mit „x" abgekürzt). Seine Kaufkraft ist mit dem heutigen Geldwert nur bedingt zu vergleichen. Bei den Fleischpreisen entspricht 1 Gulden zu der Zeit etwa 50 €, bei Immobilien und Grundstücken aber durchaus auch 200 €. Für die Taufe beim Kind August wurden also vergleichsweise rd. 500 € aufgewendet. Die oben abgedruckten Preistabellen können eine Hilfe beim Kaufkraftvergleich sein.

Im Fürstentum Bayreuth galt bis zur Reichsgründung der „rheinische Gulden", ebenso in Bayern, sodass eine Währungsumstellung 1810 nach dem Verkauf Bayreuths an Bayern nicht erforderlich war.

Diese Guldenwährung wurde im Jahr 1871 anlässlich der Reichsgründung durch die Währung in Mark ersetzt und nach und nach im ganzen Deutschen Reich in Kraft gesetzt. Der offizielle Umtauschkurs lag damals bei 1,71 Mark für 1 Gulden.

6 ½ Pf. Rindfleisch

2 fl 30 Cr Bier, 33 Cr Cigarren, 15 Cr Likör

1 fl 6 Cr Geistlichkeit

= 10 fl 12 Cr im Ganzen.

Die Kindstaufe kostete (ohne Angabe bei welchem Kind):

4 fl Geldbeutel samt dem Patengeld

3 fl 18 (Cr) Schussgeld und Pfennige, mitgenommen bei der Taufe

7 - 40 Kreze (Kreuzer ?)

Bare Auslage für Patware

– Die Patenware berechnet sich:

Stoff zum Kleidchen	2 fl 42 Cr	Kleidchen	6 fl 3o Cr
Stoff zum Schürzchen	16 Cr		
Stoff z. Unterröckchen	54 Cr	Unterrock	1 fl 15 Cr
Besatz, Knöpfe u. Häkchen	25 Cr	Hemd	1 fl
Futter	36 Cr	Halstuch	2 fl
Zwirn und Seide	4 Cr	Hut	2 fl
Hemdtuch	45 Cr	Haube	1 fl 4o Cr
Halstuch	2 fl 4 Cr	Schuh, Strümpf, Strumpfbd.	1 fl 36 Cr
Hut	1 fl 42 Cr	Schürzchen	4o Cr
Spitzengrund	10 Cr	Summe:	16 fl 41 Cr
Seidene Bändchen	18 Cr		
Spielgellen	21 Cr		

Schuhe	42 Cr
Summe:	10 fl 59 Cr

Zur Kreze bekommen:[129]

von Gevatter Lottes:	vom Weiermüller:
35 Weckchen	30 Weckchen
4 Stollen	4 Stollen
4 Semmeln	4 Semmeln
2 1/2 Pf. Zucker	1 Pf. Zucker
1 Pf. Kaffee	1 Pf. Kaffee
1/2 Pf. Mandeln	Zuckergebäck
Flasche Wein	1 fl in Barem

von Häfner: 12 Weckchen, 4 Stollen, ½ fl in Barem.

Wirtschaftliches von Haus und Hof:

Einnahmen 1869		fl.	Cr.			fl.	Cr.
	Kümmel	-	12		Käse	1	-
	Eier	-	7		Milch	2	-
	Käse	-	15		Eier	1	-
	Käse	-	27	1 ½ Maß	Schmalz	1	3o
5 1/2	Maß Schmalz	5	4	2	„	1	58
1 1/2	„	1	27		Milch	-	16
2 1/2	„	2	25		Gänse	11	13
2	Geißchen	2	3o	16 Maß	Schmalz	15	28
	Käse	-	6	2 Schck	Eier	2	18
2 Maß	Schmalz	1	58	1 Maß	Schmalz	-	58

---

[129] Vermutlich anläßlich der Taufe von FRITZ.

4 Maß	„	3	56	34	Eier	-	47
3 Maß	„	2	3o		Milch	-	6
	Käse	-	15	12	Eier	-	18
6 ½	Maß Schmalz	5	3o		Kraut-pflanz.	-	36
5 Pf.	Butter	2	-	2 Maß	Schmalz	2	-
				Summe:		71	27
2 Maß	Schmalz	2	—	20	Käse	1	-
3 Maß	„	2	48	7 Maß	Schmalz	6	18
	Käse	-	42		Eier	-	26
	„	-	1o		Eier	-	12
	Milch	1	-		Eier	-	17
1 ½	Schmalz	1	27	2 ½ Maß	Schmalz	2	24
1	„	1	-	2 Maß	Schmalz	1	4b
	Milch	4			Eier	-	36
	„	1	52	6 Lot	Seidenhaare	-	30
	Eier	4	-		Eier	1	-
	Milch	5	-	6 Maß	Schmalz	6	-
	Geißchen	4	-		Eier	1	30
2 Maß	Schmalz	2	-		Schmalz	-	30
2 Maß	Schmalz	1	42		Summe:	53	10

1869

Am 26. Juli Säue angeschafft.

Am 16. August Säue geholt.

Ende Dezember den Hasen gerupft.

1870

Am 7. Juni Säue angeschafft.

12. September Säue angeschafft

1871

Am 10. Juli Schweine geholt

Was wir gebaut haben 1870:

Winterwaiz	3 Schock	32 Garben
Sommerwaiz	1 „	34 „
Gerste	3 „	40 „
Haber	1 „	
Korn	2 „	30 „

Korn gedroschen

Korn gemahlen

Waizen gedroschen – 12 Metz aufgeschüttet

Waizen gemahlen 3 Metz

Was wir verkauft haben 1870:

für Haber	14 Metz	à 1 fl	21 Cr	= 18 fl	34 Cr
für Gerste	37 1/2 Metz	à 2 fl	27 Cr	= 91 fl	52 Cr
für Waizen	18 3/4 Metz	à 3 fl	3o Cr	= 65 fl	24 Cr
Säue	-			39 fl	

Was wir gebaut haben 1871:

3	Schock	-	-	Korn
4	„	25	Garben	Gerste
4	„	5	„	Winterwaizen
1	„	7	„	Sommerwaizen
2	„	5	„	Haber

Die Rockenstube

Eine Anmerkung des Enkels HERBERT LÖSCH-HORN:

Zu Lebzeiten meiner Großmutter und in der Jugendzeit meiner Mutter gab es im Dorf noch die „ROCKEN-STUBE"[130.] An den langen Winterabenden versammelten sich die Mädchen zum Spinnen und anschließender Unterhaltung in der Stube eines Bauernhauses.

Auch die Burschen hatten ihr Dorfhaus. Ab und an kamen sie zu den Mädchen in die Spinnstube zu Spiel und Kurzweil, wobei das beherbergende Bauernehepaar auf Wahrung von Anstand und Sitte achtete. Die Aufnahme in die Rockenstube war für jedes junge Mädchen eine Ehre.

Das dort ersponnene Garn wurde später zum Dorfweber gebracht, der daraus grobes und feines Tuch herstellte. Davon künden folgende Einträge:

1869 zum Weber gebracht:

40 Ellen grobes Garn, 60 Ellen klares, 6 1/2 Pf. Baumwolle;

---

[130] Der Ausdruck „Rockenstube" kommt vom Spinn-Rocken, der an solchen Abenden zum geselligen Mittelpunkt wurde. – Der Bericht zeigt, dass im Dorf ein intaktes Gefüge bestand.

Man verspinnt in der Rockenstube das von den eigenen Schafen gewonnene Garn oder käuflich erworbene Baumwolle und gab es dem örtlichen Weber zur Herstellung von Stoffen, die dann der örtliche Schneider verarbeitete, oder man vernähte sie selber.

Bereits seit 1785 sind auch mechanische Webstühle bekannt; ihr Einsatz führte 1844 in Schlesien zum Aufstand, der aber mit Militärgewalt niedergeknüppelt wurde. In Gesees sind solche Maschinen-Webstühle zu der Zeit noch keine Konkurrenz, insbesondere nicht für die Anfertigung der Trachtenkleidung.

32 Ellen grobes Tuch bekommen, bezahlt 1 fl 21;
48 Ellen klares Tuch bekommen, bezahlt 4 fl 24.

1870 zum Weber gebracht:

45 Ellen grobes Garn, 65 Ellen feines Garn, 5 Pf. Baumwolle;
36 Ellen grobes Tuch bekommen, bezahlt 1 fl 30;
48 Ellen feines Tuch, bezahlt 4 fl.

1877 vom Weber bekommen auf das vergangene Jahr:

39 Ellen grobes Tuch, 49 Ellen feines Tuch, 1 Mark bezahlt.

Zum Weber gebracht:

1 Schock 15 Strähnen grob.

Einträge ohne Jahreszahl:

	fl	Cr		fl	Cr
Stroh	7	-	Kraut	4	-
Hafer	15	24	Gerste	58	45
Säue	48	-	Erbsen	6	
Kartoffeln	29	-	Ein Schwein	7	
Hafer	14	24	Ein Kalb	23	30

Meinen Eltern habe ich 18 Ellen Tuch geliehen zu der ANTL ihrer Ausfertigung – das Tuch wieder erhalten.

Den 6. Februar den Hasen gerupft.

Den 12. Februar kleine Säue angeschafft.

Der Lohn für die Kundl:

17 Gulden Bares	1 Paar Stiefel
5 Ellen hänfernes Tuch	1 Paar Schuhe
5 Ellen flächsernes	2 Schock Flachs
6 Ellen grobes Tuch	Eine gedruckte Schürze

Die Kundl bekommt auf 75 3 1/3 Ellen klares Tuch und 6 Ellen grobes, dann ihr Gespinst und Wolle.

Rezepturen und Ratschläge

Roth färben:

10 dl Farbe, 1 1/2 Seidl Wasser, 3 dl Alaun. Das Wasser mit dem Alaun kochen lassen, die Farbe und das kochende Wasser zugleich in eine Schüssel schütten, das Gefärbte im kalten Wasser ausstauchen.

Blumenknospen aufzubewahren, sodass sie im Winter blühen:

Man schneidet die am reifsten, noch nicht aufgeblühten Knospen mit einer Schere ab, lässt ihnen aber einen 3 Zoll langen Stiel. Das abgeschnittene Ende muss man sogleich und sorgfältig mit Siegellack verkleben, drückt auch etwas davon auf die Knospe und wickelt eine jede in recht reines und trockenes Papier. Auf diese Weise kann man den Stengel samt Blüte ein Jahr lang an einem passenden Orte – in einem trockenen Keller – aufbewahren.

Sollen sie nun zu einer ungewöhnlichen Zeit blühen, so schneidet man abends das zugesiegelte Ende des Stengels ab und setzt den Zweig samt der Knospe in ein frisches Wasser, worin Salz und Salpeter aufgelöst sind. Am anderen Morgen werden die Knospen aufgebrochen sein, die dann denselben Geruch ausatmen als frische Blüten.

Großmutters Schrift:

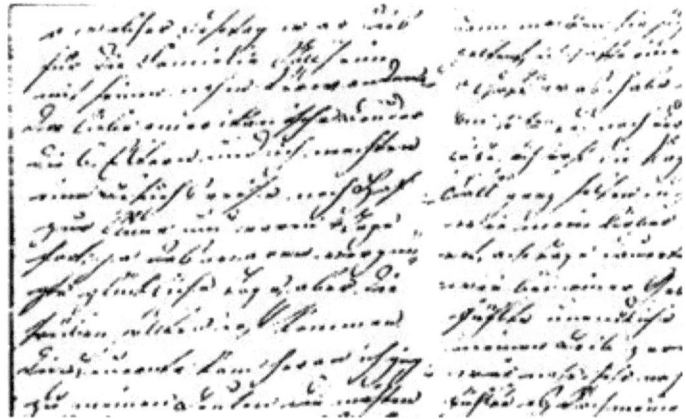

AUFZEICHNUNGEN der Katharina Horn II. Teil

4. Harte Jahre

Das Fest auf dem Sophienberg in einem Jahr ohne Sommer (1879)

Jahresschluss

Es ist eine garstige Nacht! Das alte Jahr schließt mit einem schlechten Wetter. Der Wind treibt den wässerigen Schnee gegen die Fensterläden und rüttelt an denselben.

Das war schon ein harter, grausamer Winter! Die ältesten Leute können sich keiner solchen Kälte erinnern.

Sonntag nach Weihnachten ließ auf einmal die schreckliche Kälte nach. Es fing zu regnen an, und diese paar Tage regnet, schneit und friert es durcheinander.

Und diesem harten Winter ging auch kein besserer Frühling und Sommer voran. Im Monat Mai fror es lange noch täglich Eis. Der Sommer fort naß und kalt – fast noch schlechter als im vorigen Sommer – und somit eine schlechte Zeit für den Feldbau.

Bei uns ist es aber besser gegangen, als ich anfangs dachte. Mit mancher Sorge betrat ich das neue Jahr 1879, denn es waren schlechte Aussichten. Aber wir haben uns Gott sei Dank gut durchgehauen, haben vieles weggezahlt; das Geschäft ist ziemlich gut gegangen.

Auch war die Ökonomie nicht so schlecht wie im vorigen Jahr. Namentlich haben wir verhältnismäßig viel aus dem Vieh gelöst, aus den Gänsen 100 Mark, und abgestochen für einen Becht 4 Mark.

Am 17. Juni, der goldigen Kaiserhochzeit, feierte die Umgegend **ein Fest auf dem Sophienberg**.[131] Wir hatten

---

[131] Bereits im Jahr 1805 besuchte der preußische König FRIEDRICH WILHELM III erstmals bei einem großen Fest den Sophienberg. Seit der Abdankung der Markgrafen gehörte dieser Berg bis zur Franzosenzeit zum preußischen Territorium. – Neun Jahre später, 1814, lud dort der Dichter JEAN PAUL zu einer eindrücklichen Feier zum Sieg über Napoleon ein. – Auch der Sieg über Frankreich 1870/71 wurde auf diesem Bergplateau groß gefeiert. – Seitdem gab es hier immer wieder große Feste: 1879 anlässlich der Goldenen Hochzeit von Kaiser WILHELM I mit AUGUSTA, aber auch zu Ehren der Bayerischen Königshauses der Wittelsbacher. – Seit 1994 feiern hier oben die angrenzenden Kirchengemeinden ihren Himmelfahrtsgottesdienst. Und die Posaunenchöre gestal-

Der Sophienberg (im Hintergrund rechts) ist der Geseeser Hausberg. Auf seinem vorgeschobenen Sporn liegt die Kirchenburg St. Marien zum Gesees. (Aufnahme 1934 mit GRETL SÖLLHEIM *nach der Heuernte, Bildarchiv J. Taegert)*

uns mit unsren Kindern und Dienstboten auch hinaufbegeben. Die Feuerwehren der benachbarten Dörfer sammelten sich in Gesees, von wo aus sich der Zug mit Musik hinaufmachte. Es waren viele Leute oben, Bier und Speisen war genug zu haben, es waren eine Rednerbühne und Bänke errichtet. Reden wurden gehalten und Toaste ausgebracht. Ein großes Freudenfeuer wurde angezündet und ein Feuerwerk arrangiert, auch wurde getanzt.

Auch Soldaten-Übungen wurden in der Umgegend abgehalten. Auf der Röth, nur ein wenig von unserem Haus, wurden Kanonen aufgestellt und abgeschossen. Wir blieben dieses Jahr wegen der Einöde mit der Einquartierung verschont.

---

ten hier oben Gedenkfeiern für die Weltkriegsopfer mit aus.

Abschied vom lieblosen Schwiegervater

Noch etwas Wichtiges für unsere Familie hat sich zugetragen, nämlich mein Schwiegervater [HORN] ist gestorben, im 67. Lebensjahr. Ich wollte, ich könnte ein Wort des Bedauerns über ihn in mein Büchlein eintragen, aber das kann ich nicht. Nein, im Gegenteil, wir dürfen froh sein. Wie viele Unannehmlichkeiten hat er uns bereitet! Habe ich doch nie eine gute Eigenschaft an diesem Mann entdeckt, nichts als Grobheit, Selbstsucht und Eigennutz.

Dazu war er verschwenderisch, untreu und lügenhaft. Wie manche Lüge hat er uns nachgeredet. Er hat sein schönes Zehrungsgeld fast verhaut, das er doch gar nicht gebraucht hätte. Er hätte noch sparen können, wenn er genau gewesen wäre, weil wir ihn für seine Arbeit wie einen Fremden bezahlen mussten.

Seine Montur mussten wir ihm schaffen wegen der Ausnahme. Nie bekam er genug, nie war er zufrieden. Was man für ihn tat, rechnete er für nichts, als ob es uns oben hereingeflogen wäre. Er wusste doch auch, welch schweren Anfang wir hatten. Ich rede da aus voller Überzeugung, wenn ich sage, er hätte nichts danach gefragt, wenn wir von Haus und Hof gekommen wären, wenn er nur einen Nutzen davon gehabt hätte.

Wie oft musste sich mein lieber Mann ärgern. Wie oft musste er sich zurückziehen, wenn er bei Kirchweihen oder sonstigen Gesellschaften sein garstiges Benehmen und Gewafe nicht mitanhören konnte. Wär' mein lieber Mann nicht so ruhig und besonnen, es würde oft garstige Auftritte gegeben haben – ich musste oft seinen Gleichmut bewundern.

Wir hätten es gewiss gut mit ihm gemeint. Gott weiß es: Ich hatte Gedanken des Friedens und der Liebe, als ich in meines lieben Mannes Haus kam, aber er hat unser Vertrauen und unsre Liebachtung weggeworfen und mit Füßen getreten, hat uns betrogen und bestohlen, wo er nur konnte.

Ich könnte noch manches darüber schreiben, aber ich will aufhören. Doch kränken tut es mich, wenn ich darüber nachsinne, wie schön er es uns hätte machen können und wie schön, dass er es dann hätte haben können. Und das ist jetzt alles überstanden.

Dass der Allgütige dabei an uns gedacht und mit ihm aufräumte, ehe er uns neuen Ärger und neues Leid zufügen konnt', das ist mein Glaube und dafür danke ich ihm recht herzlich. Zwölf Jahre hatten wir diesen Mann – ein schöner Zeitabschnitt.

Dankbare Erinnerung an Elternhaus und Ehemann

Unwillkürlich schweift mein Blick weit, weit in die Vergangenheit zurück: Ich denke der Kinderjahre, der Kinderlust und der Kinderspiele im trauten Dorfe drinnen.

Freilich waren es nicht nur Lust und Spiel. Wir Geschwister mussten bald um unser Dasein fronen, mussten arbeiten und beitragen zum gemeinsamen Wohl der Familie, denn unsre Eltern fingen arm an. Wir sorgten mit und lernten mit hausen, doch das war uns gut. Wir halfen mit den Eltern die Existenz gründen und ein Haus bauen, und wir haben uns zum Wohlstand erhoben.

Ich denk' der schönen Jugendjahre im Elternhaus und der Jugend Lust und Leiden, der Jungfrau Sehnen und be-

In diesem Söllheimhaus hat schon KATHARINA HORN seit ihrem 14. Lebensjahr gelebt Die Geburt der beiden Töchter GRETL (links) und META (rechts) ihrer Großnichte ANNA hat sie aber nicht mehr miterlebt. (Foto 1916, Bildarchiv J. Taegert)

glückenden Liebe, wo ich und mein lieber PHILIPP uns täglich sahen, und wo unsere Herzen sich fanden – das waren schöne, wonnige Zeiten, das ist eine holde Erinnerung.

Ich denke der Zeit, wo ich einzog in das Haus meines lieben Mannes mit einem Herzen voll Liebe und Gedanken des Friedens für meine neue Umgebung; des bin ich mir froh bewusst. Bald trat der Ernst des Lebens näher an uns heran, es kamen viele der Tage, von denen es heißt: Sie gefallen uns nicht. Soll ich sie aufzählen, diese schweren und schrecklichen Tage?

Der liebe Gott hat uns nicht verlassen. Er half uns kämpfen und half uns über die Klippen hinweg. Treu haben wir zusammengehalten, ich und mein lieber Mann, in ehelicher Liebe, in den Zeiten der Schicksalsschläge, und unsere Liebe ist dabei nur stärker und fester geworden.

Und heute nach zwölfjähriger Ehe stehen unsere Herzen sich näher als am ersten Tag, ist mir doch mein lieber Mann von Jahr zu Jahr teurer geworden, habe ich ja immer mehr durch all die Jahre seinen ruhigen, gediegenen Charakter und sein liebes Herz kennengelernt. Schöne, glückliche Tage haben wir auch durchlebt; manche Monate und Jahre flossen ruhig und heiter dahin, und Gottes Segen fühlten wir allenthalben.

Ein hartes Jahr (1880)

Jahresbericht

Nicht wie all die Jahre sitze ich am Tische und mache vergnügt meinen Bericht, nein, traurig sitze ich im Bette und schreibe, denn ich bin krank. Das war schon ein hartes Jahr für mich. Ich habe viel gekämpft, gesorgt und gelitten – warum?

Das Geschäft ging schlecht, der Feldbau ist mittelmäßig gediehen, mit unseren Leuten habe ich mich auch viel geärgert. Ich habe mich geplagt mit meinem Haushalt, ich habe 30 Gänse aufgezogen und 45 Hühnchen, habe viel Arbeit mit den Gärten und den Schweinen gehabt, kurz –– immer habe ich mich geplagt und gesorgt, habe immer gesehen, dass ich aus meinem Haushalt etwas Geld machen konnte, und doch hat es nicht ausgereicht. Wir sind nicht fertig geworden mit der Zahlerei.

Wenn ich nur gesund gewesen wäre, dann wäre mir die Arbeit nicht sauer geworden, aber ich hatte einen harten

Sommer. Immer war ich kränklich. Wir machten uns kein Vergnügen, kamen auf keine Kirchweih und nirgends hin.

Unser AUGUST kam dieses Jahr in die Bayreuther Schule, das kostet alle Tage etwas. Doch lernt er bis jetzt gut, da habe ich eine Freude und danke meinem lieben Gott dafür. Mein lieber Mann und die Kinder waren, Gott sei Dank, gesund.

Am 4. November habe ich ein Mädchen [ANNA] geboren. Wir hatten uns kein Mädchen gewünscht, aber weil uns der liebe Gott eines beschert hat, nehmen wir es mit Dank an. Es ist ein munteres, liebes Kindchen, aber seit ihrer Geburt war ich noch nicht gesund

Der Herr schlägt Wunden, aber er heilt sie auch (1881)

Heute ist ANNCHEN ein Jahr geworden, mein liebes, kleines, hübsches Mädchen. Wie froh und munter sie in der Stube herumläuft. Sie läuft schon vier Wochen, plaudert schon manches Wörtchen wie Mama, Dada, Bapa, Dada schau. „Schau" sagt sie, wenn sie sich über etwas wundert.

Am liebsten hat sie ihren Vater; sie musste sich gleich zu dem Vater halten; sie hatte ja lange keine Mutter, weil ich so lange krank war. Auch ihre liebe Großmutter hat sie recht lieb. Sie langt mit beiden Ärmchen nach ihr und klammert sich fest an sie und liebkost sie, wenn sie kommt.

Die Mutter[132] hatte sie neun Wochen zu sich genommen, als ich solange krank war. Ich bitte den lieben Gott, dass er seinen Segen gebe, dass wir ANNCHEN gut erziehen. Wenn sie nur recht gehorsam, gut und fleißig würde!

---

[132] MARGARETE SÖLLHEIM.

Mutter, bin ich einst so groß wie du,
dann trag' ich dir alles im Hause zu.

Jahresschluss von 1881

Es ist eine schöne mondhelle Nacht, so stille in der Natur und nicht zu kalt. Es ist stille in der Natur und auch stille in meinem Herzen. Schwer bedrückt und niedergebeugt von Krankheit und Widerwärtigkeiten habe ich dies Jahr angefangen, aber wir haben alles überwunden und es ist alles wieder gut gegangen.

Der Herr schlägt Wunden, aber er heilt sie auch.

Wir haben ein gutes Jahr gehabt, das Geschäft ging über Erwarten gut. Wir haben trotz der vielen Versäumnis im Geschäft während meiner langen Krankheit und trotz dem vielen Aufgang es doch wieder gut gemacht. Jetzt sind wir alle gesund, mein lieber Mann, die Kinder und ich.

Der liebe Gott wolle uns gnädig sein
und uns auch seinen Segen in das neue Jahr geben.

August muss zum Lernen nach auswärts (1882)

Sonntag, den 10. September

Ich bin heute so wehmütig gestimmt! AUGUST ist heute morgen fortgezogen, der liebe, gute, schöne Knabe. Ich habe mir die Augen müde geweint. O, und wie weinte er, als er an meinem Halse hing.

Gott sei bei ihm und segne ihn! Wird er sich wohl oft zurücksehnen in das traute Elternhaus? Wird er glücklich ankommen bei jenem Ziele, das wir ihm gesteckt haben?

Gott gebe es! O wenn er doch glücklich würde! Ich will sehen, wie alles geht. Wie oft werde ich mich nach ihm sehnen![133]

Jahresschluss von 1882

Das war ein garstiges, ein nasses Jahr – immer nur Regen, und auch heute regnet es. Die Ernte war sehr mittelmäßig, alles klagt über schlechte Zeiten.

Die Geschäfte gehen schlecht, auch das unsrige ist dieses Jahr nicht gut gegangen. Doch dürfen wir gerade nicht
klagen; wir haben recht Heu gebaut, haben es trotz des nas-
sen Jahres recht schön heimgebracht, haben mit dem Vieh
Glück gehabt, haben wieder einen recht schönen Vieh-
stand, zwei tüchtige Kühe, die erst kurz nacheinander ge-
kälbert haben, und zwei Kalbin und ein schönes Kuhkalb,
haben vier Stück Schweine.[134] Ein schönes Paar Schweine
haben wir verkauft um 113 Mark.

Unser AUGUST ist dieses Jahr nach Hof gekommen, und
wir haben bis jetzt nur Gutes von ihm gehört. Er wird ein
Jahr eher konfirmiert; das ist auch ein Glück.

Aber auch eine wehmütige Erinnerung hat dies Jahr für

---

[133] Der frühe Auszug Augusts von zu Hause ist im Zusammenhang mit seiner Ausbildung zum Volksschullehrer zu sehen.
Schon sein Großvater hätte ja das Lehramt für sich selbst vorge-
zogen, anstatt nach dem Wunsch des Vaters Bader und Arzt zu
werden. Mehr dazu weiter unten.

[134] In diesem Jahr 1882 wird bei Familie HORN explizit von mehr
als einer Kuh berichtet. Damit gehört die Familie zwar nicht mehr
zu den Kleinstbetrieben mit nur einer Kuh, die für knapp drei Viertel der Geseeser Bauern damals typisch waren, aber immer noch
zu den Kleinbetrieben.

uns. SEITZENGORGLA ist gestorben, der holde Knabe, den ich so lieb hatte wie einen meiner eigenen Söhne. O wie schnitt es mir durchs Herz, als ich ihn im Sarg liegen sah; ich und die Mutter waren nach Hof gekommen zur Leichenfeier.

AUGUST und GEORG waren so gute Freunde geworden. Ihre jungen Herzen hatten sich schon gefunden.

Kartoffeln im Brot (1883)

Jahresbericht

Die Geschäfte gingen dieses Jahr wieder mittelmäßig, auch der Feldbau ist, was das Getreide anbetrifft, sehr mittelmäßig ausgefallen, aber doch recht viele gute und schöne Kartoffeln sind gewachsen. Das tut den Leuten ordentlich wohl, zumal da schon 3-4 Jahre die Kartoffeln so schlecht geraten sind. Die meisten Leute backen Kartoffeln mit unters Brot, so auch wir.

AUGUST ist dieses Jahr konfirmiert worden im zwölften Lebensjahr und auf die Präparandenschule nach Wunsiedel gekommen. Er hat zu Weihnachten ein gutes Zeugnis mitgebracht, der liebe gute Knabe. Gott sei Dank, dass alles gut gegangen ist; das vergangene Jahr, welches er in Hof zugebracht, war für uns ein hartes Jahr.

SEITZEN haben sich uns auf eine schlechte Seite gezeigt. Ich habe oft geweint und gekämpft, doch jetzt ist es auch überstanden.

Gott hat geholfen (1884)

Das neue Jahr 1884 hat nicht gut angefangen für mich. Es hat mir schon Täuschung und Sorgen genug gebracht, es weicht kaum einmal vom anderen ab. Ich will sehen, wie sich alles löst.

Ach bleib mit deiner Treue
bei uns mein Herr und Gott,
Beständigkeit verleihe,
hilf uns aus aller Not.

Jahresschluss von 1884

Es ist spät, gleich werden die Glocken des Jahres Scheidestunden verkünden. Ich stehe vergnügt und zufrieden am Schlusse des Jahres.

Der liebe Gott hat uns gütig durch dieses Jahr geführt. Wenn hie und da Sorge und Kummer sich an uns herandrängte, sie vergingen alle wieder wie Nebel, und die Sonne leuchtete uns wieder freundlich zu, und ich habe heute in der Kirche dem lieben Gott recht von Herzen gedankt.

Das Geschäft ging ziemlich gut. Die Feldfrüchte sind zu unsrer Befriedigung ausgefallen. Wir haben gut Getreide gebaut, auch Kartoffeln 134 Säcke, Rüben und Ranges 15 Fuder, recht schönes Kraut; auch von den Kühen und Hühnern hatte ich immer eine gute Einnahme.

AUGUST hat wieder ein gutes Zeugnis mitgebracht, was uns große Freude macht. Auch ein wichtiges Ereignis für unsre Familie hat sich zugetragen: Unser Hackerstiefen-Bäsle ist gestorben. Sie war uns eine mütterliche Freundin. In ihrem Testamente wurden wir mit 350 Mark bedacht.

Der liebe Gott hat uns dieses Jahr
gut über alles hinweggeholfen,
er wird uns auch im neuen gnädig sein.
Ich hoffe auf ihn. Amen!

Eine schöne Neujahrsnacht, die Erde schläft unter der

weißen Decke, der Mond scheint so hell, die Natur ist so ruhig.

Friede auf Erden, Friede, Friede sei mit uns!

Jahresbericht von 1886[135]

Es ist stille im Haus wie in der Natur. Mein lieber Mann ist ins Wirtshaus, die Kinder sind zu Bett. AUGUST ist vergangenen Dienstag wieder nach Bamberg ins Seminar.

Dieses Jahr ging es gut und schlecht, ich meine die Waagschale mit dem Herben zieht mehr. Wir hatten manchen Verlust. Das Schwerste war, dass wir eine schöne, große Kuh hergeben mussten, ein Schaden über 350 Mark, ja, das will überwunden sein.

Manchen Kampf gab es noch zu kämpfen. Die Kinder haben uns Herzeleid gemacht. HANS, Hans, ja das musste auch überwunden werden.

Dann gab es noch manche schwere Sorge mit Vater, und Arbeit und Mühe, doch der liebe Gott hat über alles gnädig hinübergeholfen, dass wir nicht verzagten, dass wir wieder festen Mut und Hoffnung gewannen. Heute schauen wir zufrieden und ruhig zurück, wir haben ja auch manches Gute erlebt.

Mit dem Feldbau waren wir zufrieden, das Geschäft ging sehr gut, und AUGUST hat uns viel Freude gemacht. Er hat sein Semininaristen-Examen gut bestanden, er ist brav und strebsam; der liebe Gott wird weiter helfen. Gewiss, heute sind wir glücklich. Wir haben noch Ursache genug dem lieben Gott zu danken.

---

[135] Anmerkung des Enkels HERBERT LÖSCH-HORN: Einen Jahresbericht für 1885 konnte ich in Großmutters Büchlein nicht finden.

Möge er seinen Segen
uns mit in das Neue Jahr geben
und uns nicht verlassen
in guten wie in bösen Tagen – Amen!
Friede sei mit uns!

Die Kuh, nicht nur Kapitalanlage der kleinen Leute, sondern auch geliebte
Hausgenossin und Persönlichkeit; ein Verlust wog schwer.
– Hier mit GRETL SÖLLHEIM *um 1934 (Bildarchiv J. Taegert)*

5. Wenn Krankheit und Tod näherkommen

Nach dem Heimgang des „helfenden Engels" von Gesees (1887)

Jahresschluss

Das Geschäft ging gut, der Feldbau ist bei uns trotz der großen Dürre fast auch gut ausgefallen, besonders Heu hat es tüchtig gegeben.

Aber gleich nach der Heuernte kam eine lange Dürre, in Folge dessen das Gras sehr rar wurde. Ich musste so fleißig alle Tage klein grasen und alles zusammenzupfen, dass es mir doch manchmal recht sauer wurde. Wie musste man sich plagen mit dem Pflanzen und Gießen!

Doch unsere Mühe war nicht umsonst. Wir haben doch mehr Kraut und Ranges gebaut als die anderen Leute. Unser HANS und FRITZ haben schon tüchtig mitangegriffen zur Arbeit. Wir haben wenig Taglöhner gebraucht.

Gute und böse Tage wechselten, zu sorgen und zu kämpfen gab es manchmal. Welch schweres Herzeleid wurde uns aufgelegt, dadurch dass **mein alter Vater den Verstand verlor**.[136] Wenn ich oft darüber nachdenke, muss ich wohl oft sagen, er hat vieles von seinem Leiden verschuldet.

Aber wenn ich den alten, unglücklichen, tief gebeugten Mann anschaue, treten mir fast jedesmal die Tränen in die

---

[136] Von diesem erschütternden Persönlichkeitswandel des Landarztes KONRAD SÖLLHEIM in seinen letzten Lebensjahren erzählt auch der Enkel KARL MEIER-GESEES sehr betroffen.

Augen. Er hat doch auch manch gute Tat aufzuzeigen. **Viele Leute nannten ihn ihren Helfer, ihren Engel.** Wenn der liebe Gott in seiner großen Gnade sich seiner erbarmte, sein Leiden endete und seinen müden Geist heimführte!

ANNABÄSLA ist dieses Jahr gestorben. Mit Wehmut denke ich oft an sie, an die redliche, treue Seele. Der Herr hat sie durch einen sanften Tod heimgeführt ins Vaterhaus, die fromme Pilgerin. Ruhe sanft! Sie hatte viel gespart, ihre Geschwister haben an Geld und Geldeswert ein hübsches Sümmchen geerbt.

ANNCHEN ist dieses Jahr in die Schule gekommen, sie lernt recht. Auch AUGUST hat uns wieder Freude gemacht, er ist Monitor geworden.[137]

---

[137] Der junge AUGUST HORN erlebt hier eine weitere Vorstufe für seine Ausbildung zum Volksschullehrer. – Noch bis ins 19. Jh. hinein waren in diesem Lehramt Kantoren, Handwerker, ehemalige Soldaten oder Studenten tätig, die in der Regel pädagogisch kaum ausgebildet waren. Der Zustand des Schulwesens war dementsprechend desolat.

Das pädagogische Niveau stieg, als erfahrene Lehrer damit begannen, in Form der „Meisterlehre" ihre eigenen Nachfolger als 'Schulgehilfen' auszubilden. Daneben aber wuchs in neu errichteten Waisenhäusern wie den Francke'schen Stiftungen in Halle oder im Zusammenhang mit Armen- und Freischulen bereits im Laufe des 18. Jh. das Bestreben, die angehenden Lehrer besser zu qualifizieren.

Es entstanden die ersten Lehrerseminare. Sie eröffneten den Auszubildenden eine berufliche Perspektive, indem sie ihnen Kulturtechniken, Singen und Religion, aber auch alltagspraktische Fertigkeiten etwa für die Landwirtschaft als Grundlage für ihre zukünftige Lehrtätigkeiten vermittelten (vergl. dazu auch das infor-

In unserer Weigelsröth wurden beim Durchmarsch der Soldaten ins Lager die Kanonen aufgestellt. Der liebe Gott gebe uns seinen Segen in das neue Jahr. Friede sei mit uns!

„Am liebsten möcht ich sterben"
(Jahresbericht 1888/89)

Ich konnte den Jahresbericht 1888 nicht am Jahresschluss machen. Ist ja gerade am letzten Dezember mein alter armer Vater gestorben. Der liebe Gott hat unsere Bitte erhört und hat ihn von seinem Leiden erlöst. Als am Sylvesterabend die Sonne unterging und das Abendrot sich so schön am Himmel hinaufzog, als die Glocken so feierlich zum Gottesdienst läuteten, da ging die müde Seele meines lieben Vaters heim ins Vaterhaus. O, das war ein sanfter, ein schöner Tod. Schlafe sanft, lieber Vater, bis wir uns wiedersehen! –

Der Feldbau fiel vergangenes Jahr nicht gut aus, für unsre **Röth** hat es zu viel geregnet. Heu haben wir gut gebaut.

---

mative Büchlein von JÜRGEN TAEGERT über seine eigenen Vorfahren: „Vom Tropfhäusler zum Köster und Schaulmeister").

Seit dem Beginn des 19. Jh. wurden die Lehrerbildung auch in Bayern (1809) ausgebaut. Dem Lehrerseminar wurde eine **Präparandenschule** vorgeschaltet, in derm sich die jungen Leute nach Abschluss ihrer Volksschulzeit auf ihre weitere Ausbildung vorbereiteten. Sie waren in dieser Zeit „Präparanden" und wurden teilweise von älteren Schülern betreut.

Ende der 80er Jahre des 19. Jh. wurde durch die Lehrerseminare eine flächendeckende Versorgung der Bevölkerung mit Lehrern erreicht, die nach dem Stand der Zeit gut ausgebildet waren. AUGUST HORN strebte an, einer von diesen Pädagogen zu werden.

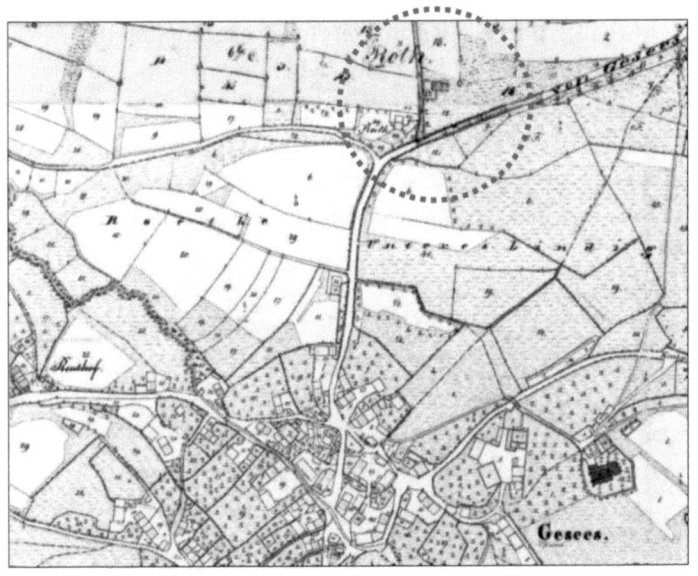

Der 1830 von JOHANN FRANK erbaute Röthhof der Familie HORN lag nördlich des Dorfes in der Kurve der Distriktstraße nach Bayreuth unweit der Staanaten Marter und ist auf diesem Uraufnahmeblatt mit eingezeichnet (Kreis). Heute ist das ganze umliegende Gebiet besiedelt. (Grafik: J. Taegert)

Mein lieber Mann und die Kinder waren gesund, aber ich hatte lange an Halskrankheit zu leiden. Da war ich oft deswegen in Angst, doch ist es wieder gut geworden, Gott sei Dank!

An meinen lieben Kindern habe ich Freude erlebt. AUGUST ist fertig geworden und hat so bald eine gute Stelle bekommen; welche Freude war das für uns! Es ist ja alles über Erwarten gut gegangen.

HANS ist aus der Schule gekommen. Welch ein schöner, kräftiger Knabe war er unter seinen Beichtkameraden, dass ich ganz stolz darauf war. Er ist uns eine große Stütze, ist recht fleißig und greift alles geschickt an. Wie ich ihn liebe und welche Freude ich an ihm habe!

Auch FRITZCHEN macht sich gut.

ANNCHEN hat dieses Jahr gut stricken gelernt.

Sie sind mir alle recht gut und möchten mir gern alle Freude machen. Der liebe Gott segne sie auf allen ihren Wegen!

Mein Bruder KONRAD[138] hat seiner alten Mutter 100 Mark geschickt, was uns natürlich auch sehr freute.

Heute, da ich dies schreibe, ist seit dem Neujahrstag schon über ein Vierteljahr vergangen. Dieses Vierteljahr habe ich schon recht viel Sorge und Angst ausgestanden. Es ist schon so viel Schweres über mich gekommen.

Das Härteste ist, dass mein lieber Mann schon zwei Monate krank ist, er schleift so herum. Der liebe Gott im Himmel weiß, wieviel Angst und Pein ich in unsrem Ehestand schon ausgestanden und wieviel ich schon geweint und gebetet habe, weil er schon so viel krank war.

Die letzten Jahre gingen gut vorüber, und ich dachte schon, ich werde mich nicht mehr so ängstigen müssen. Aber, o Täuschung, dieses Mal ist er kränker als jedes Mal zuvor.

Wir haben zwei kleine Grundstücke gekauft, wir waren fast dazu genötigt, wir konnten nicht anders. Wer wird uns das Geld dazu leihen? Wir hatten so schon zu sorgen genug, bis wir die Überschreibsgebühren herschafften.

Mit der Magd habe ich recht Ärger und Sorge gehabt, doch von dem wollte ich gar nicht sagen.

Wenn nur der liebe Vater doch bald wieder gesund

---

[138] Der nach USA ausgewanderte „Onkel Doktor".

würde. Jetzt geht die Feldarbeit an, und auf dem Handwerk sollte doch auch wieder etwas verdient werden.

O, wie ich voll Sorge und Angst bin! Ich fühle mich so unglücklich. „O weh mein Herz", sage ich oft leise. Ich bin so müde vom Sorgen und Weinen, am liebsten möcht ich sterben, ja dann hätt' ich Ruh.

Sei stille, müd gequältes Herz!
Lieber barmherziger, guter Gott verlass uns nicht,
meine armen, guten Kinder! –
Gott hat geholfen.

Tod eines Konfirmanden (1890)

Voriges Jahr 1890 konnte ich meinen Jahresbericht nicht machen. FRITZCHEN war noch keine 14 Tage begraben, mein liebes, gutes FRITZCHEN. O Gott, wie schwer, wie habe ich viel geweint. Am 19. Dezember ist er heimgegangen, am 30. April wäre er 14 Jahre geworden. Ruhe sanft, bis ich dich wiedersehe, du guter Seliger und Engel! Wie oft beweine ich dich!

Das Jahr 1889 hat uns auch manch schweren Kampf gebracht. Wir haben alles überwunden und gesiegt über manches Leid. Am Ende ist doch noch alles gut geworden, dass ich dem lieben Gott auch danken konnte für Glück und Segen. Was wird 1890 bringen, vielleicht noch einen härteren Kampf als 1889? Wie hab' ich schon gebetet!

Ewiger Gott und gnädiger Herr,
mach alles gut, Amen!

Im Jahre 90 haben wir viel Glück und Segen gehabt. Wir haben sehr gut gebaut: Heu, Kartoffeln, Kraut, Rüben, Getreide – alles genug. Gott sei dank, wir haben 450 Mark

Kapital-Schulden abgetragen.

Und an AUGUST habe ich die größte Freude erlebt. Er hat eine sehr schöne und gute Stelle bekommen.[139] War das für mich eine Freude, dass ich bei ihm auf Besuch sein konnte! O, das schöne Stein! Es wiegt viele Sorgen und Arbeit auf, die ich wegen AUGUST hatte.

Herzeleid um den Sohn (1891)

Der Jahresschluss von 1891

Wie es heute in der Natur tobt, der Wind heult, der Regen schlägt an die Fensterläden. Es war dieses Jahr für uns kein gutes zu nennen. Wir haben schlecht gebaut, Heu gut, aber alles andre – Getreide, Kartoffeln, Rüben – fast ganz schlecht. 30 Säcke Kartoffeln, 2 Fuder Rüben – nie haben wir so wenig gebaut.

AUGUST hat uns dieses Jahr viel Herzeleid und Ärger gemacht. Jedes Jahr konnte ich in mein Büchlein eintragen, dass ich Freude an ihm erlebte, und in diesem Jahr? O AUGUST, wie viel habe ich dieses Jahr deinetwegen geweint, über deinen Undank und deine Grobheit. Du hast mein treues besorgtes Herz gemartert und gequält. Wie wird es wohl in diesem Jahr mit dir werden?

Der liebe Gott,
der die Herzen der Menschen lenket
wie Wasserbäche,
wolle alles gut machen.

---

[139] AUGUST HORN arbeitete damals als Volksschullehrer in dem kleinen Dörfchen Stein bei Bad Berneck. Der kleine Ort im Bogen oberhalb der Ölschnitz ist durch seine Burgkapelle bekannt, die heute noch als Gottesdienststätte genutzt wird.

HANS und ANNA sind brav.

Der liebe Gott wolle uns seinen Segen
im Neuen Jahr nicht versagen, Amen!

Als AUGUST ein Knabe war, wie freute ich mich jedes neue Jahr über ihn, und wie liebte er mich. Wie bat er wieder so gut um Verzeihung, wenn er mich gekränkt hatte. Wie dankte er mir für alles liebevoll. Wie hätte man da denken können, dass er einst so lieblos und undankbar werden würde, dass er durch sein freches Betragen mir manche bange, schlaflose Nacht macht und dass ich soviel wegen ihm weinen muss.

O wärest du ein Kind geblieben
Mit stillem, freudevollem Sinn,
Wär noch wie ehedem dein Lieben,
Dann war mein schönstes Glück nicht hin.

Dann fand ich noch die stillen Tränen,
Die ich geweint beim Trennungsschmerz.
Ich brauchte jetzt nicht zu ersehnen
Mir dein einst noch so gutes Herz.

Gute und böse Tage (1892)

Am Sylvesterabend

Was soll ich schreiben, das Herz ist mir so voll? In meinen Gedanken ziehn sie vorüber die guten und bösen Tage dieses Jahres. Wohl habe ich manchen guten schönen Tag durchlebt, aber der traurigen und bösen waren mehr.

Am Anfang dieses Jahres starb meine liebe, gute Mutter. O wie schwer war das für mich!

Die Hoffnung, die ich hegte, dass vielleicht AUGUST um-

kehren würde von seinen Irrwegen, ist zu Schanden geworden. Er hat mir nichts als Traurigkeit und Herzeleid gebracht, mein Herz blutete und blutet noch jetzt.

Ich will schweigen und leiden, nur den lieben Gott[140] bitten, dass er mir tragen hilft.

Geseeser Christusaltar: (Oben) Segnender Gott-Vater; (unten) der auferstandene Christus

O Herr, hilf meiner Schwachheit auf, du weißt ja alles.

Dann kam die lange, schwere Krankheit. Das waren schwere Tage, Wochen und Monate, dass es mir oft schwer wurde und ich ganz verzagen wollte in dieser großen Not. Und was haben meine lieben Angehörigen für Angst und Jammer mit mir durchgemacht. Gott segne sie für alle ihre Liebe und Mühe!

Aber doch habe ich noch auch Ursache genug heute dem lieben Gott zu danken. Mein lieber braver

---

[140] Über 95 Mal taucht das Wort „GOTT" in wachsender Dichte in den Erinnerungen und persönlichen Gebeten der KATHARINA HORN aus; darüber hinaus gebraucht sie auch Anreden wie „HERR" oder Titel wie „HEILAND" usw. Im Unterschied zum verbreiteten gedanken- und belanglosen Reden von Gott ist ihre Gottessehnsucht bis zuletzt mit existenziellen Erfahrungen von heiterer Freude und niederschmetterndem Leid verknüpft. Für sie dürfte der Geseeser Christusaltar das anschauliche Gnadenbild und der Quell ihres Gottvertrauens gewesen sein.

Mann ist gut durch dieses Jahr gekommen, sein Geschäft ist sehr gut gegangen, und er war fast immer gesund.

Meine beiden liebe Kinder HANS und ANNCHEN sind hübsch hergewachsen und sind beide brav, der liebe Gott erhalte sie mir so! Ich habe meine Freude an ihnen und liebe sie so sehr. Als ich so sehr krank war, sah ich doch, mit welch großer Liebe sie an mir hängen.

Für Gottes gnädigen Beistand und Hilfe in meiner schweren Krankheit will ich ihm immer danken und loben.

Der Feldbau ist auch zu unserer Zufriedenheit ausgefallen.

Für alles sage ich Gott Lob und Dank.
Der liebe Gott wolle uns seinen Segen
hinüber geben in das Neue Jahr
und wolle uns leiten und führen.
Gott ist mir beigestanden,
wenn ich es nicht fassen konnte
und half meiner Schwachheit auf.
Er wird mir weiter und gar überwinden helfen.

Anmerkung des Enkels
Herbert Lösch-Horn

Statt eines Jahresberichts von 1893 finde ich nur vier leere Seiten in Großmutters Büchlein und dann ohne Jahreszahl den nachfolgenden Eintrag. Vielleicht darf ich erläuternd bemerken, dass Großmutters großer Kummer über August's Grobheit und Widerspenstigkeit von dessen Liebschaften herrührte. Sie war aus guten Gründen bereits zum zweitenmal mit seiner Auserwählten nicht einverstanden. Das kritische und lebenserfahrene Mutterauge sah schärfer als der verliebte Jüngling und wollte den Mustersohn vor Unheil in der Ehe bewahren.

In Stein bei Berneck, einem kleinen Bauerndorf im Fichtelgebirge, war mein Onkel AUGUST damals Lehrer. Meine Mutter hat ihm übrigens dort als Mädel zwei Winter lang den Haushalt geführt und war zugleich seine Schülerin. Von dieser Zeit hat meine Mutter oft und gern erzählt.

Jahrbuch-Eintrag von KATHARINA HORN[141]

Auf eine Aussöhnung habe ich in Wahrheit keine Hoffnung mehr. O ich will, nein, nein ich kann nimmer! Wie kann ich ihn noch ansehen nach all den schweren Kränkungen!

Das Stein, das schöne Stein! Wie dieses Plätzchen Erde mir gefiel. Ich dankte mit freudigem Herzen dem lieben Gott für die schöne Heimat, die er mir, die er meinem Sohn schenkte.

Wie jubelte mein Herz, wenn ich mich losreißen konnte, um nach Stein zu kommen. Die Tage und Wochen, die ich dort zubrachte, gehören gewiss zu den schönsten meines Lebens. O, wie viel versprach dies aufzuwiegen von all den Sorgen, von all den Mühen, von all den Opfern und all der Arbeit, die ich um AUGUST hatte, solang er lernte. Aber mein Sohn nahm mir all meine Freude und verwandelte sie mir in Traurigkeit und Schmerz. Nur kurz war die Ernte nach einer langen mühevollen Saat.

Lebt wohl, Ihr liebe Leute dort, leb wohl, schönes Stein. Wie hätte ich mir träumen lassen, dass es dort so ein Ende nehmen würde.

Lebe wohl auf immer, Dein vergess ich nimmer!

---

[141] Ohne Jahreszahl, wohl 1893.

Im Schatten der Krankheit (1894)

Jahresschluss

Mit der Oekonomie ist es dieses Jahr gut gegangen. Wir haben recht Heu gebaut, die Getreideernte war gut, 20 Ztr. Gerste haben wir verkauft. Auch gut Erbsen haben wir gedroschen; Kartoffeln waren etwas weniger als im vorigen Jahr. Eine sehr gute Einnahme habe ich von meinen Kühen gehabt, auch von den Hühnern. Für Ziwala habe ich 38 Mark 40 Pf. eingenommen, für 10 Gänse 35 Mark, 77 Mark für Schweine.

Auch das Geschäft ist gut gegangen.

Aber ein schweres Kreuz hat uns der liebe Gott aufgelegt: Unser lieber Vater[142] ist schon ein halbes Jahr krank. O, was war das schon für eine schwere Zeit, bleiern schwer und traurig ging die Zeit hin. Woche für Woche und Monat für Monat hoffte ich auf Besserung – vergebens. Wie habe ich geweint, gebetet, gerungen, in Angst und Sorgen.

Jetzt hoffe ich nichts mehr, nur fragt oft mein banges Herz, was hat der liebe Gott beschlossen? Kommt der Tod oder ein langes Leiden? Was wird die Zukunft bringen? Es liegt vor mir in tiefen Schatten.

Mein Beten und Flehen ist zum lieben Gott, dass er mir Kraft geben möge, dass ich nicht unterliege in Sturm und Wetter. Wolle mir doch der liebe Gott meine Kinder gut erhalten!

ANNCHEN hat zu Ostern gebeichtet[143]. Sie war die größ-

---

[142] Gemeint ist der Ehemann PHILIPP HORN.

[143] „Beichten" ist der typische Ausdruck im Hummelgau für die Konfirmation. Er bezieht sich auf die allgemeine Beichte am Vor-

te unter den Beichtmädchen. Sie hat in der Schule sehr gut gelernt, dass wir Freude haben konnten, sie ist auch sehr geschickt zur Arbeit.

HANS wurde 20 Jahr, er ist ein hübscher Bursche, sehr groß und gewandt; hat etwas schönes Einnehmendes an sich. Nur ist er oft zu aufbrausend und zu hitzig. Er kommt wieder zur Musterung. Wird er wohl dem Ziele, das er sich gesteckt hat, nachkommen? Der liebe Gott gebe es!

Was wird dieses Jahr mit unsrem Gütchen, dem kranken Vater, und uns werden?

Der liebe Gott wolle uns raten und helfen!

AUGUST hat dieses Jahr geheiratet. Es war von uns keines auf seiner Hochzeit, – das hätte ich mir früher wohl nicht träumen lassen, aber es ist ja vieles anders geworden, als ich mir dachte. Meinen Erwartungen ist AUGUST nicht nachgekommen.

In Gottes Namen wollen wir das Neue Jahr anfangen.
Wolle uns der Allgütige seinen Segen geben, Amen!

6. Abschied vom Lebensmittelpunkt

Wenn der treue Ehemann stirbt (1895)

Jahresschluss

Durch Trauern und durch Plagen,
Durch Not, durch Angst und Pein,

---

tag der eigentlichen Feier. – Aus Gesees ist bekannt, dass strenge Pfarrer früher diese Beichte von dem alten offenen Beichtstuhl aus anhörten, der heute noch im Chorraum steht; in ihm hat der Pfarrer heute noch bei Gemeindegottesdiensten seinen Platz.

Durch Schmerzen und durch Zagen,
Durch manchen Sorgenstein
bin ich dies Jahr gedrungen.

A m 23. Januar starb mein lieber Mann [PHILIPP HORN]. Sie sind gleich gesagt und leicht geschrieben, diese paar Worte, und doch, sie haben das größte Leid, den größten Jammer, der mich hätte treffen können, über mich gebracht.

Ich kann es nicht beschreiben, ich kann es nicht sagen, die Qualen, die mein armes Herz getroffen, als ich sein Scheiden und Sterben sehen musste. Es war mir, als ob große Wasserwogen über mich daherstürzten und mich ersticken wollten. Ich konnte nicht mehr beten, die Verzweiflung krallte nach meinem armen gequälten Herzen. *„Mein Gott, mein Gott warum hast Du mich verlassen?"* schrie ich auf in grenzenlosem Weh.

Er ist heimgegangen, mein treuer Lebensgefährte, und ich meinte, nicht ohne ihn leben zu können. Wie oft rang ich die Hände und habe gerast in unendlichem Schmerz! Meine Kinder schalten mich. O, sie konnten nicht nachempfinden den bittren Schmerz, der mein armes Herz zerschnitt.

O Du guter Gott im Himmel,
Du allein weißt es,
Du kennst mein Herz
und siehst meinen Schmerz –
hilf ihn mir überwinden.

Ruhe sanft, guts Vaterla, habe Dank für deine große Liebe, für deine Mühe, für dein Dulden, für dein Sorgen. Dein Heiland wird dirs lohnen droben im Vaterhaus, dir, du Sel'ger, du Reiner, du Guter, du Braver! O, bereite mir ein Plätzchen bei dir und komm mir entgegen, wenn der Herr mich heimholt.

Ich sitze und schreibe, es ist nachts neun Uhr, ich bin ganz allein. Wer sollte auch bei mir sein? AUGUST ist weit weg, HANS ist Soldat geworden. Es ist ja kein Mensch mehr übrig geblieben für mich wie ANNCHEN. Sie ist ins Dorf gegangen.

Wir haben die Hälfte von unsrem Gütchen verpachtet und haben uns behalten, war wir mit der Arbeit übersehen können. Unsere anderen Sachen haben wir geordnet. Gottes Segen fehlte uns trotzdem nicht.

Der liebe Gott wird uns auch seinen Segen
in das Neue Jahr geben,
wir hoffen auf ihn, Amen!

Ich war dieses Jahr auf Besuch bei AUGUST und MARIE, es hat mir sehr gefallen dort. Sie haben ein Knäblein bekommen. Ich bin ihnen sehr gut, mein lieber AUGUST ist mein lieber, guter Sohn.

Das Leben ins Gebet nehmen (1896)

Heute ist es ein Jahr, dass mein lieber teurer Mann, mein braver, treuer Lebensgefährte, von mir geschieden ist. Hier sitze ich und sinne; ich denke zurück an die glücklichen Tage und Jahre, wo ich ihn noch hatte. Das schönste Eheglück war uns beschieden. Wieviel Freude, Friede und Wonne haben wir genossen!

Heute vor einem Jahr richtete er zum letzten Mal seine treuen, lieben Augen auf mich. „Mutterla", sagte er, er hatte nicht mehr die Kraft weiter zu reden.

O, mein armes, gequältes Herz!
Es war mir als müsste es
in tausend Stücke brechen –
vorbei all mein Glück.
Eine Träne, eine,
blieb mir nur zurück,
damit ich beweine
mein verlorenes Glück.

Es ist mir, als könnte ich nimmer heiter und fröhlich werden ohne ihn. Wolle doch der liebe Gott mich in meiner Einsamkeit nicht verlassen, damit ich nicht verzage. Wolle er mich die Tage und Jahre, die er mir beschieden, in Frieden und Ruhe hinbringen lassen.

Lasse Deinen guten Geist
auf meinen Kindern ruhen,
Du guter Gott,
dass sie Deine Wege gehen,
lass mich nicht Herzeleid und nicht Schande
an ihnen erleben
und wenn Du, o Herr, in meiner Einsamkeit
noch ein Glück für mich aufgespart hast,
so lass es mich
an meinen Kindern erleben.
Dafür will ich Dir danken zeitlich und ewig,
Amen!

Sonntag, den 10. März

Vergangenen Dienstag, den 10. März wurde meine liebe Patin begraben, KATHARINA MADER von Forkendorf. Sie

Kirchgänger in sonntäglicher Tracht am alten Forkendorfer Kirchsteig. – Vor ihren Gott trug auch KATHARINA HORN immer ihre Klagen. (Bildarchiv J. Taegert)

starb im 75. Lebensjahr. Sie war so lieb und gut zu mir, sie hat mir in ihrem langen Leben so viel Liebe und Güte erwiesen. Wiederholt äußerte sie zu mir und anderen Leuten, dass ich ihr das liebste Patenkind sei, diese reiche Frau, die so viele Patenkinder hatte. Ich fühlte mich so zu ihr hingezogen – ich liebte sie fast, wie meine liebe Mutter. Schlafe wohl, ade!

Heute Sonntag, den 22. März 1896

Es sehnt mich so sehr, so mächtig nach dem guten, lieben sel'gen Vaterla. Es ist in der Natur so schön, so sonnenhell. Die Vöglein sind alle wiedergekommen, sie singen. Aber um mich ist es öde, einsam.

ANNCHEN ist in die Sonntagsschule, traurig schaue ich um mich. Meine Augen schweifen hinauf in den Kirchhof dort oben. Dort oben, dort ist mein Glück begraben.

Guts liebs selgs Vaterla, weißt du denn, wie ich mich nach dir sehne, wie mein armes Herze blutet um dich? Nur noch ein einziges Mal möchte ich bei dir sein, dir erzählen, dir lang erzählen. Ich hätte dir gar so viel zu sagen. Ruhe sanft, ruhe in sel'gem Frieden, du Unvergesslicher!

Mein lieber Sohn AUGUST hat sich in den für mich so schweren Jahren so herzlich für mich angenommen. Er war meine große Stütze, er trug mich buchstäblich auf den Händen.

Der liebe Gott, der so viele Verheißungen gegeben hat
für brave Kinder, lohne es ihm tausendfach, Amen!

Als ob sich ein schweres Gewitter ausgetobt hätte (1898)

Jahresschluss

Seit meinem letzten Jahresbericht sind drei Jahre vergangen. Ich glaubte damals den schwersten Schlag, der mich treffen konnte, in dieses Büchlein eingetragen zu haben. Es war nicht der letzte, der Leidensbecher war erst zur Hälfte geleert.

Es kam noch viel Unglück über uns, so schwer, dass sich

die Feder sträubte, es am Ende des Jahres einzutragen in dieses Büchlein: Krankheit Jahre hindurch, Unglück, Verlust, Missernte.

Ich will soviel wie möglich zu vergessen suchen. Die Vergangenheit, all die schweren Schicksalsschläge, sollen zugedeckt sein und begraben. *Ein* Unglück kann ich wohl nicht abschütteln, nicht begraben – ich muss es tragen, aber es ist mir erträglich geworden. Wir haben vor uns ein neues Leben, alles ist anders geworden.

Wenn ich zurückdenke, ist es mir, als ob sich ein schweres Gewitter ausgetobt hätte, nach dessen vernichtender Gewalt die Natur wieder eingreift und aufrichtet und zu neuem Leben erweckt, was geknickt und gebrochen war. Es ist alles anders geworden.

Ich habe so vieles ertragen, was ich nie glaubte ertragen zu können, und heute bin ich nach so vielen schweren Leiden ruhig und vergnügt. Der liebe Gott hat mir zu tragen geholfen und mich wieder mit allerlei Segen erfüllt.

Wir führen ein ruhiges, stilles Leben, alle drei, ich und ANNA und ein Dienstmädchen, und manchmal schweifen meine Augen dankend und freudig über mein hübsches kleines Besitztum; es ist jetzt ganz unser Eigen, es ist schuldenfrei, von Schulden frei, unsere schöne Röth.

Dieses Jahr ist mein lieber Bruder von Amerika gekommen.[144] Er hat seine Geschwister so reich beschenkt – ich kann ohne Sorgen in die Zukunft sehen.

---

[144] KONRAD SÖLLHEIM JR. kehrte in diesem Jahr endgültig aus Amerika zurück und war seitdem in Gesees natürlich Dorfgespräch. Er war auch seinen Geschwistern gegenüber großzügig. Er war ein beliebter Unterhalter. Er hatte ja in Amerika viele unerwartete Erfahrungen gemacht …

Meine Söhne sind gut versorgt. AUGUST ist dieses Jahr nach Hof versetzt worden, es ging uns damit ein lieber Wunsch in Erfüllung. AUGUST hat eine sehr liebe Frau, ich liebe sie wie eine eigne liebe Tochter. Sie haben jetzt drei Kinder.

HANS ist Gendarm in Landstuhl/Rheinpfalz. Er hat es gut. Wenn er doch nur etwas sparsamer wäre! ANNA ist jetzt 18 Jahre alt, sie ist zu einem hübschen Mädchen herangewachsen, groß, fast zu groß. Der liebe Gott wolle ihre Jugend behüten und sie immer vollkommener werden lassen.

Dieses Jahr wie das vorige waren Missernten. Wir konnten voriges Jahr nicht die Hälfte von unsrem Feld bebauen. Wir mussten brachliegen lassen wegen der Nässe. Auch dieses Jahr konnten wir nicht alles bebauen. Es war wieder viel zu naß, doch war es etwas besser. Gesetzt haben wir Ende Mai und Anfang Juni; am 7. Juni haben wir Erdäpfel gesteckt. Voriges Jahr haben wir 10 Säcke Kartoffel gebaut, dieses Jahr 14.

Frühling im Winter (1899)

Heute der 28. Januar 1899

Voriges Jahr hatten wir einen ganz gelinden Winter, dieses Jahr fast gar keinen. Nur selten hat es wenig gefroren, bis jetzt waren im Januar die schönsten Frühlingstage. Gestern und heute hat es erst schwach gefroren. Was wird das für ein Frühling und Sommer werden? Ich bin neugierig.

Gestern war es vier Jahre, dass unser lieber Vater [der Ehemann] begraben wurde. Wir denken und sagen so oft von ihm; immer bleibt uns sein Andenken neu. Ach, ich weine noch so oft um ihn. O, was habe ich seit seinem Tod durchgemacht! Heute. der 22. Mai, der zweite Pfingstfeiertag – (Hier kein weiterer Eintrag mehr)

Jahresschluss von 1899

> *Das Alte ist vergangen,*
> *siehe es ist alles neu!*

So heißt es bei uns, eine neue Lebensperiode hat bei uns begonnen. Ich und ANNCHEN sind im Hause geblieben von der ganzen Familie. Wie hätte ich doch jemals denken können, dass keiner meiner Söhne das Haus besitzen würde. Der liebe Vater und drei Söhne sind eingegangen in die bessre Heimat. AUGUST und HANS sind weit weg von uns.

Wenn ich so darüber nachdenke, muss ich sagen: Der liebe Gott hat es gut gemacht. ANNCHEN und ich haben uns so ziemlich erholt von den schweren Schicksalsschlägen, die uns trafen. Wir haben die letztvergangenen Jahre so viel Herzeleid durchgemacht. Doch der liebe Gott hat uns auch wieder gesegnet.

Wir haben uns ganz schön eingerichtet. Dieses Jahr haben wir den Erker gebaut. Das war eine schwere Arbeit für uns, aber dafür haben wir eine große Freude daran.

ANNA und unser Dienstmädchen bearbeiteten ganz gut unser wenig Oekonomie, und wir haben gut gebaut; hatten Gerste übrig für 36 Mark. Wir bauten über 50 Säcke Kartoffeln, verkauften eine kleine Kalbin, 70 Mark.

Ich war im Frühling einige Zeit krank; ausgenommen dieses ging fast alles sehr gut. Mein lieber AUGUST war mit seiner Familie drei Wochen zu Besuch bei uns, das freute mich sehr.

In Gottes Namen wollen wir das Neue Jahr 1900 beginnen.

Herr reiche mir Deine Hände und führe mich,
Bis ich den Lauf vollende und ewiglich. Amen!

Ein letztes gutes Jahr (1900)

Jahresschluss

Ich bin allein im Haus, ANNA ist zu ihren Freundinnen. Das Mädchen trägt die Milch ins Pfarrhaus. Draußen tobt der Sturm.

Dieses Jahr ist gut verlaufen. Unser bisschen Oekonomie war gut gediehen, es traf uns keine Krankheit, kein Unglück; Gott sei Dank!

Von meinen beiden Söhnen erhielt ich immer gute Nachrichten. HANS ist von der Gendarmerie weg zur Schutzmannschaft übergegangen, wodurch er seine Lage verbesserte. AUGUST war mit seiner Familie sechs Wochen bei uns. Es ließ' sich hier manches schreiben, aber es ist in meinem Herzen geschrieben.

Die liebe Schwiegermutter[145] ist gegenwärtig sehr krank. Ob sie wohl wieder gesund wird?

Der liebe Gott führe uns im Neuen Jahr!

Letzter Rückblick in Trauer und Sorge (1901)

Über sechs Jahre ist unser lieber, guter Vater tot. Er hat sich so viel um mich und ANNCHEN gesorgt. Er wusste

---

[145] Anmerkung des Enkels: Hier ist wohl AUGUST's Schwiegermutter gemeint, denn Großmutters eigene ist ja schon 1864 gestorben.

lange zuvor, dass er sterben muss. Hat er wohl geahnt, dass wir so viel leiden müssen?

O, wie schießen mir die Tränen herunter, indem ich hier schreibe. Ja, guts seligs Vaterla, wenn du mich sehen könntest: **Ich habe nur noch einen einzigen Fuß.** Immer wieder traf uns Unglück und Verlust, immer haben wir zu sorgen und zu kämpfen trotz dem Geschenk meines lieben Bruders.

Meine Söhne wissen es nicht, sie glauben es nicht; wir müssen allein uns sorgen. Wir mussten beide von vorne anfangen, mussten bauen, mussten alles neu beschaffen, den ganzen Haushalt vom Oekonomiewagen an bis zur Schufe. Wir müssen uns immer so gering behelfen, führen eine fast ärmliche Kost.

Wenn wir nur einmal wieder mit den Kühen Glück hätten, darauf sind wir so angewiesen, davon hängt unser Unterhalt ab. Wir haben niemand, der einen Pfennig verdient.

Seit uns das große Unglück traf, dass wir unsre schöne, gute Kuh hergeben mussten, konnten wir trotz aller Opfer keine richtige Kuh mehr bekommen.

Der liebe Gott wolle uns doch
nach so vielen Leiden
wieder erquicken und segnen!

H.L.-H.: Damit enden die Aufzeichnungen der KATHARINA HORN, geb. SÖLLHEIM. Nun hatte sie nur noch neun Monate zu leben.[146]

---

[146] KATHARINA HORN starb auf ihrem Anwesen, der Forkendorfer Röth, am 21. Dez. 1902. Sie wurde nur 56 Jahre alt. Ihr 22-jährige Tochter ANNA versteigerte das Anwesen und die dazu

KARL MEIER-GESEES

III. Meine Ahnen

Der Geseeser Junglehrer der „Klaan Schul", KARL MEIER-GESEES
(oben rechts) mit seiner Schulklasse von 57 Jungen und Mädchen
im Jahr 1907 vor dem „Kantorat" an der Geseeser Kirche
(Bildarchiv J. Taegert

gehörenden Ländereien im folgenden Jahr – vergl. Hummelgauer
Heimatbotes, Nr. 128, 2020, S. 5ff.

III. Meine Ahnen
von KARL MEIER-GESEES

INHALT

Vorbemerkung
von Jürgen Joachim Taegert

KARL MEIER (1888 – 1960) war ein Enkel des Geseeser Landarztes KONRAD SÖLLHEIM (1812-1888). Seine Großmutter MARGARETE (1812-1891) war eine geborene EBY.

Deren Tochter Barbara hatte im Jahr 1870 Karls Vater PHILIPP FRIEDRICH MEIER geheiratet. Dieser war der Sohn des "Stefferslorz" von Gesees und von Beruf Schreinermeister. Von ihm trug die ganze Familie den Hausnamen „Schreiner".

Neben seinem Handwerk betrieb PHILIPP MEIER aber auch die Geseeser Poststelle. Und vor allem war er in der

*KARL MEIER als Junglehrer in Gesees 1907
(Bildarchiv J. Taegert)*

Gemeinde als Gemeindeschreiber tätig. Die von ihm in dieser Zeit mit abgefasste „Chronik" leistet heute der historisch forschenden Nachwelt wertvolle Dienste.[147] Daneben waren damals seine ungewöhnlichen Kenntnisse als Fleisch- und Leichenbeschauer gesucht.

---

[147] Diese „Geseeser Chronik" umfasst die Jahre 1862-1914 und ist wegen ihrer Wichtigkeit in einem gesonderten Kapitel im vorliegenden Bändchen ab S. 304 mit abgedruckt.

Sein Sohn KARL sollte eigentlich nach den Vorstellungen des Vaters auch das Schreinerhandwerk lernen, um eines Tages den elterlichen Betrieb fortzuführen. Doch der muntere Knabe wollte nach dem Vorbild des Großvaters mütterlicherseits zunächst lieber Gärtner werden. Dieser KONRAD SÖLLHEIM, der Geseeser Landarzt, hatte sich sein Studiengeld in Bamberg durch die Mitarbeit in einer Gärtnerei verdient. Er spielt in Meiers späteren Recherchen zur Familiengeschichte eine große Rolle,

Den Ausschlag für die Berufswahl gab aber schließlich der Geseeser Pfarrer FRIEDRICH SPÄTH, der von 1890-1932 bis zu seinem 70. Lebensjahr in Gesees amtierte. Er schlug dem nach seiner Verwitwung alleinerziehenden Vater vor, das jünste Kind studieren zu lassen. Er sollte einen pädagogischen Beruf ergreifen. Dem Vater soll es damals nicht leichtgefallen sein, seinen Sohn aus der überschaubaren Welt des Heimatortes zu entlassen, er folgte aber diesem Rat.

KARL durchlief seine Ausbildung an der Bayreuther Lehrerbildungsanstalt mit Auszeichnung und wurde 1907 als Volksschullehrer an der „Klaan Schul" in Gesees angestellt. Aus dieser Zeit stammt das Klassenbild im Titel und sein obiges Bild als Lehrer.

Nach Ende des I. Weltkrieges entschloss MEIER sich aber zu einem ergänzenden Universitätsstudium in München; er strebte die Weiterbildung zum Gymnasiallehrer an. In der bayerischen Hauptstadt lebte schon seine 11 Jahre ältere, verheiratete Schwester MARGARETE und sein neun Jahre älterer Bruder LORENZ Auch er war Lehrer und wird in der Familie wegen seiner Erzähleidenschaft „der Märchenonkel" genannt. Mit beiden Geschwistern stand KARL in engem Kontakt. Nach seinen Examina wurde KARL Studienrat in Bayreuth; im Jahr 1939 bekam er den Titel „Studienprofessor" verliehen.

MEIER hat sich aus eigenem Interesse stets viel um die Bayreuther und Geseeser Heimatgeschichte und -tradition bemüht; dazu hat er schon früh manche lesenswerten Schriften herausgegeben.

Bereits seit dem Jahr 1927 wurde er als Verfasser und Herausgeber der Heimatbeilage des Tagblattes „Bayreuther Land" einer breiteren Öffentlichkeit bekannt. Es war eine Fortsetzung der Schriftreihe „Mein Oberfranken", die er im Jahr zuvor zusammen mit dem SPD-Stadtrat THOMAS MEISTER begründet hatte.

Auch der noch junge Rundfunk interessierte sich für MEIER und übertrug Sendungen mit ihm regelmäßig im Heimatprogramm. 1930 wählte man ihn zum Vorstand des Fichtelgebirgsvereins.

Das scheinbare Interesse der aufstrebenden Nationalsozialisten am Heimatbezug der Menschen machte KARL MEIER neugierig. Am 15. April 1933 trat er erwartungsvoll der NSDAP bei. Die rassistische Ideologie dieser Partei schreckte ihn nicht ab. So hatte die Hitlerpartei on Anfang an die abstammungsmäßige Herkunft der Staatsbürger v in ihrem 25-Punkte-Parteiprogramm zu ihrem Thema gemacht: Wer volle Rechte besitzen wolle, müsse „deutschen Blutes" sein, hieß es dort.

Es störte MEIER auch nicht, dass seit 1933 jeder Bewerber für die Partei-Aufnahme, aber auch als Voraussetzung für eine Weiterbeschäftigung als Beamter, einen „Ariernachweis" erbringen musste; damit sollte die geforderte „Deutschblütigkeit" festgestellt werden. Zu diesem Zweck musste er insgesamt 10 Urkunden vorlegen: sieben Geburts- oder Taufurkunden, für sich selbst, seine Eltern und die Großeltern, dazu die Heiratsurkunden der Eltern und Großeltern.

MEIER hatte vorgesorgt. So konnte er sogar die Voraussetzungen für den „großen Ariernachweis" erbringen: eine lückenlose Ahnenfolge seit dem Jahr 1800 ohne jeden jüdischen Vorfahren!

Bereits gut 10 Jahre zuvor hatte er eine ertragreiche „Fahrt nach der alten Urkunde" begonnen. Seine anfänglichen Vermutungen, die SÖLLHEIM wären Nachfahren von „Salzburger Exulanten", also protestantische Glaubensflüchtlinge aus dem Kirchenstaat Salzburg der Gegenreformation, erwiesen sich aber als falsch. Die Spuren führten vielmehr nach Hessen als Herkunftsland seines Familiennamens und seiner Vorfahren.

Die entscheidenden Quellen für die Familienforschung waren damals die im Eigentum der Kirchen befindlichen Kirchenbücher. Aus ihnen wurden seinerzeit nach dem Willen der Nazis die Nachweise für die „arische Abstammung" gefertigt. Die Pfarrämter mussten Amtshilfe leisten und arbeiteten auf diese Weise mit den staatlichen Sippenämtern zusammen. So trugen sie ungewollt dazu bei, jüdische Mitbürger auszugrenzen.[148]

Ein expliziter Antisemitismus ist bei MEIER aber nicht erkennbar. Dagegen vermittelt die schwülstige Sprache

---

[148] Wenig bekannt ist, dass auch die ausgedehnte mennonitische Familienforschung eng mit NS-Sippenämtern und verschiedenen NSDAP-Organisationen zusammenarbeitete und sich so in gleicher Weise mitschuldig machte.

seines Gedichtes „Die Ahnen", das wir im Folgenden mit abdrucken, einen kleinen Eindruck von jenem Denken und Schreiben, das im Dritten Reich beim Thema der Ahnenpflege im Hintergrund stand.

Meiers Erwartungen bei seinem Parteibeitritt erfüllten sich nur teilweise. Zunächst machte ihn NS-Gauleiter HANS SCHEMM zum ehrenamtlichen Gauhauptstellenleiter der kulturpolitischen Abteilung und zum Referenten für Volkskultur. Die Partei war aber enttäuscht von ihrem neuen Mitglied: „Riecht nach Postenjäger, möchte Direktor der Lehrerbildungsanstalt werden" vermerkte man kritisch in seinen Parteiunterlagen. Man vermisste die politische Stoßkraft. Dann wurde Meiers Mentor SCHEMM bei einem Flugzeugabsturz 1935 tödlich verletzt.

KARL MEIER-GESEES *beim Reichstrachten-Treffen 1937 neben dem Bayreuther Gauleiter* FRITZ WÄCHTLER *(Bildarchiv J. Taegert)*

Als „Trachtengeneral" organisierte MEIER in der folgenden Zeit das Trachtenwesen des von ihm gegründeten „Ostmärkischen Heimat- und Trachtenbundes".

Am Höhepunkt von Hitlers Herrschaft im Jahr 1937 lud MEIER zu einem „Reichstrachtentreffen" nach Bayreuth ein. An der Seite von Schemms Nachfolger FRITZ WÄCHTLER nahm MEIER auf der Tribüne den Vorbeimarsch der Trachtler ab. Wie immer war er auffallend gekleidet in Hummelgauer Tracht. Wie seine Nebenleute erhob er zackig den rechten Arm zum Hitlergruß. Die Trachtler grüßten ihrerseits alle mit erhobenem Arm. Am Straßenrand wehten die Hakenkreuzfahnen.

Doch obwohl die Nazis das Trachtenwesen durch eine „reformierte Tracht" zu vereinnahmen suchten, betrachtete die NSDAP Meiers Trachtenarbeit eher

Vorbeidefilierende Mitglieder von Heimat- und Trachtenvereine aus allen Landschaften Deutschlands hofierten und verherrlichten beim Reichstrachtentreffen 1937 das „Dritte Reich". (Bildarchiv J. Taegert)

kritisch und nannte sie ein „reaktionäre bürgerliche Ver-
einsangelegenheit". So unterblieb die erwartete weitere Beförderung Meiers in der Parteihierarchie, etwa in das Gaupropagandaamt.

Zu seiner Enttäuschung wurde die Volkstumsarbeit
dann in der Parteiorganisation „Kraft durch Freude"
gleichgeschaltet und MEIER wurde mit der untergeordne-
ten Funktion eines Volkstumsreferenten abgespeist. Aber
als Ausgleich wurde er mit Verspätung doch noch zum
„Studienprofessor" befördert.

Nach dem Krieg sperrten ihn die Amerikaner zwar zwei
Jahre im jämmerlichen Lager Hammelburg ein, weil sie ihn
ideologisch für gefährlich hielten; doch bei den anschließenden Prozessen der Entnazifizierung kam MEIER als
„Mitläufer" davon. Freilich durfte er als Verurteilter erst
seit 1950 wieder unterrichten.

In Ignorierung dieser politischen Zusammenhänge
machte ihn die Gemeinde Gesees unter Bürgermeister
HANS HEMPFLING im Jahr 1958, noch zu Lebzeiten, nämlich zu seinem 70. Geburtstag, zu ihrem Ehrenbürger.

– Eine wichtige Rolle für Karls Entwicklung und für
seine eigenen Arbeiten spielte immer schon die 13 Jahre ältere **LENA REIM**. Sie ist seine früheste und nachhaltigste In-
spirationquelle. Sie war die Nichte seiner Mutter, also seine
Cousine. Als Verfasserin unseres oben abgedruckten Tex-
tes „*Vom Bader zum Landarzt*" ist sie eine tragende Säule
dieses Zweiten Geseeser Büchleins.

Bereits als Jugendliche zeichnete sie ein großes Erzähl-
talent aus. Wenn sie im Stall die elterliche Kuh molk und
dabei ins Erzählen kam, durften andere Kinder zuschauen
und zuhören. Auf diese Weise weckte sie auch in dem

Nachbarsbuben KARL MEIER schon früh den Hang zum Fa-
bulieren (Bauriedel). Endlos hockte er im Stall und lauschte
dann *„den hintergründigen und begrifflich nicht immer fass-
baren Phantastereien seiner ‚Märlastante‘"*.

Diese Erzählungen über die Söllheimsfamilie auch
schriftlich niederzulegen, hat LENA REIM wohl bereits im
Jahr 1898 begonnenn, als sie gut 20 Jahre alt war. Da war
eben ihr viel bewunderter Onkel, der Modearzt KONRAD
SÖLLHEIM JR., aus den USA zurückgekehrt. Er hatte dort, als
Brigadearzt, den amerikanischen Bürgerkrieg aktiv miterlebt und hatte vieles zu erzählen. Die Erinnerungen daran
hält LENA damals in knappen Sätzen fest. Ihre Aufzeichnungen setzt sie in den 20-er und 30-er Jahren des 20. Jh.
fort, praktisch zur selben Zeit, als auch der Cousin mit seinen ersten Recherchen zur Familiengeschichte beginnt.

Bei so viel Nähe und persönlichem Bezug erscheint es
umso erstaunlicher, dass dass sich KARL MEIER dann in seinen eigenen Erinnerungen sehr kritisch zu den Arbeiten
von LENA REIM äußert. Hier mag sich aber eine gewisse un-
eingestandene Eifersucht zwischen diesen beiden engen
Verwandten auswirken, da sich auch KARL MEIER als guter
und vor allem genauer Erzähler wähnte.

Sein Vorteil war sein methodisches geschichtliches und
sachliches Interesse, mit dem er seine Ergebnisse durch die
Einsichtnahme in Kirchenbücher und andere Urkunden
abzusichern suchte, während LENA REIM ihr Wissen ja nur
aus den Gesprächen mit den Zeitzeugen herleiten konnte;
bei solcher „Oral History" sind naturgemäß Unschärfen
und subjektive Urteile unvermeidlich.

Trotzdem wertet KARL MEIER viele Informationen aus,
die direkt von LENA REIM stammten, ohne diese als solche

zu kennzeichnen. Ein solcher nur mit seinem Namen bezeichneter Text von 1937 über seinen Urgroßvater, den „Weigelsgruß", hat als vermeintlich typisch für KARL MEIER-GESEES Aufnahme gefunden im neuen „Heimatbuch Gesees"[149]. Vergleicht man ihn mit Lena Reims etliche Jahre älteren Vorlage über diesen Weigelsbauern[150], dann empfindet man Meiers Schrift eher als blassen, schülerhaften Abklatsch des vitalen und lebensprallen Reim'schen „Familienromans".

Im Grund wiederholt Meier in seinem Aufsatz über die Ahnen vieles, was wir durch LENA REIM bereits wissen. Infolge seines trockenen Stils kann das leicht belanglos klingen. Weil mir aber Meiers Arbeit insbesondere hinsichtlich seines beigebrachten Zahlenmaterials und der Ergänzung vieler Namen für die Erkenntnis der familiären Zusammenhänge unumgänglich erschien, habe ich sie gleichwohl ungekürzt übernommen und in vergleichbarer Weise kommentiert und in den zeitgeschichtlichen Kontext eingeordnet, wie ich es auch bei den Erzählungen von LENA REIM und KATHARINA HORN versuche.

Inzwischen ist aber auch manches von Meiers Recherchen der eigenen Familiengeschichte durch neuere Erkenntnisse überholt oder bedarf der Ergänzung. Wo Nachrichten darüber zu bekommen waren, habe ich sie in den Fußnoten nachgetragen.

Eine Bereicherung des historischen Wissens um das frühere Leben der Geseeser Bevölkerung sind die Arbeiten dieser drei hier vorgestellten Geseeser Erzähler LENA REIM,

---

[149] A.a.O. auf S. 358.
[150] Im vorliegenden Büchlein ab S. 51ff und 69ff.

KATHARINA HORN und KARL MEIER-GESEES allemal. In ihrer je eigenen Art ermöglichen sie uns einen tiefen Blick in das 19. Jahrhundert aus der Perspektive „von unten" und ergänzen damit die zeitlose Arbeit von Pfarrer JOH. GEORG AD. HÜBSCH in seinem „Geseeser Büchlein" von 1842. Wir empfangen viele neue Daten und Berichte über das konkrete Leben und die Alltagserfahrungen der damaligen Menschen in Gesees. So führen diese drei Autoren Hübschs Arbeit um einige weitere Generationen fort.

Die Ahnen

(Gedicht von Karl Meier-Gesees)

Sie standen einst bei Dir an Deiner Wiege
und haben schirmend Dich als Wehr umwacht,
damit ihr Kind nicht ohne Schutzwall liege,
wenn es umfängt die Fährnis tiefer Nacht.

Sie schritten mit Dir Deines Lebens Wege
Du fühltest führend oftmals ihre Hand,
wenn war bedroht Dein Fuß auf schmalem Stege,
der in der Wirrnis nicht das Ziel erkannt.

Was sich aus Dir zum Lichte hat erhoben,
es war der Ahnen Dir vererbte Kraft,
die in Dir ruht, geheimnisvoll verwoben:
Jahrhunderttiefe heilige Ahnenschaft.

Sie werden um Dich sein, wenn Mutter Erde
zum Ahnengarten einst zurück Dich ruft,
und Du im ewigen Ring des Stirb und Werde
erneut zur Ahnenschaft entsteigst der Gruft.

Die Kindheits- und Jugendstätte von KARL MEIER und LENA REIM: Die Häuser vom „Schreiner" Meier (vorn) und das Söllheimshaus nebeneinander, dahinter das Büttnershaus, in dem seit 1884 die „Klaa Schul" tagte. (Bildarchiv J. Taegert)

1. Die Söllheim in derMarkgrafenzeit

M eine liebe Mutter war stolz darauf, dass sie eine geborene SÖLLHEIM gewesen[151]. Die Liebe für den Namen und die Blutlinie lebt in mir fort. Wenn heute mein Erinnern die Wege der Kindheit geht, führen sie mich immer wieder hinüber ins Söllheimshaus[152], in die Behaglichkeit der geräumigen Wohnstube

---

[151] BARABARA SÖLLHEIM, sechstes Kind des Geseeser Landarztes KONRAD SÖLLHEIM, heiratete 1870 den „Steffers-Philp", den Geseeser Schreinermeister und Postagenten PHILIPP FRIEDRICH MEIER.

[152] Das Söllheimshaus ist das 1858 im neuen Hummelgauer Stil zunächst einstöckig erbaute Steinhaus in der Hauptstraße 13 in Gesees im Bayreuther Land. Es hatte die alte Hausnummer 54 und barg lange Zeit den auch fürs Hinterland bedeutsamen Geseeser

mit dem großen Kachelofen von einst, der Hölle zwischen ihm und der Wand, der gemütlichen Ofenbank davor. –

Dann die Küche mit dem offenen Kamin und dem Rauchfang, durch den nachts das Licht der Sterne und des Mondes fiel. Das Gewölbe des Paten[153] mit seinen geheimnisvollen destillierten Flaschen und den seltsamen Überraschungen für Nase und Zunge.

Der Laden mit allem, was ein Kinderherz beglücken konnte. Droben auf dem Boden die kleine Apotheke aus Großvaters Zeiten[154] mit ihren Totenschädeln auf den

---

Dorfladen barg (Bericht s.u. ab S. 287) .

[153] Der Pate war der Onkel des Verfassers, der Geseeser Kaufmann und langjährige Inhaber des Dorfladens MICHAEL SÖLLHEIM (1839 – 1900).

[154] Die vom Landarzt KONRAD SÖLLHEIM stets unterhaltene kleine Apotheke wurde im damals neu erbauten Söllheimshaus die Urzelle für einen Dorfladen mit einmaliger Geschichte: Bereits 1863 hatte der Arzt vom Königl. Bezirksamt Bayreuth die Bewilligung zur Führung eines Geschäftes erhalten, das *„dem Chirurgen Conrad Söllheim von Gesees die persönliche Concession zum selbständigen Betrieb des Krämergewerbes in der Gemeinde Gesees"* erlaubte.

„Das Gewölbe des Paten mit seinen geheimnisvollen destillierten Flaschen und seltsamen Überraschungen für Nase und Zunge", die Karl Meier noch aus seiner Kindheit in Erinnerung hatte, bezog sich auf das Herstellen von Schnaps. Denn Konrads Sohn MICHAEL erhielt später zusätzlich die *„Erlaubniß, auf seinem Hause Nr. 54 den Kleinhandel mit Branntwein zu betreiben".*

Das ausgefeilte und umfassende Sortiment wuchs immer weiter, sodass der landläufige Ausdruck „Tante-Emma-Laden" eigentlich eine Herabsetzung für diese weit über den Hummelgau hinaus bedeutsame Institution bedeutet. Erst nach gut 120 Jahren, 1984, machte der Preisdruck der neuzeitlichen Discounter diesem Viel-

Gläsern und dem Duft von Tee und Salbe.

Dann der Stall mit seiner geliebten Märchenerzählerin[155] auf dem Melkschemel, der Hof mit dem Knüppel, die Scheune mit „Stirnblatthetsche" und „Balkenwaafen" – alles Wunderdinge, die ich zuhause nicht besaß. Und so habe ich 1920 meine familiengeschichtlichen Forschungen nicht mit der Suche nach der väterlichen, sondern der mütterlichen Ahnenkette begonnen.

Johann Söllheims Aufstieg vom Kanzleischreiber zum markgräflichen Revisionsrat

Es lockte umso mehr, als niemand etwas Sicheres über die Herkunft der Familie wusste. Diese Unkenntnis der Wirklichkeit schuf Möglichkeit für Vermutungen und Wunschträume mancher Art.

Mein lieber SÖLLHEIMS-LORENZ[156] glaubte ernsthaft an eine Flucht der Ahnen aus Salzburg in den Jahren der Gegenreformation. Andere sprachen von einem Emigrantenschicksal. Auch die übliche Adelslegende der bürgerlichen Familie fehlte nicht. Im Besonderen haben die fantasiebe-

---

zweckladen den Garaus. Noch heute trauern ihm viele nach. Der Kern des alten Söllheimladens lebt aber im gern besuchten Hummel-Museum in Hummeltal fort.

[155] Gemeint ist seine um 13 Jahre ältere Cousine MAGDALENA, verh. REIM, „Lena", die Verfasserin des von ihm so genannten „Söllheim-Romans". Noch in seinem Nachruf auf ihren Tod 1946 dichtet er: *„Grüß die Erzählerin der Kinderzeit, der ich verbunden bin in Dankbarkeit."*

[156] LORENZ SÖLLHEIM (*1879), ein Cousin von KARL MEIER, Lehrer in München, genannt der „Märchenonkel".

gabten Söllheims-Töchter, vor allem mein geliebtes RÖTH-BÄSLE[157], die in ihrer Art eine echte SÖLLHEIM gewesen war, allerlei Erlesenes und Ersonnenen ineinandergefügt.

Das sichere Wissen endete, wie in den meisten Familien, schon bei den Großeltern. Allein das Wissen um die notbeschwerte Dorfchirurgen-Laufbahn des Großvaters WILHELM ERHARD SÖLLHEIM, des „alten Helm" unseres Dorfes, konnte nicht befriedigen.

Ihn hatte ja auch nur der frühe Tod des Vaters zur Dürftigkeit seiner Berufs-Atmosphäre herabgedrückt. Sein Vater aber war zuletzt Markgräflicher Revisionsrat der wilhelminischen[158] Zeit gewesen.

Diese zwar schmale, jedoch leuchtende Spur hatte das Gedächtnis der Familie bewahrt. Und so überschüttete man den Ahnherren[159] mit allem Glanz der Rokokoresidenz, den die große Markgräfin in ihrem Bayreuth hatte erstehen lassen.

Man ließ ihn auf eigener, vergoldeter Karosse durch staunende und jubelnde Straßen fahren. Und als man kurz

---

[157] Gemeint ist Karl Meiers Tante KATHARINA HORN, geb. SÖLL-HEIM, die auf dem Richtung Forkendorf gelegenen Reuthof wohnte.

[158] Dieser missverständliche Ausdruck meint hier die Herrschaft der WILHELMINE VON PREUßEN (1709-58), der Schwester Friedrichs des Großen, die seit ihrer Heirat 1731 mit dem Erbprinzen FRIEDRICH VON BRANDENBURG–BAYREUTH Markgräfin von Bayreuth war und hier seit 1732 residierte. Noch in ihrer Zeit erlebt JOHANN CONRAD SÖLLHEIM seinen Aufstieg bei Hofe.

[159] JOHANN KONRAD SÖLLHEIM (1724, getauft in Birk, + 29.8.1792 in Bayreuth).

GUTZKOVS Roman „Fritz Ellrodt"[160] gelesen hatte, wurde kühn der glanzvolle Aufstieg des Apothekergehilfen SCHRÖDER in den Lebenslauf des Urgroßvaters verwoben.

Vor allem hat die Fabulierkunst unsrer lieben LENA SÖLLHEIM-REIM so geschickt Dichtung und Wahrheit ineinandergeflochten, dass es selbst mir, der sich doch das Tatsächliche aus den familien- und ortsgeschichtlichen Quellen erarbeitet hatte, schwer wurde, Legende und Wirklichkeit zu scheiden.

Aus leicht erfühlbaren Gründen verzichte ich hier auf eine kritische Gegenüberstellung von Familiendichtung und Familiengeschichte.[161] Ich werde mich auf das unbe-

---

[160] KARL FERDINAND GUTZKOW (1811-78) war ein schlagkräftiger, aber auch vielfach angefeindeter deutscher Schriftsteller, Dramatiker und Journalist, einer der Stimmführer der Jungdeutschen Bewegung und bedeutender Vertreter des Frührealismus in Deutschland. Er hinterließ ein umfangreiches Werk an Büchern und Schauspielen, auch mit historischen Beschreibungen, darunter den „Fritz Ellrodt – Roman" in 3 Bänden seit 1872.

[161] Es zeigt sich aber beim Vergleich der Texte, dass die „Fabulierkunst unsrer lieben LENA SÖLLHEIM-REIM", welche KARL MEIER kritisch sieht, doch ein enormes Maß an Fakten beinhaltet, die ironischerweise meist durch das bestätigt werden, was auch MEIER recherchiert hat. Vielleicht hat ihm sein Gefühl der Rivalität bisweilen die Sicht verstellt, denn er wusste wohl, dass er der blutvollen Erzählkunst seiner Nichte nicht das Wasser reichen konnte. Manches schreibt er in verkürzter Form einfach bei ihr ab.

KARL MEIER kann aber eigenständig das beisteuern, was er durch seine Recherchen in den Kirchenbüchern oder sonstigen amtlichen Urkunden vorfindet.

So scheinen insbesondere die Zeit- und Ortsangaben bei ihm genauer. Auch bringt er viel mehr Namen der Familie und legt Verwandtschaftsbeziehungen offen, die bei LENA REIM nicht

dingt Notwendige beschränken und dafür in einer positiven Kritik das erzählen, was ich jederzeit durch Urkunden und zeitgenössisches Schrifttum erhärten kann.

Naturgemäß musste meine Arbeit erst dort einsetzen, wo unserer Familie die geschichtliche Grund-Belegung entglitten war, also beim Leben des markgräflichen Revisionsrats. Meine heimatsgeschichtlichen Studien halfen mir. Ich suchte für einen besonderen Zweck in den Matrikeln der Bayreuther Hofkirche und fand plötzlich den Geburtseintrag des 3. Juni **1746**. Er lautete: *„MARGARETE JOHANNA, Tochter des JOHANN KONRAD SÖHLHEIM, Skribent allhier ..."*

Damit war erwiesen, dass zur Zeit der großen Markgräfin tatsächlich ein SÖLLHEIM in Bayreuth lebte, der als Schreiber (Skribent) in den Registern der Hofkirche geführt worden war.

Die andere [abweichende] Schreibform des Familiennamens sollte wenig bedeuten, da mir ähnliche Kirchner- und Pfarrherrenwillkür bereits genügend bekannt war.

---

immer durchschaubar sind.

Eindrucksvoll auch, wie es MEIER dann gelingt, den Weg der Familie von Oberfranken nach Hessen zurückzuverfolgen, wobei man freilich konstatieren muss, dass er sich bei einzelnen wichtigen Ortsangaben über die Herkunft der Familie wohl verlesen hat.

So schafft er, was nur bei wenigen nichtadligen Familien möglich ist, nämlich den Stammbaum aus den familien- und ortsgeschichtlichen Quellen bis *vor* den Beginn des 30-jährigen Krieges zurückzuführen. Und er macht die Familienstruktur mitsamt den interessierenden Jahreszahlen durchschaubar. Er liefert sozusagen für Lena Reims erzählerische Ausformungen das sachliche Rückgrat. Das gibt seiner Arbeit einen besonderen Wert.

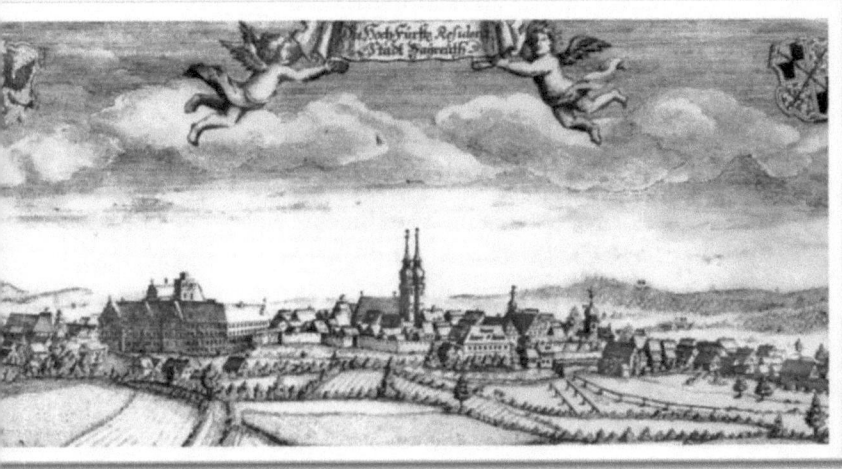

Diese Stadtansicht von Bayreuth dürfte von etwa 1753 stammen, ist also die Zeit von Johann Söllheims Kindheit. – Im Jahr zuvor hatte Markgraf FRIEDRICH III. durch nachlässigen Umgang mit Kerzenlicht das alte Renaissanceschloss, das seit 1603 als markgräflicher Herrschersitz diente und in der Vergangenheit von namhaften Künstlern und Bauleuten mehrfach ausgebaut worden war, in Brand gesetzt (der charakteristische Turmhelm der Schlosskirche fehlt seitdem). – In den folgenden Jahren bis 1758 wurde am heutigen Hofgarten das Neue Schloss erbaut, dass dann vor allem für Markgräfin WILHELMINE zur Herzensangelegenheit wurde. – In dieser Zeit erarbeitete sich JOHANN KONRAD SÖLLHEIM seinen Aufstieg bei Hofe. (Bildarchiv J.Taegert)

Ich habe dann auch im Fortgang meiner „Fahrt nach der alten Urkunde" alle nur irgendwie möglichen Schreibweisen des Namens gefunden, wie SÖLLHEIMB, SÖLLHEIM, SÖLHEIM, SÖHLHEIM, SELHEIM, SEELHEIM. Erst seit Vater KONRAD SÖLLHEIM ist die heutige Schreibform für unsere Familie verbindlich geworden.

Doch kehren wir zur Taufmatrikel des 3. Juni 1746 zurück. Die Geschichte fing also sehr bescheiden an. Denn ein kleiner Kanzleischreiber ist noch längst kein *„hochfürst-lich-brandenburgischer Kammer-Rechnungs-Revisionsrat".* Der Aufstieg musste, wenn irgendwie möglich, gefunden werden.

Allein, der erste Anlauf hierzu brachte eine große Enttäuschung. Denn die Durchsicht sämtlicher Hofmatrikeln ergab, dass der Name SÖLLHEIM nirgends mehr zu finden war.

So versuchte ich es dann mit den Foliobänden der Bayreuther Stadtkirche. Meine enge Freundschaft mit Dekan Dr. WOLFART hatte mir die zeitlich unbegrenzte Durchsicht erwirkt. In fiebernder Unruhe hob ich Eintrag um Eintrag und hatte bald alle für das Leben von JOHANN KONRAD SÖLLHEIMS wesentlichen Daten gefunden.

Es ergab sich vor allem völlig einwandfrei, dass jener Skribent der Hofmatrikel zwar langsam, aber unbeirrt wirklich zum Revisionsrat emporgestiegen war. Denn die zahlreichen Einträge der Taufregister vermerkten jeweils genau den Titel des Vaters und berichten den Nachkommen noch 200 Jahre hernach die Beförderung des Ahnherrn.

Der Eintrag von 1749 nennt ihn noch „Skribent", 1750 aber ist er bereits „Kammer-Rechnungsrevisor", 1752 außerdem noch „Kanzlei-Bauaufseher", 1755 „Par-force-Jagdsekretär".

Die einträgliche Bauaufsicht scheint man ihm einige Jahre lang genommen zu haben, bis er von 1768 an wieder als „Kanzlei-Bauaufseher" zeichnet. Und 1772 erscheint JOHANN KONRAD SÖLLHEIM erstmals in der Kirchnerstube als „hochfürstlich-brandenburgischer Kammer-Rechnungs-Revisionsrat". Dies bleibt er bis zu seinem Tode 1791.

Ein Hufschmiedesohn vom Land unter markgräflichen und preußischen Dienstherren

Dieser beharrliche Aufstieg des Ahnherrn ist umso beachtlicher, weil er in einem Zeitabschnitt geschah, der einen dreimaligen Regierungswechsel sah. Dies hat naturgemäß das Leben der Beamten tief erschüttert. Dem kunstsinnigen, großzügigen Markgrafen FRIEDRICH folgte 1763 die Günstlingswirtschaft des knauserigen Sonderlings FRIEDRICH CHRISTIAN, den 1769 der aufgeklärte ALEXANDER ablöste, dessen Vorliebe für Ansbach aber die Bayreuther Regierung zu einer Nebenstelle seiner Lieblingsstadt herabsinken ließ und mit einem Verkauf der Markgrafschaft an Preußen endete.[162]

Unser Geschlecht hat ja die Bitternis ähnlicher politischer Umbrüche nur zu eindringlich erlebt.[163] Der Ahnherr muss deshalb neben einer hervorragenden Berufseignung auch eine große geistige und charakterliche Elastizität besessen haben.

---

[162] In einem Geheimvertrag mit dem preußischen Staat trat der letzte Markgraf ALEXANDER am 16. Januar 1791 seine Fürstentümer für eine lebenslange jährliche Leibrente von 300.000 Gulden an Preußen ab. Nachdem seine Ehefrau im Februar 1791 gestorben war, verließ ALEXANDER am 19. Mai des gleichen Jahres Deutschland in Richtung Großbritannien. Am 30. Oktober 1791 heiratete er dort seine langjährige Geliebte, die Engländerin Lady ELIZABETH CRAVEN. Als Privatmann widmete er sich in England bis zu seinem Lebensabend der Pferdezucht.

[163] Hier will MEIER sicher auf die von ihm seit seiner Geburt im „Dreikaiserjahr" 1888 miterlebten Umbrüche anspielen: von der Monarchie zur Weimarer Republik, zum „Dritten Reich" und zur Bundesrepublik.

Dieses Sich-zurecht finden im Intrigenspiel jener Zeit wird zur außerordentlichen Leistung, wenn man erwägt, dass ihm seine Kinderstube hierfür nicht die geringste Wegweisung bieten konnte. Denn die Beurkundung seiner **ersten Ehe** vom 8. Februar 1745 verrät uns, dass JOH. CONRAD SÖLLHEIM der Sohn des damals bereits verstorbenen Hufschmieds JOHANN KONRAD SELLHEIM von Windischenlaibach gewesen war.

Wer hat nun dem armen Dorfjungen das Tor in die Residenz des Landes geöffnet?

Ich konnte feststellen, dass schon einige Jahre vor unserm Ahnherrn ein JOHANN GEORG SÖLLHEIM als Skribent in Bayreuth tätig war, der aber bereits 1750 an der Auszehrung verstarb.

Und weiterhin fand ich, dass damals Johann Konrads um vier Jahre ältere Schwester mit dem Bayreuther Bürger und „Altreis" (Trödler) JOHANN GURT verheiratet war. Wahrscheinlich hat bei ihr der verwaiste Bruder Unterschlupf gefunden, vielleicht einige Jahre vorher schon Bayreuther Schulen besucht und dann durch Fürsprache des Vetters seine Skribentenstelle erhalten. Denn an einen Aufstieg der Begabten ohne Protektion wagt man in jener Zeit nicht zu glauben.

Seine Beamtenlaufbahn dürfte er 1744 begonnen haben. Es ist das Verlobungsjahr der einzigen Tochter des Markgrafenpaares und damit der Beginn einer gründlichen Überholung des gesamten Stadtbildes als Vorbereitung der geplanten großen Bayreuther Hochzeit.[164] Die Arbeitsmeh-

---

[164] Diese Tochter von WILHELMINE und FRIEDRICH, ELISABETH FRIEDERIKE SOPHIE VON BRANDENBURG-BAYREUTH, ist 1732 gebo-

rung bewirkte die Einstellung neuer Hilfskräfte. Und Ur-Urgroßvater hatte soeben sein 20. Lebensjahr vollendet.

Seinen Geburtstag konnte ich allerdings nur nach der Altersangabe in der Sterbematrikel errechnen: 9. Januar 1724. Denn die Kirchenbücher von Birk, zu dessen Kirchspiel Windischenlaibach gehört, verzeichnen wohl ältere und auch jüngere Geschwister, nicht aber den Geburtstag des Ahnherrn. Vermutlich hatte sein Vater, der nur jeweils Jahr um Jahr die Gemeindeschmiede pachtete, vorübergehend eine andere Werkstatt gesucht, die ich jedoch nicht ermitteln konnte.

Eine schwache Wegspur führte nach Lindenhardt, wo sich Ur-Urgroßvater seine erste Frau, nämlich die Tochter des dortigen Baders und Wundarztes JOHANNA DOROTHEA HINTSCHIUS holte. Allein der Pfarrer von Lindenhardt hat seine Anfrage verneint.

Dreimal verheiratet und 18 Kinder

Die Hochzeit wurde aber nicht Lindenhardt, sondern in Bayreuth gefeiert, wahrscheinlich im Hause der Schwester. Der Ehe erwuchsen acht Kinder, von denen drei frühzeitig starben. Schon nach siebzehn Ehejahren entriss der Tod dem Ahnherrn „die Eheliebste", wie der Kirchner schrieb.

Trotzdem verehelichte er sich bereits ein knappes Vier-

---

ren und galt als eine der schönsten Prinzessinnen ihrer Zeit. KARL EUGEN VON WÜRTTEMBERG verliebte sich als 15-Jähriger bei einem Besuch in Bayreuth in die damals Elfjährige! Sie heirateten 1748 kurz nach ihrem 16. Geburtstag. Als bauliches Juwel Bayreuths gilt das anlässlich dieser Hochzeit eingeweihte Markgräfliche Opernhaus.

teljahr hernach „privatim" mit Frau THERESIA BULLROTHIN, die ihm zwei Söhne schenkte.

Und als 48-Jähriger wagte er nochmals eine dritte Ehe mit WILHELMINE BARBARA SCHÖPFIN von Wunsiedel, unsere hohe Ur-Urgroßmutter.

Diese Ehe wurde in Creussen geschlossen, um unerwünschtes Aufsehen zu vermeiden. Denn 14 Tage vor der Hochzeit war bereits unser Urgroßvater WILHELM eingetroffen. Doch hat die Hochzeit wohl trotzdem manchen Bayreuther Klatsch geweckt, da die erst fünfundzwanzigjährige Frau etwa die Hälfte der Jahre ihres Mannes zählte und mit der ältesten Tochter erster Ehe gleichaltrig gewesen ist.

Diese blühend junge Frau hat dann auch ihrem Mann nochmals sieben Kinder beschert und dadurch die Zahl auf 17 bzw. 14 erhöht. Dies bedeutete für den Haushalt eine außerordentliche Belastung und gefährdete von Anbeginn den Lebensweg der Kinder aus dritter Ehe, die nach menschlichem Ermessen der Ahnherr nicht mehr versorgen konnte.

Denn sein Gehalt war bis 1771 durchaus das eines mittleren Beamten. Es setzte sich aus 200 Gulden Grundsold und 98 Gulden 42 1/3 Kreuzer Naturalgeld zusammen. Um dies genau feststellen und belegen zu können, verschaffte ich mir die Besoldungsetats jener Zeit. So hatte ich mir auch zuvor, nach Prüfung und Ergänzung der Kirchenbucheinträge, jeweils die Adresskalender des markgräflichen Hofes befragt und hier zum Beispiel entdeckt, dass der Ahnherr 1756 dem Range nach der Letzte, seit 1759 schon der Achte, 1766 der Dritte und 1784 der Zweite seiner Abteilung gewesen war.

Er besaß also Jahre hindurch nur den *Titel* eines Revisionsrates. Und erst für 1784 fand ich in etwa eine nachträglich vollzogene Korrektur, die das Grundgehalt von 200 auf 270 Gulden und damit den Gesamtsold auf 368 Gulden erhöhte. Diese Summe entsprach annähernd der Entlohnung eines Regierungsrates, für den die Etats jeweils 397 Gulden vorsahen.

Es ist sehr wohl möglich, dass der Ahnherr als Bauaufseher noch so manche Nebeneinnahmen bezog, die natürlich urkundlich nicht zu fassen sind. Auch der Außendienst, der mit seiner Doppelfunktion verknüpft war, dürfte die Lebensführung der Familie erleichtert haben.

So wäre es schon denkbar, dass sich der Ahnherr vom Jahre seiner Gehaltserhöhung ab eine eigene **Equipage**[165] und, zwangsläufig damit verbunden, auch einen eigenen Kutscher hielt.

Und es wäre gleichfalls im Bereich des Möglichen, dass ihn seine Bauaufsicht manchmal zu dem großen Zimmerplatz im „Mausgraben", den man fortan nach seinem werkbestimmten Aussehen „Spänfleck" nannte, geführt hat. Es ist dann auch die Ahnherrn-Kutsche durch Gesees gerollt.

---

[165] LENA REIM erzählt, dass JOHANN SÖLLHEIM täglich in seiner „Equipage" ins Markgrafenschloss fuhr. Dieser französische Ausdruck bezeichnet die gesamte, mit einer Kutsche verbundene Ausstattung, zeigt also auch den Status des Kutschierten an.

Die Tatsache eines solchen Luxus wird von KARL MEIER also nicht bestritten, obwohl der Weg von der Wohnung in Moritzhöfen zum Schloss kaum 1 km betrug! Für die Dienstgeschäfte im Bayreuther Land hat man ihm sicher eine gesonderte Dienstkutsche gestellt.

Statussymbol der Bessergestellten: Zeichnung einer typischen
Equipage von Rudolf v. Alt. (Bildarchiv J. Taegert)

Dafür haben ihm denn seine Urenkelinnen das Gefährt
noch nachträglich vergoldet.

Ich schied vorhin sein Gehalt nach den Angaben des
Etats im Grund- und Naturalsold. Es mag immerhin die
Nachkommen interessieren, was der Ahnherr damals an
Naturalien bekommen hat. Es wurden ihm da 1784 gewährt: 1 Ztr. 8 Maß Weizen, 4 Ztr. Korn, ½ Zt. Karpfen, 4 ½
Eimer Bier und für 16 Gulden 12 1/3 Kreuzer Wein. Da dies
alles mit rund 98 Gulden angeschlagen wurde, kann man
sich einigermaßen die Kaufkraft des Guldens jener Tage errechnen.

Wenn nun Urgroßvater WILHELM seinen Vater einen
„Lebemann" nannte, eine Kennzeichnung, die LENA ohne
Kenntnis der wirklichen Verhältnisse, übernahm[166], so

---

[166] LENA REIM, geb. SÖLLHEIM, in ihrer Erzählung aufgrund der
Erinnerungen des Großvaters. – Nimmt man zu dem auch von
MEIER bestätigten Luxus noch die Tatsache der dritten Ehe mit

muss ich dieses Urteil als viel zu hart ablehnen. Wohl lag die Unruhe unserer Sippe im Blut, und verschiedene Angaben der Kirchenbücher verraten auch stark erotische Wallungen. Allein dies bestätigt noch lange nicht die Schärfe der Beurteilung durch den Sohn, der ja beim Tod des Vaters noch ein unreifer junger Mensch gewesen war.[167]

Urgroßvater WILHELM hat wohl die eigene Armut damit zu erklären und zu entschuldigen versucht. In seiner Deutung hat dann auch die folgende Generation manche eigenen Kümmernisse mit dem Glanz entschwundener Tage überstrahlt. Ich selbst erkläre mir ebenfalls die persönliche Liebe zum Wilhelmine-Bayreuth des Ahnherrn als vorgeburtlich bestimmten Weg des Herzens.

Wohl aber mögen die Pflichten der Repräsentation, wie sie gerade die engräumige Residenz von den Beamten des Hofes forderte, einen hohen Prozentsatz des Gehalts verzehrt haben. Man denke an die Vielzahl festliche Anlässe, die das Bayreuth der großen Markgräfin schuf, und erwäge die dadurch notwendigen Ausgaben für die von der Etikette und dem Zeremoniell vorgeschriebenen teuren

---

einer halb so alten Frau mitsamt dem vorehelich geborenen Sohn dazu, kann man den Ausdruck „Lebemann", den LENA REIM für diesen Vorfahren verwendet, durchaus verstehen, auch wenn KARL MEIER ihr hier vehement zu widersprechen versucht.

[167] WILHELM war damals immerhin schon 19 Jahre alt und Student, wohl mit Auslandserfahrung – wer möchte sich da in seinem Urteil als „unreifer junger Mensch" abqualifizieren lassen? Immerhin war durch den luxuriösen Lebensstil des Vaters kein Geld mehr da, sodass der Sohn sein Studium abbrechen musste und auch die Witwe in Armut geriet; es waren ja noch sechs weitere Kinder zu versorgen.

Seiden- und Atlasgewänder.

Da galt es, sich schon 1747 für die Eröffnungsfeier des Opernhauses standesgemäß zu „equipieren". Das folgende Jahr brachte die große Bayreuther Hochzeit, 1754 den Besuch des großen Königs[168], 1748 die Trauerfeiern für Markgräfin WILHELMINE, 1763 den Tod des Markgrafen und die Begrüßungsfeste für den neuen Herrn. Es war auch das Jahr des Hubertusburger Friedens, der den Siebenjährigen Krieg und damit so manches kriegerische Zwischenspiel für die Residenz beendete.

Als Bauaufseher erregte den Ahnherrn mehr als andere der Brand des alten [1753] und der Bau des neuen Schlosses [bis 1758], die Anlage der Eremitage [angelegt 1715, Erweiterungen 1743-53] und des Hofgartens, von Sanspareil [1744-48] und Schloss Fantaisie [1758-1756]. So gab eine Fülle glanzvollen Geschehens dem Leben des Ahnherrn Inhalt und Profil. Und so ist es ein seltsames Ineinanderklingen von Einzel- und Gesamtschicksal, wenn man erkennt, dass die letzten Lebensjahre des Ahnherrn auch die Jahre des sterbenden Rokoko gewesen sind. Er hörte noch in der Erwartung des nahen Todes den Sturmschritt der franzö-

---

[168] Im Jahr 1750 hatte das Bayreuther Markgrafenpaar bei König FRIEDRICH DEM GROßEN in Berlin einen Besuch abgestattet und war dort bei glanzvollen Festen solchen berühmten Zeitgenossen wie VOLTAIRE, MAUPERTUIS oder LA METRIE begegnet. – Im Juni 1754 machte dann dieser König, Wilhelmines Bruder, in Bayreuth seinen Gegenbesuch; es war das letzte Mal, dass sich dieses tragikumwitterte Geschwisterpaar traf. Aus diesem Anlass dichtete WILHELMINE damals ihr dramatisches Bühnenwerk „L'Huomo", das dann von ANDREA BERNASCONI in italienischer Sprache vertont wurde. Die Uraufführung dieses Werkes verschlang Unsummen.

sischen Revolution, damit den Untergang seiner Welt und den Anbruch einer neuen Zeit.

Ein tragischer Tod, der sich der Familienerinnerung tief eingegraben hat

Was unsere LENA und damit wohl die gesamte Familie von seinem Tode erzählte[169], ist romanhaft verbogen, wenn nicht völlig verzerrt. Es gab 1791 keine Markgräfin in Bayreuth, zu deren Geburtstagsfeier unser Ahnherr hätte eingeladen werden können, um sich hier die Ursache des Todes zu holen.[170] Und man hat ihn am Mittwoch, dem

---

[169] JOHANN SÖLLHEIM soll bei einem Geburtstagsfest der Markgräfin an einer brennenden Zigarre erstickt sein. Dieser groteske Vorfall kann wohl kaum erfunden sein.

[170] Hier irrt KARL MEIER. „Markgräfin" war zu Anfang 1791 immer noch FRIEDERIKE CAROLINE VON SACHSEN-COBURG-SAALFELD. Sie war die ungeliebte Ehefrau des letzten Markgrafen ALEXANDER und von ihm nach Schloss Schwaningen in Unterschwaningen bei Gunzenhausen abgeschoben worden, damit er sich ungestört seiner Geliebten ELISABETH CRAVEN, die seit 1787 am Hof ins Ansbach lebte, widmen konnte. – Diese FRIEDERIKE starb dann allerdings bereits am 18. Februar 1791, sie kommt also als Gastgeberin im August 1791 nicht mehr infrage. Und bereits im Mai 1791 verließ dann auch der abgedankte Markgraf ALEXANDER Bayreuth, nachdem er sein Fürstentum gegen eine stattliche Leibrente an Preußen veräußert hatte, und zog mit Lady CRAVEN nach England, um sie zu heiraten und seinen Ruhestand als Pferdezüchter zu genießen. – Dennoch muss dieses Ende des Markgrafentums nicht notwendig bedeuten, dass in Bayreuth keine Feste mehr gefeiert wurden. Vielmehr hatte der preußische König dem Herzog FRIEDRICH EUGEN VON WÜRTTEMBERG, der 1791 wegen der revolutionären Schreckensherrschaft nach der französischen Revolution aus Angst um seinen Kopf sein ganz von Frankreich umschlossenes

31. August 1791, nicht mit „großem Gepränge", sondern in aller Stille begraben, wie die Sterbematrikel ausdrücklich bekundet.

Es standen also vor dem offenen Grabe im alten Gottesacker von Bayreuth nur der vertrauteste Personenkreis des Heimgegangenen: Neben Frau und Kindern wohl noch die Freunde, deren Stand und Namen die Gevatter-Notizen der Taufmatrikel verraten.

Und wiederum diese allernächsten Freunde der Familie erfahren wir, wenn wir die Namen der rasch gerufenen Paten-Stellvertreter lesen, die einsprangen, wenn die auswärts Wohnenden nicht rechtzeitig eintreffen wollten oder konnten. Da hören wir von der Frau MARGARETHA ULSCHIN, des Hofbaumeisters Ehefrau, von LUKAS RUGE, einem der „edlen Buchdruckereikunst Beflissenen", vom bejahrten Lindenhardter Dorfchirurgen HINTSCHIUS[171], aber

---

Ländchen Mömpelgard verlassen hatte, das Amt des Gouverneurs von Brandenburg-Bayreuth verliehen und ihm die alte Residenz in Bayreuth als Wohnsitz zugewiesen. Für das folgende Jahr beschloss zudem seine Ehefrau, FRIEDERIKE DOROTHEA SOPHIE VON BRANDENBURG-SCHWEDT, die Großcousine der letzten Markgräfin, den Kauf von Schloss Fantaisie in Donndorf als Privatbesitz, mit großen Ideen zum Umgestalten des dortigen Schlossparks im englischen Stil.

Es gab also auch für JOHANN SÖLLHEIM weiterhin genug zum Planen und wohl auch zum Feiern. So ist es auch nicht nötig, das bei LENA REIM geschilderte Unglück als „romanhaft verbogen, wenn nicht völlig verzerrt" zu bezeichnen; es spricht vielmehr manches dafür, dass der tödliche Unfall sich bei einem Fest zu Ehren dieses Fürstenpaares tatsächlich ereignete, wenn auch wohl nicht aus Anlass eines Geburtstages.

[171] Der Vater der verstorbenen ersten Ehefrau und Schwie-

auch von Wildmeistern, Archivaren, Amtsverwaltern und Hofräten. So können wir uns sehr wohl den Freundes- und Gesellschaftskreis des Ahnherrn vorstellen und manchen Rückschluss auf seine Wesensart wagen.

Wenn man auch überspannten Deutungsversuchen mancher Grafologen mit einer hier notwendigen Skepsis begegnet, bieten immer auch die Schriftzüge des Ahnherrn einen Schlüssel zur Erkenntnis seiner seelischen Haltung. Ich entdeckte seine Handschrift beim nochmaligen Überprüfen der Taufmatrikel. Es ergab sich, dass vielfach Name und Titel des Vaters gleichbleibend in einer schönen, schwungvoll-zügigen Form geschrieben waren, während die Fortführung stets die mir bekannte ungelenke Feder des Kirchners gekritzelt hatte. Und ich habe dann die Ahnherrnschrift in der Folgezeit sogleich in den sorgfältig geführten Kammer-Rechnungen der hochfürstlichen Rentei wiedererkannt.

Als nun der Ahnherr am 29. Aug. 1791 verschieden und am 31. August bestattet worden war, schuf sein Tod für die zahlreiche Familie, vor allem für die Witwe und die noch sieben minderjährigen[172] Kinder der dritten Ehe, eine wirtschaftlich bedrohliche Lage. Nach der Familienüberlieferung hat man sofort Pferde und Equipage, auch wertvollen Hausrat veräußert.

Nur die goldene Uhr des Heimgegangenen hat Ur-Urgroßmutter für ihren Ältesten [WILHELM] gesichert, der sie auch bis zu seinem Tod als Zeuge einer besseren Vergan-

---

gervater von JOHANN KONRAD SÖLLHEIM.

[172] Von diesen Kindern aus der dritten Ehe war WILHELM mit immerhin schon 19 Jahre der Älteste.

genheit behütet und voll Stolz den staunenden Geseesern gezeigt hat.

Urgroßvater WILHELM sei beim Tod des Vaters zu Sprachstudien, nach anderer Lesung als Student der Medizin in Lausanne gewesen. Jedenfalls musste der Neunzehnjährige sein Studium abbrechen und nunmehr für sich selbst sorgen. Denn die im Todesjahr des Vaters vollzogene Abtretung Bayreuths an Preußen brachte den Witwen der früheren markgräflichen Beamten zunächst Jahre banger Ungewissheit.

Es ist zwar Urgroßmutter nicht elf Monate nach dem Ableben des Ernährers am „gebrochenen Herzen" gestorben, wie dies der Familienroman rührsam erzählte, sie hat vielmehr tapfer ihr Witwentum noch sieben Jahre getragen, ist aber am 5. Dezember 1798 „armutshalber in aller Stille" begraben worden – eine Beurkundung, deren weher Klang mich tief erschütterte.

Die Sterbematrikel nennt auch die Nummer des Hauses, darin sie wohnte und starb, nämlich Nr. 753. Als ich daraufhin das Bayreuther Hausnummernverzeichnis der Jahrhundertwende durchsah, besaß diese Nummer sowohl das Anwesen BAYERKÖHLER wie die Gärtnerei GEWINNER, die sich beide in Moritzhöfen[173] einander gegenüberliegen.

---

[173] Die Moritzhöfen grenzen südlich an die Bayreuther Altstadt an und bestanden im Jahr 1794 aus 21 Wohnhäusern und 18 weiteren Gebäuden entlang der Straßenachse gleichen Namens. Die Einwohner dieser Vorstadt waren „Mit-Bürger" Bayreuths und in deren Kirchensprengel „eingepfarrt". Das Gebiet ist seit dem Durchbruch des Hohenzollernringes leider stark verändert und so in seiner ursprünglichen Bebauung heute nur noch rudimentär erkennbar, sodass es auch nicht möglich ist, ein Bild davon zu zeigen.

2. Spuren der Vorfahren

Das weitere Schicksal von Johann Söllheims Nachkommen

Nach den Mitteilungen Großvaters WILHELM ist das letztgenannte sein Vaterhaus gewesen. Er hatte sich wenige Monate vor dem Tode der Mutter als angehender Bader in Gesees niedergelassen und sich hier mit der jungen Witwe ANNA BARBARA WEIß, einer geborenen BAYERKÖHLER, also einer Jugendkameradin, verheiratet.

Nun lag ja wohl die Moritzhöfen schon auf halbem Wege zu unserm Dorfe, doch hat mich die für unsere Familie entscheidende Wahl der Niederlassung als Frage beschäftigt. Ich glaubte, die Antwort darauf gefunden zu haben, als ich feststellen konnte, dass damals sein Vetter in Forkendorf die Schmiede besaß.

Als der Onkel gemeinsam mit seinem Sohn an der Auszehrung dahinsiechte, übernahm diese Forkendorfer Schmiede der jüngere Bruder unseres Urgroßvater WILHELM, der also zum Handwerk der Väter zurückgekehrt war. Auch er ging schon 1832 heim, und nun soll nach einer Mitteilung des MADER-PETER[174] sein Urgroßvater eine SÖLLHEIM geheiratet und damit Schmiede und Grundstücke in den Besitz seiner Familie gebracht haben.

Schon zwei Jahre nach dem Tode des Revisionsrats starb sein ältester Sohn JOHANN GERHARD, dem die Fürsprache seines Vaters zu einer Skribent-Stelle verholfen hatte. Vom Geschick der übrigen Kinder konnte ich nichts

---

[174] PETER MADER *1878, heute Anwesen BIRNER in Forkendorf.

Sicheres erfahren. Es kann wohl angenommen werden, dass die eine oder andere seiner sechs Töchter in Bayreuth oder seinem Umland einen Mann gefunden hat. Allein ein Forscher-Glücksfall könnte dies bestätigen.

Nach der Familiensaga sei ein älterer Sohn des Ahnherrn ins Elsass, ein anderer nach Prag gegangen. Aus Prag kam dann auch einmal eine Anfrage wegen eines Erbanspruches nach Gesees.[175] Nun doch konnte weder Pfarrer noch Familie den sippengeschichtlichen Zusammenhang erbringen. Ebenso soll Urgroßvater WILHELM zweimal von seinem Bruder zu einer Reise nach Prag ermuntert worden sein. Sein Erbverzicht hat die Familie nie völlig ruhig werden lassen. Ja, den Wunschtraum von der Prager Millionen-Erbschaft hütete selbst das Herz des blinden SÖLLHEIM in St. Johannis, wo ich gleichfalls, wie in Forkendorf, Atzendorf, Pettendorf und Gottsfeld eine Nebenlinie entdeckt hatte.

Durch meinen lieben Schwager Dr. ALBERT SÖLLNER war ich außerdem auf eine räumlich fernere Sippenspur verwiesen worden. Er kannte aus seiner Fachliteratur den Universitätsprofessor Dr. SELLHEIM in Halle. Von ihm erfuhr ich das Vorhandensein von Sellheimsippen im baltischen Raum.

Ein anderes Mal besuchte mich ein Justizoberinspektor

---

[175] Nach den Erzählungen der LENA REIM seien Ende der zwanziger Jahre des vorigen Jahrhunderts (also um 1829) „zwei schwarze Boten nach Gesees geritten" und hätten nach WILHELM SÖLLHEIM gefragt und zu ihm gesagt, sein Bruder wäre als ein reicher Mann, 70 Jahre alt und kinderlos, in Prag gestorben. WILHELM solle wegen der Regelung des Erbes nach Prag kommen. WILHELM habe aber abgesagt.

DEGEL aus Roth bei Nürnberg, dessen mütterliche Linie zum Bruder des Großvaters WILHELM zurückführt. Er hatte meine Skizze über die Großväter in den fränkischen Monatsheften gelesen. Und als die „Zeitschrift für deutsche Sippenkunde" auf meine Forschungen aufmerksam machte, bekam ich Anfragen mancher Art.[176]

Auf der Suche nach der Herkunft der Familie

Weit wesentlicher als das Schicksal all dieser Seitenlinien erschien mir die noch offene Frage nach der *Herkunft* der Familie. Sie stand ja am Beginn meiner Arbeit, hatte mich nie verlassen und drängte verstärkt zu einer Antwort.

Die Hochzeitsmatrikel zu des Ahnherrn erster Ehe wies zunächst nach Windischenlaibach bei Neustadt am Kulm. So fuhr ich eines Tages zu dem dafür zuständigen Pfarrsitz Birk. Es gelang mir auch die einwandfreie Feststellung, dass hier mit Unterbrechungen Schmiedemeister JOHANN KONRAD SELLHEIM längere Zeit lebte, Kinder taufen und begraben ließ.

Die Einträge nennen auch seine Frau, eine KATHARINA CORDULA SCHOBERTIN aus Hegnabrunn bei Neuenmarkt.

---

[176] KARL MEIER-GESEES teilte die rassentheoretischen Anschauungen der Nazis wohl trotz seiner Zugehörigkeit zur NSDAP nicht. So ist ihm möglicherweise auch nicht bewusst gewesen, dass seine Arbeiten für die rassistische Politik der Nazis missbraucht wurden. Diese hatten 1937 eine „Arbeitsgemeinschaft für Sippenforschung und Sippenpflege" mit eigener Zeitschrift gegründet, um die Kirchenbücher systematisch zu erschließen und zu erfassen. Die Daten dienten zur Ausmerzung derjenigen, die nicht zum „Volkskörper" gerechnet wurden.

Der Ahn hatte demnach auch einmal dort gearbeitet, sich auch in Hegnabrunn verheiratet, was wohl die Kirchenbücher bezeugen könnten. Er muss aber in Windischenlaibach wirtschaftlich schwer gerungen haben, wenn der Birker Pfarrer bei den Beerdigungen jeweils bekundet: *„Wegen Armut hat das Gotteshaus nichts genommen"*.

Vielleicht musste er die Werkstatt aufgeben oder hat sich freiwillig einen besseren Verdienst gesucht, die Birker Kirchenbücher wissen es nicht. Und die Heiratsurkunde des Sohnes vom 8. Februar 1745 setzt seinem Namen ein „weiland" voran.

Damit war mir zunächst die Väterspur entglitten. Ich erlebte den von Familienforschern gefürchteten „toten Punkt" der Forschung, der seelisch bedrücken kann, wenn man, wie ich, bei der Arbeit dem Ruf des Herzens folgte.

Die Spur führt über Creußen zu einem Schmied auf Wanderschaft aus Hessen

Da halfen mir aber abermals meine heimatsgeschichtlichen Arbeiten über die Hemmung hinweg. Ich las damals die „Crusiae historia" des von mir besonders geschätzten Magisters WILL[177] und hörte hier plötzlich von einem

---

[177] Magister JOHANNES WILL war 1682-1705 Pfarrer und Inspektor der Lateinschule in Creußen und Verfasser noch heute viel beachteter historischer Beschreibungen seiner näheren fränkischen Heimat. Er wurde 1645 als Sohn des Gastwirts WILL zu Neudorf bei Schauenstein geboren. Nach dem Schulunterricht in Schauenstein kam er als 14-Jähriger in die Lateinschule zu Heilsbronn, aber erst mit 20 Jahren zum Abschluss an das Gymnasium in Bayreuth. Im folgenden Jahr 1666 bezog er die Universität Jena zum Studium der Philosophie und Theologie. Nach seinem erfolgreichen

Brand einer Creussen Schmiedstatt. Dieses vernichtete Anwesen aber gehörte – dem Schmiedemeister HANSJÖRG
SÖLLHEIMB! Das war vermutlich der Vater des Wendi-
schenlaibachers.

So fuhr ich schon am folgenden Tag hinaus nach
Creussen und setzte hier die Suche nach den Ahnen fort.
Auf losen, vielfach kaum zu entziffernden Blättern tastete
ich mich vom Jahr 1700 zurück bis zum Jahr 1688, das mir
die folgende Taufmatrikel bescherte:

„Sonnabend, den 15. Juni 1688 wahrt das Dritt-Töch-

Examen 1669 besuchte er die lutherischen Hochburgen Leipzig,
Wittenberg und Erfurt und kehrte 1670 in die Heimat zurück, um
zunächst Privatunterricht zu erteilen. 1672 übernahm er die Pfarrstelle Mistelgau und lernte so auch den Hummelgau kennen. Er
war wohl der erste, der sich damals Gedanken machte um den
Spottnamen „Die Hummeln".

1682 wurde WILL Pfarrer in Creußen. Hier gab er 1691 die oben
genannten „Historia Crusiae", die erste Creußener Chronik, heraus. Sie ist in lateinischer Sprache geschrieben und enthält eine
Schilderung wichtiger Ereignisse seit dem 13. Jahrhundert.

Im folgenden Jahr 1692 erschien sein berühmt gewordenes
Büchlein *„Das Teutsche Paradeiß in dem vortrefflichen Fichtel-
berg".* Dieser handschriftlich von WILL gefertigte Bericht ist im Besitz des Historischen Vereins für Oberfranken in Bayreuth und
wurde in den Archiv-Bänden Nr. 15 und 16 in den Jahren 1881 bis
1885 veröffentlicht. WILL sieht das Fichtelgebirge als Mittelpunkt
Deutschlands, ja Europas, und setzt die hier entspringenden vier
Quellflüsse Main, Saale, Eger und Naab, die Landschaft und die
Orte der ganzen Markgrafschaft Zug um Zug in Analogie zum bib-
lischen Paradies.

Auch der Verfasser des „Geseeser Büchleins" JOH. AD. HÜBSCH
wusste die Arbeit von WILL sehr zu schätzen und zitiert ihn mehrfach. – Am 9. Dezember 1705 starb JOHANN WILL.

terlein des HANNES GEORG SÖLLHEIM, *Bürger, Meister und Hufschmied allhier, von seiner ehelichen Hausfrauen* CHRISTINE, *einer geborenen Fugmännin von Pegnitz, geboren und* MARGARETHA CHRISTINA *genannt."*

Ähnliche Einträge brachten die Jahre 1685, 1683, 1682 und 1681. Dann aber ließ mich der Vermerk des Jahres 1680 voll tiefer Bewegung aufhorchen. Denn da las ich:

„... HANNES GEORG SÖLLHEIMB aus Budingen bei Frankfurt, nun Bürger und Hufschmied allhier. Sohn: JOHANNES CUNRAD."

Es war nicht nur der Geburtseintrag für den Windischenlaibacher, sondern das Wegziel meiner Arbeit. Da weiterhin der Eintrag von 1678 dem Namen des Ahnherrn noch die Wendung anfügt: *„nun angehender Bürger allhier",* hatte sich ferner ergeben, dass HANS GÖRG SÖLL-HEIMB unmittelbar vorher, vielleicht 1677, nach Creussen gekommen war. So hatte sich mir plötzlich das geheimnisvolle Dunkel der Familienherkunft lichtvoll erschlossen. Es war also HANS GEORG SÖLLHEIMB aus Büdingen in Hessen auf der Wanderschaft gegangen, hatte sich in Pegnitz die Frau gefreit und war 1677 oder 1678 im Creussen sesshaft geworden.

Natürlich schrieb ich sogleich an das Pfarramt in Büdingen und erhielt von dort ein Familienstandszeugnis, für das mir der Dekan 26.000 DM abveranlagte.[178] Danach wohn-

---

[178] Aus dieser horrenden Summe lässt sich schließen, wann KARL MEIER diese Recherchen unternahm: Im Oktober 1921 wies die Deutsche Mark infolge der galoppierenden Inflation nur noch ein Hundertstel ihres Wertes vom August 1914 auf, im Oktober 1922 nur mehr ein Tausendstel, um dann in der Hyperinflation des folgenden Jahres 1923 bis in den Bereich Milliarden und Billionen

ten um 1650, also am Ende des großen 30-jährigen Krieges, in Büdingen zwei miteinander verwandte Familien SÖLL-HEIM, die beide aus dem nahen Lössberg[179] stammten, wo ihr Ahn GEORG SÖLLHEIM Schuhmacher gewesen war.

Die für uns bedeutsame Linie ist die des Schuhmachers PETER SÖLLHEIM. Er heiratete am 29. Oktober 1649 als „viduus", also als Witwer, eine Kriegswaise und erhielt als viertes Kind dieser Ehe am 30. Oktober 1653 den späteren Begründer aller fränkischen SÖLLHEIM-Linien.

Schwer zu lesende Kirchenbucheinträge führen zu falschen Ortsannahmen

Auf meinen Dienstfahrten durch Deutschland erfuhr ich, dass der Name SÖLLHEIM im hessischen ziemlich häufig vorkommen. Und von einer Arbeitstagung in Bad Nauheim suchte ich einmal auch das Büdingen der Väter, wanderte zutiefst beglückt durch das mittelalterliche Straßengewinkel hinaus zum Untertor, dem 1503 vollendeten Wahrzeichen der Stadt, am Lohsteg entlang, zurück zum hochragenden Rathaus, zum Lutherhof und zur herrlichen

---

zu explodieren. Diese politisch gewollte Geldentwertung sollte helfen, die immensen Reparationskosten des Ersten Weltkrieges zu tilgen. Da die pfarramtlichen Beurkundung ursprünglich kaum mehr als 2-5 Mark gekostet haben dürfte, wird diese interessante und horrende Rechnung wohl etwa im Dezember 1922 gestellt worden sein, kurz vor dem letzten steilen Höhepunkt der Inflation.

[179] Der Ortsname „Lössberg" ist nirgendwo nachweisbar. Es dürfte sich wohl um einen Fehler handeln, der MEIER beim Entziffern des Kirchenbucheintrages unterlaufen ist. Gemeint sein dürfte das 775 erstmals benannte Dorf **Lorbach** rd. 3,5 km südwestlich von Büdingen.

Erkerfront des steinernen Hauses.

Noch weit tiefer aber berührte mich im Spätherbst 1937 das Erlebnis in Marburg. Ich hatte hier das volkskulturelle Referat einer Reichstagung übernommen und wanderte vorher still einsam durch das Gefüge der Stadt. Ich wusste nicht, wie mir geschah: Wie ein Träumende schritt ich alte, längst vertraute Wege – so schien es mir. Ich konnte mir damals dieses unwirkliche seelische Zuhause in der doch noch fremden Stadt nicht deuten, obwohl mir, dem Sensiblen, ähnliche Begegnungen längst seelische Wirklichkeit geworden waren.

Ich musste erst ins Internierungslager Hammelburg kommen[180], um dafür eine völlig unerwartete Erklärung zu

---

[180] KARL MEIER-Gesees wurde nach dem II. Weltkrieg von den Amerikanern verhaftet, weil man ihn wegen seiner Mitarbeit bei den Nazis – er leitete die Gauhauptstelle Bayreuth der kulturpolitischen Abteilung der NSDAP und war Referent für Volkskultur – in den „automatischen Arrest" nahm.

Obwohl ihn die NSDAP seinerzeit nicht ins Gaupropagandaamt übernommen und ihm einen „Mangel an politischer Stoßkraft" bescheinigt hatten, musste MEIER doch eine bittere Bestrafung durch die Besatzungsmacht über sich ergehen lassen: Die Amerikaner internierten ihn fast zwei Jahre im gefürchteten Lager Hammelburg, zusammen mit anderen Funktionsträgern des Naziregimes.

MEIER machte aber dort aus der Not eine Tugend, er baute das Lagerkulturleben mit auf, hielt Vorträge zur Kulturpflege und sorgte so mit dafür, dass die Eingesperrten nicht geistig verwahrlosten. Beim anschließenden Spruchkammerverfahren kam er nach dieser langen Buße dann mit einer Einstufung als „Mitläufer" und mit einer bescheidenen Sühne von 20 RM davon. Allerdings blieb ihm als weiterer Teil dieser Strafe die Rückkehr ins Lehramt noch zwei Jahre lang, bis 1950, verwehrt, – Diesen Informationen

erhalten. Hier erzählte mir mein Freund, der Marburger Universitätsprofessor Dr. MEYER, dass es in unmittelbarer Nähe Marburgs ein Ober- und eine Niederselheim[181] gebe, die beide als alte deutsche Königsgüter anzusprechen wären.

So ruft denn der Familienname SÖLLHEIM die Herkunft seiner Sippe durch die Zeiten. Und doch haben selbst Träger seines Rufes auf die Frage der Herkunft keine Antwort gewusst. Mir aber erschien damit mein Auftrag, den ich mir selbst für die Familie meiner mütterlichen Blutlinie gegeben, als erfüllt.

Auf den Spuren des „alten Helm"[182]

Aus persönlichen Erfahrungen und der familiengeschichtlichen Literatur war mir bekannt, dass vielfach das Gedächtnis der Familie schon bei den Großeltern erlischt.

---

liegt die Einsichtnahme in die Prozessakten Meiers durch JÜRGEN TAEGERT zugrunde.

[181] Auch diese beiden Ortsnamen sind in dieser Schreibung nicht nachweisbar und wohl von KARL MEIER auch nicht vor Ort überprüft worden. Gemeint gewesen sein dürfte tatsächlich **Groß-** bzw. **Kleinseelheim** 10 km östlich von Marburg „im Herzen Hessens".

Die Erwähnung dieser Orte als „Seleheim" findet sich in einer Schenkungsurkunde des ARGOZ im Jahr 779 an das Kloster Fulda. Später werden die Vogtei und das Gericht Großseelheim erwähnt. König HEINRICH I. „der Vogler" hielt hier 921 einen Hoftag. Von 1235-1776 war die Vogtei an den Deutschen Orden verkauft und fiel dann an den Landgrafen von Hessen. Die Geschichte der protestantischen Pfarrei lässt sich bis ins 16. Jahrhundert zurückverfolgen.

[182] ERNST WILHELM SÖLLHEIM (*1772 +1851), Wundarzt in Gesees, „Der alte Helm".

Deshalb wollte ich durch die Tat beweisen, dass es den Ur-enkeln bei gutem Willen möglich wäre, das Bild der Ur-Großeltern noch dem Vergessen sein zu entreißen. Und so schrieb ich 1937 für eine familiengeschichtliche Nummer meiner Heimatszeitschrift „Bayreuther Land" die Skizze „Meine Ur-Großväter". Darin habe ich die persönliche Eigenart der vier Gestalten gegenübergestellt und sie dennoch wieder als Zeitgenossen aufeinander bezogen.

Natürlich gebot der allgemeine Rahmen eine gewisse Zurückhaltung bei allzu persönlichen Dingen. Wohl schrieb ich nichts, was der Wahrheit widersprach, verschwieg jedoch manches, was mir für die Öffentlichkeit ungeeignet schien. Diese Rücksicht erforderte vor allem die Kennzeichnung meines Großvaters ERNST WILHELM SÖLL-HEIM.

Ihn, den Sonderling im Gefüge des Dorfes, hat die Mitwelt oftmals verhänselt und verlacht. Ich wollte nicht, dass dies die Nachwelt fortsetze. Wohl wäre er eine Gestalt für eine novellistisch humorige Plauderei, allein dies könnte nur ohne Nennung seines wirklichen Namens geschehen.

Jedenfalls hatte sich die Originalität seiner Art wie seiner Lebensführung dem Gedächtnis des Dorfes eingeschrieben. Denn mein Vater[183], der doch beim Tode von Urgroßvater SÖLLHEIM erst vier Jahre alt war, besaß noch sein Bild in selten klare Frische. Man muss demnach in Vaters Jugendjahren oftmals vom „alten Helm" gesprochen haben, wie das Dorf Urgroßvater WILHELM in der Abkürzung seines Namens kurzweg und doch ein wenig

---

[183] PHILIPP FRIEDRICH MEIER, „Steffers-Philp", Schreinermeister und Postagent in Gesees, geb. um 1830.

respektlos im Unterton genannt hatte. Jedenfalls gab es von ihm manches zu berichten, was der Vätergeneration als „ungeseeserisch" und deshalb seltsam erschien.

Schon durch seine Herkunft hob sich WILHELM aus dem dörflichen Rahmen. Er war nicht nur ein „Reingeschmeckter" wie die EBY, LOTTES, NEUKAM und DORNHÖFER, er war trotz allem der Sohn eines markgräflichen Rates, dessen Wille vielleicht manchmal auch über das Geschick des Dorfes bestimmt hatte. Und Urgroßvater hat anscheinend gerne in die vorhandene Dürftigkeit seiner Gegenwart die Sterne väterlicher Vergangenheit leuchten lassen. Anreiz dafür bot schon die vom Vater ererbte goldene Uhr, die er – wer möchte es ihm verargen – in feierlichem Stolz vorzeigte. Sodann kleidete er sich auch nicht in der Tracht des Dorfes, sondern hatte im Besonderen für die Sonntage noch ein Festgewand des Vaterhauses gerettet.

Nicht minder gerne flocht Urgroßvater in seiner Unterhaltung mit dem Geseesern lateinische und französische Wendungen, um Bildung und Abstand gebührend zu betonen. Wäre er ein Mann der Gulden und Taler gewesen, hätten sich dies die Geseeser staunend gefallen lassen. In Wirklichkeit aber war doch dieser „angehender Bader" der Hochzeitsproklamation des Jahres 1798 von ihnen abhängig und zählte wie alle Gewerbetreibenden zu den „kleinen Leuten", die man „mit ernähren" musste.

Von ihm wollten sie keine Beweise einer überlegenen Bildung. Sie verlangten von ihm sehr alltägliche Dinge, wie Haarschneiden, Rasieren, Blutegel setzen, Zahnreißen, Aderlass, dazwischen auch Einrenken eines Knochenbruches. Was ging es sie an, wenn er nach dem Tode des Vaters seine Studien unterbrechen musste, Bücher las, Geige spielte und doch keinen ordentlichen „Dreher" oder „Schleifer" spielen konnte.

Und dann war da auch in seiner Lebensführung so manches, was ihr Unbehagen, wenn nicht Missfallen weckte. Hatte er doch einen Raum seiner Herbergerwohnung als Vogelstube eingerichtet, Bäumchen und Sträucher darin stehen, in denen gefangene Vögel tatsächlich nisteten und brüteten. Ja, er besaß auch einen Papagei, mit dem er sich bisweilen unterhielt. Und als seine geliebte Nachtigall entwich, rief er: „Herr Gott, steh mir bei, dass ich das überlebe!"

Konnte man es da dem BECKENWIRT[184] verdenken, wenn er ihm kündigte? Auch der ANGERSCHNEIDER behielt ihn nicht lange, bis er schließlich im alten windschiefen Krämershäusle landete. Solange seine erste und zweite Frau lebten, mochte es noch gehen. Als jedoch beide rasch nacheinander wegstarben[185] und er dann ohne fraulichen Beistand mit seinen kleinen Kindern zusammen hauste, strichen Argwohn und Hänseleien um die „Einschicht" seines Heims.

Da kamen die Jahre der französischen Besatzung[186] und

---

[184] Gaststätte HOFFMANN am Abzweig der Hauptstraße nach Pittersdorf, auf dem alten Ortsplan die Hausnummer 14.

[185] Seine erste Frau, die Jugendkameradin aus Moritzhöfen und junge Witwe ANNA WEIß, geb. BAYERKÖHLER, starb nach kaum 6-jähriger Ehe vor 1805. Seine zweite Gattin ANNA KATHARINA BOCK aus Oberpreuschwitz starb 1816 nach 11-jähriger Ehe an „Auszehrung".

[186] Zur zeitlichen Einordung:

Am 16. Jan. 1791 endete die Bayreuther Markgrafenzeit mit dem Geheimvertrag des letzten regierenden Markgraf ALEXANDER

hoben plötzlich Urgroßvater über die Kleine-Leute-Atmo-
sphäre hoch empor. Denn nun brauchte man einen Dolmetscher, der Napoleons Befehle in „Hummel-Deutsch"
und Geseeser „Hummelisch" in französische Sprach-Ele-
ganz umwandeln konnte. Da war denn Urgroßvater, der
französisch wie seine Muttersprache beherrschte, nunmehr der viel begehrte und auch viel bestaunte Mann.

Und diese Wertschätzung gewann dramatische Höhe,
als Urgroßvater WEIGEL einen französischen Offizier niedergeschlagen hatte und das gesamte Dorf dafür büßen
sollte. Wer hätte da begütigend und vermitteln können,
wenn das Dorf nicht einen ERNST WILHELM SÖLLHEIM besessen hätte? [187]

---

mit Preußen. Danach kam es wiederholt zu Besetzungen durch die
Franzosen. 1796 erlitten die Franzosen in den ersten Koalitions-
kriegen unter Obergeneral JOURDAN bei Amberg eine Niederlage
und zogen sich mit einer Spur des Schreckens durch die fränkische
Schweiz zurück. Die Verwüstungen dürften damals auch Bayreuth
und Gesees berührt haben, ohne dass dies in der örtlichen Heimat-
geschichtsschreibung greifbar wird. – In den napoleonischen Kriegen besetzten Französische Truppen ab Herbst 1806 das Fürstentum Bayreuth. Von den schlimmen Auswirkungen erzählen LENA
REIM und andeutungsweise auch KARL MEIER. – Nach der preußischen Niederlage kam Bayreuth im Frieden von Tilsit 1807 unter
französische Militärverwaltung, war aber für Napoleon lediglich „pays reservé", also Verhandlungsmasse. Die junge, 1806 konstituierte bayerische Monarchie erwarb das einstige Fürstentum
Bayreuth im Jahr 1810 für die von Napoleon geforderten 15 Mio.
Francs und nahm es am 30. Juni 1810 in Besitz. – Wohl seit dem
Jahr 1797 (nach Meier 1798) dürfte WILHELM SÖLLHEIM in Gesees
ansässig gewesen sein.

[187] Diese Begebenheiten werden bei Wilhelms Enkelin LENA
verh. REIM im gleichen Sinn sehr viel ausführlicher und lebendiger

Der Feind hatte rasch das sprachliche Geschick Urgroßvaters erkannt. Man verpflichtete ihn als Dolmetscher und nahm ihn beim Abmarsch mit. Allein Urgroßvater wollte trotz allem wieder zurück in sein Gesees. So entwich er bei Rabenstein, wo er sich bis zum Durchzug der Truppen in einer Höhle verbarg und nachts den Heimweg suchte.

So hatte er sich ein zweites Mal für Gesees entschieden. Bei seiner Niederlassung im Jahr 1798 hatte ihn ja wohl die Nähe der Verwandten für Gesees gewonnen. Denn im nahen Forkendorf besaß der Onkel eine Schmiede, welche nach seinem Tode Großvaters jüngerer Bruder übernahm.

Nach dem französischen Zwischenspiel ist es um meinen Urgroßvater wieder still und einsam geworden. Immerhin war ihm die Freundschaft des einflussreichen WEIGELSGRUß[188] geblieben. Sie wirkte sich für ihn und seine Kinder auch wirtschaftlich günstig aus. Und als dann sein KONRAD heranwuchs und als Wundarzt eine Praxis aufbaute, wie er

---

erzählt. Ihr Text bildet die Vorlage für Karl Meiers vereinfachte Nacherzählung. Sie beruft sich dabei auf Wilhelms Sohn KONRAD, den sie noch bis zu ihrem 13. Lebensjahr erlebte.

[188] „Weigelsgruß" war der Hausname am Weigelshof, der vorn am Geseeser Anger liegt, am Eck zur Hauptstraße. Zur Zeit von WILHELM SÖLLHEIM war der kantige und eigenwillige WEIGELSBAUER JOHANN Geseeser Bürgermeister. Eine Tochter heiratete den „Stefferslorz" LORENZ MEIER, und deren um 1847 geborener Sohn „Steffersphilp" PHILIPP FRIEDRICH MEIER ehelichte die Tochter BARBARA des Geseeser Landarztes KONRAD SÖLLHEIM; sie sind die Eltern von KARL MEIER-GESEES. – Hinwiederum heiratete eine andere Enkelin des WEIGELSBAUERN, MARGARETE WEIGEL, den Sohn MICHAEL des Landarztes. Dies sind die Eltern der anderen Verfasserin des „Söllheim-Romans" MAGDALENA SÖLLHEIM, verh. REIM.

es nie zu hoffen gewagt, verzichtete er auf selbstständige Erfüllung, zog zum Sohn und half ihm, wenn der ihn benötigte.

Als deshalb am 18. Februar 1851 der Geseeser Pfarrer seinen [Wilhelm Söllheims] Heimgang im Kirchenbuch vermerkte, nannte er ihn einen in „resignierten Bader". Wenn auch diese Kennzeichnung lediglich feststellen sollte, dass der Entschlafene schon vor seinem Tod auf seinen Beruf „resignierte", also verzichtete, so hat sie damit ungewollt eine weit tiefere Bedeutung erschlossen. Denn Resignation bedeutet auch Fügung und Ergebung in das Schicksal. Dies aber ist wohl die Grundhaltung des seelisch vereinsamten Dorfchirurgen ERNST WILHELM SÖLLHEIM, unseres lieben Urgroßvaters, gewesen.

3. Der Landarzt Konrad Söllheim[189]

Informationen aus den Erzählungen der Verwandten

Die Großeltern SÖLLHEIM stehen meinem Herzen näher als [die Großeltern MEIER] „Herrla" und

---

[189] KONRAD SÖLLHEIM (1812 – 1888), Geseeser Landarzt, verh. mit MARGARETE, geb. EBY. – Vieles im Folgenden Erzählte findet sich auch ausführlicher bei LENA REIM. Man darf davon ausgehen, dass ihre Aufzeichnungen unausgesprochen von KARL MEIER-GESEES als Quelle verwendet wurden. MEIER bemüht sich aber um Ergänzungen und die Beibringung von urkundlichen Daten und Zahlen, was, insbesondere bei den Angaben zu den Wohnungen von KONRAD SÖLLHEIM, zu Abweichungen führt. Hier hat LENA REIM wohl ein zu einfaches Bild.

„Fraala"[190]. Wohl ist Vaters Mutter[191] noch eine Gestalt meiner frühen Kindheit gewesen, und ihr Bild hat sich dem Dreijährigen für sein Leben eingeprägt. Allein Herrla[192] war schon sieben Jahre vor meinem Kommen verschieden. So drang die Kunde von ihm wie eine ferne Sage zu mir.

Überdies lag der Reuthof am entgegengesetzten Ende des Dorfes, zu dem man nur bei besonderen Anlässen hinüberging[193]. Dagegen stand das großelterliche Söllheim-Haus *(unten)* im allerengsten nachbarlichen Bereich. Stets hatte ich eine Latte im Zaun gelöst, durch die ich hinüber und herüber schlüpfen konnte, wenn mein Herz es wollte.

Zwar habe ich da Großvater SÖLLHEIM nicht mehr angetroffen, da er am letzten Tage meines Geburtsjahres, am 31. Dezember 1888, heimgegangen war, als eben die Geseeser Glocken zur Silvesterandacht riefen. Allein sein Name klang immer wieder durch meine Kindheit.

Mutter[194] erzählte gern von ihrem Vater. Der schöne Lindenbaum zwischen unseren Häusern, die Reineclaude vor dem Fenster, das Aprikosenspalier an der Hauswand drüben, die Süßholzanlage in der Gartenecke: Alles hatte

---

[190] Die Ausdrücke „Herrla" und „Fraala" wurden in Gesees gern zur Bezeichnung der von Großeltern verwendet.

[191] Eine geborene WEIGEL, Tochter des Geseeser Bauern HANS WEIGEL „Weigelsgruß".

[192] LORENZ MEIER, der „Stefferslorz" (+ 1881).

[193] Der Reuthof Nr. 27 in der westlichen Geseeser Flur ist zu unterscheiden von der „Röth" im Norden von Gesees auf der Forkendorfer Flur, welche dann KATHARINA HORN gehörte (vergl. S. 158 u.ö. und die Karte auf S. 275). Die 700 m Fußweg zum Reuthof mögen einem Kind als viel erschienen sein.

[194] BARBARA, geb. SÖLLHEIM.

*Umgeben von viel Grün: Das Söllheimhaus auf einer
Aufnahme von 1929. (Bildarchiv J.Taegert)*

seine liebe Hand begründet. Und diese Hand hatte auch
noch manchmal meine Wiege geführt, wie Mutter verriet.
Dies alles baute eine Brücke, deren Bogen weder Zeit noch
Menschen brechen konnten.

Wohl erfuhr ich ziemlich früh, dass Großvater in seinen
letzten Lebensjahren geistig verstört war. Aber es tat mir
weh, wenn von den Großen über seine Kindheit gesprochen und hernach schnell gelacht wurde. Niemand hat
wohl so häufig wie ich sein Grab besucht und so bitter dessen Öffnung beklagt.

So versuchte ich auch schon in jungen Jahren, Einzelheiten seines Lebens zu erkunden. Am ruhigsten und sach-
lichtesten, dabei voll herzlicher Wärme, hat mein Vater[195]
über Großvater SÖLLHEIM gesprochen, während in den
Worten der Schwester Geringschätzung schwang, die

---

[195] PHILIPP FRIEDRICH MEIER (* um 1847), „Steffers-Philp",
Schreinermeister, Postagent in Gesees.

Schilderung von LENE[196] umgekehrt verschleierte und verbarg, indessen AUGUST HORN[197] gleichfalls nach seiner Wesensart voll heiterer Ironie berichtete. Nach kritischem Abwägen des Vernommenen und einfühlenden Ineinanderfügen von mir als wahr Erkanntem ergibt sich folgendes Bild:

Großvaters Taufmatrikel nennt als Geburtstag den 15. Juli 1812 und als Geburtshaus Nr. 31 in Gesees. Das Haus auf dem Anger gehörte damals dem Schneidermeister HORN, dem Großvater des Röthvetters. Im gleichen Hause wurde auch zwei Jahre später Großvaters jüngerer Bruder MICHAEL geboren, während seine um fünf Jahre ältere Schwester JOHANNA ELEONORE in das Haus Nr. 14[198] eingezogen war. Wahrscheinlich hatte hier auch am 2. Juli 1805 Urgroßvater WILHELM die sicher sehr schlichte Hochzeitsfeier seiner zweiten Ehe mit ANNA KATHARINA BOCK aus Oberpreuschwitz begangen, die der Tod bereits am 4. Juni 1816 löste, als Urgroßmutter an der Auszehrung starb.

So hat Großvater [KONRAD SÖLLHEIM] als Vierjähriger die Mutter verloren. Ihr früher Tod mag nur allzu oft seine Kindheit überschattet haben. Nachdem auch die ältere Schwester beim Verlust der Mutter erst neun Jahre zählte und Urgroßvater [WILHELM] nicht mehr heiratete, dürfte der mutterlose Haushalt geregelten Ablauf wie Sonne entbehrt haben. Da überdies der Vater [WILHELM] oftmals auf Rasur- und Schröpfgängen unterwegs war, werden die Kinder häufig ohne Schutz und Betreuung gewesen sein.

---

[196] MAGDALENA, verh. REIM (* 1875).

[197] AUGUST HORN (*1870), Sohn von KATHARINA und PHILIPP HORN, der „Lehrer".

[198] Das Anwesen des „Becknwirts" HOFFMANN.

Vom Dorfmusikanten zum späten Medizinstudenten

So schauen wir in eine armut- und kummerbeschwerte Jugend. Doch auch ihr hat immerhin die Sonne nicht völlig gefehlt. Der Großvater erzählte beglückt von den Bayreuther Messetagen, die der Vater [WILHELM] mit seinen Kindern besuchte.[199] Da dürften die Buben jedes Mal ihre blauen Samtanzüge mit dem knappen Kniehosen und den Schnallensschuhen aus dem Schrank holen, und auch Urgroßvater SÖLLHEIM hatte sich einen Festanzug der Vergangenheit gerettet.

Da das Geseeser Badergewerbe nur einen Mann ernährte, ließ WILHELM seine Söhne die Musik lernen.[200] Es spielte denn auch unser Großvater [KONRAD] bis zu seinem 26. Lebensjahr als Dorfmusikant bei Hochzeiten, Kindstaufen, Begräbnisfeiern und Kirchweihen die Geige wie die Klarinette, half aber in den freien Stunden auch noch dem Vater.

Wegen dieser wundärztlichen Dienste verklagten ihn die Bayreuther Ärzte. So entschloss er sich im Jahre 1840 noch zu einem zweijährigen Studium in der Chirurgenschule zu Bamberg.[201]

---

[199] Davon berichtet ausführlicher auch LENA REIM.

[200] Nach den Erzählungen der LENA REIM beherrschte WILHELM selbst seit seiner Jugend das Geigenspiel und hatte die Geige mitsamt seiner Vögel schon nach Gesees mitgebracht.

[201] Nach den Aufzeichnungen der LENA REIM drängten die Geseeser Bauern KONRAD SÖLLHEIM zu diesem Studium und finanzierten es vor, da er sich offenbar als Bader bewährt hatte und Vertrauen genoss. – Die Universität Bamberg ist eine kirchlich-

Es war ein schwerer Entschluss, da er sich die dann notwendigen 250 Gulden entleihen musste und er seine Frau und drei kleine Kinder zurücklassen musste. Denn er hatte am 18. Oktober 1839 seine gleichaltrige Jugendkameradin MARGARETE Eby geheiratet, und der Hochzeit waren schon zwei Kinder, KONRAD, der spätere „Onkel Doktor", und KUNIGUNDE, die früh Verstorbene[202] vorausgeeilt.

Großvater fragte erst persönlich in Bamberg an, ob für ihn, den [mit 28 Jahren] „überalten" Studenten, noch die Aufnahme möglich wäre. Und als ihm der Eintritt gestattet worden war, zog er mit Semesterbeginn, wie das erste Mal, zu Fuß nach Bamberg, da er die teure Postkutschenfahrt sparen wollte. Mutter begleitete ihn bis Schobertsreuth[203],

---

katholische Gründung des 17. Jh. Im Jahr 1802 wurde das Territorium des Hochstiftes als Kompensation für die verlorene Pfalz durch das Kurfürstentum Bayern militärisch besetzt. Die Medizinische Fakultät musste im Oktober 1809 ihre Lehrtätigkeit einstellen und wurde zunächst durch eine „landärztliche Schule" ersetzt. Sie bildete bis 1823 „Landärzte" aus, die unter der Aufsicht eines Landgerichtsarztes arbeiteten. Dann entstand eine „Chirurgenschule" und von 1836-1841 eine Baderschule.

[202] Nach den vorliegenden Aufzeichnungen haben KONRAD und MARGARETE SÖLLHEIM zweien ihrer Kinder den Namen „KUNIGUNDE gegeben". Die „früh Verstorbene" ist um 1837 geboren und 1860 an Typhus verstorben. Die zweite wurde auch die „Klaana" genannt und kam 1856 noch zu Lebzeiten ihrer älteren Schwester zur Welt. Sie ging dann als 16-Jährige aus eigenem Antrieb mit ihrem großen Bruder KONRAD, dem „Onkel Doktor", nach den USA, beging dort aber im folgenden Jahr aus Heimweh Suicid.

[203] Die zum Weitwandern benutzte Altstraße verlief offenbar von Gesees über die Steinmühle und den Schobertsberg und den Weiler Schobertsreuth und weiter über Hollfeld nach Bamberg.

*In diesem stattlichen, 1789 erbauten Bamberger Krankenhaus
war bis 1841 die von KONRAD SÖLLHEIM besuchte Baderschule
untergebracht. (Hist. Foto, Bildarchiv Taegert)*

wo sie sich trennten.

Er war eine der fleißigsten und eifrigsten Studenten,
denn Geld und Einsatz mussten sich unter allen Umständen lohnen. Ich besitze ein Kollegheft seiner Bamberger
Zeit, eine Rezeptierkunde, *„vorgetragen von Herrn Professor
SIPPEL, Doktor der Medizin, Philosophie et Botanik, zu
Bamberg"*, das in seiner tadellosen Führung noch heute von
dem gewissenhaften *„Konrad Söllheim aus Gesees bei Bayreuth"* erzählt, wie sich der Schreiber selbst benennt. Trotzdem hat er als rechter Werkstudent noch jede irgendwie
freie Stunde in den Gärtnereien gearbeitet, um sich
dadurch Nahrung und Wohnung zu verdienen.

Eine tapfere Ehefrau

Viel härter als ihn traf die Trennung unsere Großmutter. Sie musste sich und ihre drei Kinder in harter Taglohn-
fron ernähren. Dies war nicht nur ein bitteres, sondern

auch karges Brot, das vielfach nicht zu einem Abendessen für die Kinder reichte. Es schnitt ihr ins Herz, wenn sie die drei Kleinen ohne Abendbrot ins Bett bringen musste, die Kinder vor Hunger schrien, bis sie sich müde geweint hatten und endlich einschliefen.

Einmal besaßen sie für den vollen Tag nichts weiter als 1 l Ziegenmilch. Mutter fürchtete sich schon vor dem Jammerruf des Abends, kniete beim sinkenden Abend nieder und klagte Gott ihre große Not. Da wurde heftig an das Fenster geklopft: Der Knecht des Forkendorfer MARDER-BAUERN stand draußen und bat sie im Auftrag seines Herrn, diesem sogleich einen wehen Zahn zu ziehen.

Wohl lagen die Zahnzangen im Schrank nebenan, allein sie hatte noch nie jemanden einen Zahn gezogen. Doch in ihrer großen Not ging sie mit und riss dann wirklich dem MADER gleich zwei schlechte Zähne heraus. Der wollte ihr in seiner Freude einen Gulden für die Hilfe geben.

Sie wehrte dankend ab und bat: „Gebt mir lieber etwas für meine Kinder zum Abendbrot. Ich habe nichts mehr zuhause für sie."

Da packte dann die MARDERMUTTER einen ordentlichen Essbündel mit Brot, Fleisch, Wurst und Obst zusammen. Als die glückliche Mutter zu ihren drei schon längst wartenden hungrigen Kindern zurückkam, begann ein froher Schmaus, an den sich unser lieber „Onkel Doktor" noch in seinem hohen Alter erinnern konnte.

Im zweiten Jahre suchte Pfarrer DÖHLA einige Arbeitskräfte zum Grasschnitt der Weinleite. Da bat ihn Mutter, er möge die Wiese sie allein mähen lassen. Und als der Geistliche zustimmte, hat sie wirklich den langen buckligen Weinberg, der den vollen Hang des Kirchberges entlangläuft, in vier Tagen abgemäht. Eine volle Woche – so erzählte sie ihren Kindern später – habe sie nichts Starres halten können, so sehr schmerzten die Hände.

Allein sie hatte sich in der viertägigen Weinberg-Fron nicht nur das Essen für sich und die Kinder, sondern auch noch einen Gulden für schlimmste Notzeiten verdient. Und diesen Weinberggulden besaß sie noch, als ihr Mann von Bamberg zurückkam.

Viele Stationen bis zum eigenen Wohnhaus

Großvater hatte sein Examen als Bester aller Geprüften bestanden. Er konnte sich nunmehr mit behördlicher Genehmigung in Gesees als Wundarzt niederlassen. Die Großeltern stiegen jetzt zwar allmählich, aber doch stetig aus der Niederung zur Höhe. Bald wurde die Herberge im schmalbrüstigen Krämershäusle (Nummer 44 b) mit der viel weiträumigeren Unterkunft im Hause Nr. 48 vertauscht, das bis zum Brande des Jahres 1862 zwischen Schmiede und Gasthaus HOFFMANN stand.[204]

---

[204] Auch dieses Haus-Nr. 48, das zukünftige „Badershaus", war, wie schon Nr. 44b vorher, ein typisches Holzhaus aus Blockbohlen und Holzdachschindeln, wie man es bis in die Gegenwart im Obergeschoss des „Glockenhauses" unter dem Putz bzw. Dacheindeckung erkennen konnte. Dieser Häuser waren per se zumal durch ihre offene Kochstelle sehr feuergefährdet. LENA REIM stellte sich vor, dass es bereits 1858 im Geseeser Ortszentrum ein großes Feuer gegeben habe, dem dieses Badershaus zum Opfer gefallen sei. Diese Katastrophe betrachtete sie als den eigentlichen Anlass zum Bau des Söllheim-Hauses. Tatsächlich ist aber unter dieser Jahreszahl 1858 bislang kein Brand bekannt.

Die übliche Annahme für das Jahr des Brandes zwischen

Schmiede und Beckenwirt, der auch KARL MEIER-GESEES folgt, ist vielmehr das Jahr 1862. Das ergibt sich aus dem 12-Jahresbericht des Dorfchronisten von 1862-74, der schreibt:

„Von Unglücksfällen, welche Gesees neuerdings betroffen haben, ist der Brand vom Jahr 1862 zu bemerken, welcher im Schmiedshause entstand und wobei auch das Hoffmann'sche Wirths- und Gasthaus nebst den Nebengebäuden, das Haus der Witwe Schilling ein Raub der Flammen wurde.“ – Es ist nach diesen Angaben aber nicht völlig auszuschließen, dass es bereits 4 Jahre zuvor ein vergleichbares Brandereignis gab. Denn bis zu diesem Zeitpunkt bestand der Ort, wie Pfarrer HÜBSCH in seinem „Geseeser Büchlein" von 1842 darstellt, aus *„50 größtenteils ganz von Holz (!) erbauten und mit Stroh oder Schindeln bedeckten (!) Häusern"*, die *„den Feuersbrünsten unglaublichen Vorschub"* leisteten.

Auch wenn Pfarrer HÜBSCH diese traditionelle Bauweise als zweckmäßig gegen Kälte und Schnee ansah, so nahm er doch an, dass nicht nur die damals steigenden Holzpreise und die *„Schwierigkeit, neue Schindeln zu erhalten"*, sondern auch der Bau der Geseeser Ziegelhütte 1837 und der sich verbreitende Massivbau aus Sandstein aus eigenen Steinbrüchen und Ziegeln dazu beitragen würde, die Brandgefahr im Ort zu lindern.

Tatsächlich vermerkt die genannte Chronik dann auch, dass *„in den letzten zehn Jahren* [also zwischen 1864-74] *... in Gesees nochmal neue Häuser erbaut worden, auch hat sich das Dorf sehr verändert durch das Verwandeln der Schindeldächer in Schiefer- und Ziegeldächer"*. Der Brand war wohl zugleich Anlass, dass die Gemeinde Gesees 1864 die erste „Feuerlöschmaschine" anschaffte, von der der Schreiber ebenfalls berichtet.

Das heutige Ortsbild des alten Dorfes mit den typischen behäbigen Sandstein- und Ziegelhäusern verdankt sich also einem „Bauboom" nach 1842, bei dem das Söllheimshaus 1858 zeitlich mit an der Spitze lag. Dagegen zeigt die Lithographie, die Pfarrer HÜBSCH für sein Büchlein 1842 verwendet, das Ortsbild von Gesees *vor* diesem großen baulichen Wandel (s.o. S. 97 und Cover).

Schon nach einem Jahr konnte sich die sparsame, fürsorgliche Großmutter eine Kuh kaufen. Und Großvater, dessen hervorragendes Können ihm auch die umliegenden Dörfer öffnete, leistete sich ein Pferd, um rasch und sicher seine Patienten besuchen zu können.

So waren bald die Studienschulden beglichen. Der Aufstieg begann. Dies wurde auch äußerlich sichtbar, als man dann vom Haus Nr. 48 den Schmiedhügel emporzog und das Haus Nr. 6[205] mietete, welches dem GÄRCHALAS-BAUERN gehörte, der die Tochter der Kunzenleute geheiratet und damit Haus und Hof erworben hatte.

Von diesem Hause wanderte 1854 der älteste Sohn[206], unser „Onkel Doktor", nach Amerika aus. Er hatte bisher seinem Vater geholfen, strebte aber über die dörfliche Enge hinaus und war, wie die anderen Söllheims, vom Fernweh erfüllt. Überdies hatte er sich schon froh früh an ein Mädchen gehängt, was die Eltern unterbinden wollten. So schickte man ihn, wie viele andere unruhige Köpfe, über das große Wasser. Das Jahr lockte, weil noch andere Geseeser, denen gleichfalls der Heimatboden zu heiß geworden war, in die Ferne drängten. Es zog damals auch einer von der Forkendorfer Söllheim-Linie mit hinweg.

Allein das Geld zur Überfahrt musste erst gewonnen

---

[205] Das Anwesen grenzt nördlich direkt an das II. Pfarrhaus in der Weinbergstraße. Im Unterschied zu diesem dürfte aber das Wohnhaus, wie die meisten Häuser in Gesees zu diesem Zeitpunkt, noch ein schindelgedecktes Holzhaus gewesen sein.

[206] KONRAD JR. SÖLLHEIM (*um 1836). Er wurde in den USA ein erfolgreicher Modearzt und kam 1872 erstmals wieder zu Besuch nach Gesees. Seine einzige Tochter nahm sich 1877 mit einem Revolver das Leben.

werden. Die Großeltern verkauften ihre Kuh und schufen durch dieses Opfer nicht nur für den Sohn, sondern auch für die gesamte Familie Möglichkeiten zu weiterem Aufstieg. Außerdem ließ bald eine neue Kuh den Notverkauf vergessen. Denn nun folgten für die Großeltern einige gute Jahre.

Da wurde ihnen 1857 die Miete gekündigt, weil der Sohn des GÄRCHALA, der HANNI, heiratete und das Haus der Mutter übernehmen wollte. Es fanden die Großeltern vorübergehend Unterschlupf beim Bruder der Großmutter im Haus nebenan (Nr. 7). Doch drängte gerade diese Notunterkunft nach einer Lösung: Die Großeltern entschlossen sich zum Bau eines eigenen Hauses. Sie erwarben vom BÖHNERSTEFFER dessen Acker zwischen Dorf und Röth, im Eckbezirk von Dungergasse und der neu geschaffenen Vizinalstraße.[207]

Hier entstand dann 1858 das vorerst einstöckige Söllheim-Haus, dessen Geburtsjahr und Monogramm des Erbauers noch heute der Schlussstein über dem Eingang trägt.

Sein Bau war zunächst vom Leid überschattet. Schon hatte nach altem Volksglauben das neue Haus einen Toten

---

[207] „Vizinal" bedeutet hier „Nachbarschaft" im Unterschied zum Ort. Gemeint ist der Ausbau der Landstraße von Bayreuth in die fränkische Schweiz 1817/18, bei dem auch die Geseeser Ortsstraße erstmals befestigt wurde. Pfr. HÜBSCH schildert den durchschlagenden Erfolg dieser Maßnahme im „Geseeser Büchlein" sehr anschaulich: *„Zwei Ochsen ziehen auf derselben jetzt die nämliche Last, wie deren sechs in früheren Jahren, und kommen doch schneller und wohlbehaltener mit Wagen und Geschirr am Ziele an."*

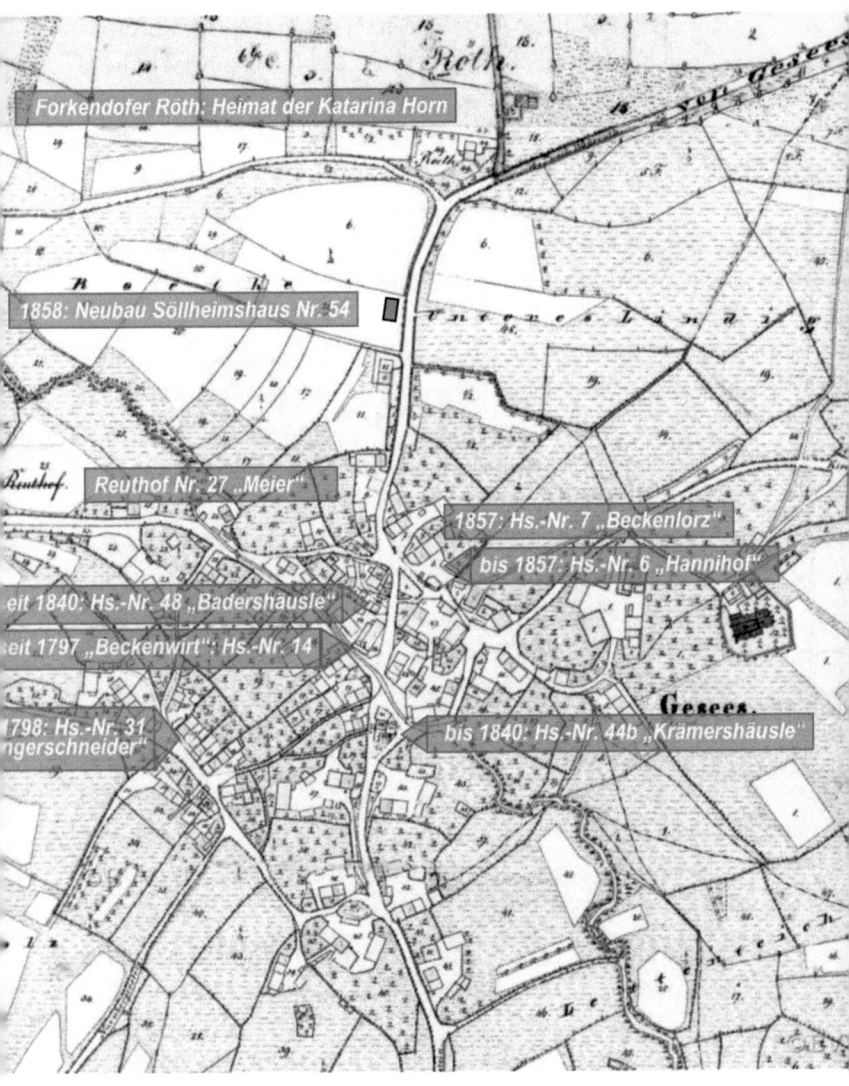

Die verschiedenen Wohnstätten der Familie Söllheim in Gesees
auf den Uraufnahmeblättern vor 1858 (Bearb.: J. Taegert)

gefordert. Denn unmittelbar nach dem Einzug starb das jüngste Söhnchen HEINRICH und zwei Jahre hernach die älteste Tochter KUNIGUNDE am Typhus.

Schmerzlich bedrückte außerdem die Last der durch den Bau entstandenen Schulden. Vor allem ist der GÄR-CHALA ein unangenehmer Gläubiger gewesen. Unmittelbar nach der Vollendung des Baus verlangte er die geliehenen 500 Gulden zurück. Bei Nichteinbezahlung drohte er mit Zwangsenteignung.

Da schrieb Großvater in seiner Not dem Sohn in Amerika, und der sandte elf Wochen später seinen Eltern die erbetenen 500 Gulden.

Nachdem Großvater in seiner großen Freude das Geld wiederholt gezählt hatte, verstaute Großmutter die Summe in ihrer Ledertasche und trug sie zur Schlafstube hinauf. Hier verbarg sie die Gulden unter einem Kopfkissen, ließ für alle Fälle das Licht brennen und durchwachte aus Angst vor Einbrechern die volle Nacht.

Großvater nebenan aber rief dazwischen im Halbschlaf: „Margarete, hast das Geld noch?".

Sobald der Morgen graute, erklärte Großmutter: „Jetzt halt ich es nimmer aus, zieh dich an, wir gehen zum Gärchala und bringen ihm das Geld."

Ein vielbeschäftigter Landarzt

Seit diesem Tage begann nun wirklich der wirtschaftliche Aufstieg der Familie. Bald waren die letzten Schuldbeträge zurückbezahlt.

Großvater kaufte sich nunmehr für die Krankenbesuche

eine Chaise.[208]

Schon suchten selbst Bayreuther bei ihm Rat und Hilfe. Besonders schätzte ihn Hofrat Dr. KÖLLE, der ihm die Kinderimpfung übertrug. Es wurde weithin bekannt, dass bei einer Diphtherie-Epidemie keines der vom Großvater behandelten Kinder verstarb.

Ein Bayreuther Tapezierer, der sich beim Lackieren einer Kutsche mit dem heißen Lack die Brust verbrüht hatte, war von den Ärzten der Stadt schon aufgegeben worden. Da kam er zu Großvater, blieb etliche Wochen in Gesees und ging geheilt nach Bayreuth zurück.

Wenn allerdings an manchen Tagen die Hilfesuchenden seine Stube umlagerten und er gleichzeitig in die umliegenden Dörfer gerufen wurde, rief er manchmal in launigem Unwille: „Ich wollt, ich wär a Henna, do legati mei Ei und hätt fürn Tog mei Ruh!"

---

[208] Das französische Wort „Chaise" (gesprochen:„schääs") bedeutet eigentlich „Stuhl", „Sänfte". In der Bedeutung „Halbkutsche" gelangte es seit Ende des 17. Jahrhunderts nach Deutschland. Hier bezeichnet es eine einachsige und einspännige Kutsche, die allseits ohne Seitenwände, aber oft mit einem beweglichen halben Verdeck versehen war.

So war der Arzt dem Pfarrer in Gesees gleichgestellt, der ebenfalls in einer solchen einachsigen Kutsche in den schneefreien Monaten seine Seelsorgebesuche an den Außenorten machte. Die Bezeichnung „Kutscherhaus" für das noch existierende steinerne Stallgebäude im Geseeser Pfarrgarten, das angeblich ein Umbau des ersten in Gesees erbauten Pfarrhauses sein soll, legt von dem Vorhandensein eines solchen dienstbaren Mitarbeiters Zeugnis ab. Während das Vieh des Pfarrers im Erdgeschoss untergebracht war, könnte der Kutscher im ausgebauten Dachgeschoss gewohnt haben. Es diente noch Flüchtlingen nach 1945 als Unterkunft.

Bildmitte: Das Söllheimhaus nach dem Ausbau mit dem-Laden an der Hauptstraße in den 1920-er Jahren; links daneben Schreinerei und Post Meier, rechts die „klaa Schul"

Umso gelöster und entspannter genoss er nachher die Stunden der Ruhe. Gerne saß er beim Färber in Forkendorf. Da war dann wohl am anderen Tag in seinem Arbeitsbuch zu lesen: „Die Färberin geschröpft und das Geld versoffen." Denn er liebte nicht nur als früherer Musikant einen guten Trunk, sondern noch mehr eine angeregte Unterhaltung.

Er selber konnte dinglich fesselnd erzählen. Seine Motive suchte er dabei gerne in den Grenzbezirken des Sinnlichen – etwa im Stile E. TH. HOFFMANNS, der ihm wohl aus seiner Bamberger Zeit bekannt war.[209] Eine seiner liebsten

---

[209] Diese Angabe ist missverständlich. Der bekannte fantasie- und talentreiche Schriftsteller, Karikaturist, Komponist, Theatermann und Bamberger Kapellmeister ERNST THEODOR AMADEUS HOFFMANN, der sich bewusst Mozarts Vornamen lieh, war bereits 1820 verstorben. Konrad Söllheims Bekanntschaft mit ihm kann also nicht aus einer persönlichen Begegnung herrühren.

derartigen Begebenheiten war ihm die eigene Begegnung mit dem nächtlichen Reiter beim Waldschlag „Toter Mann" im Lindenhardter Forst. War es dann bei Trunk und Schwank Mitternacht geworden, deutete er gerne seinen Familiennamen als Heimkehrruf: „Er söll heim".

Seine Familie hat den Vielbeschäftigten sicher nicht allzu oft besessen. Doch hielt er meist den Sonntag für sie frei. Da er sich seinen eigenen Weg zu Gott gesucht hatte, ging er nur in die Kirche, wenn er einen neuen Anzug aus-

Ein hübsches Genrebild "Die Kutsche des Alten Junier" hat der Wegbereiter des französische Surrealismus HENRY ROUS-SEAU *um 1899 gemalt. So wird man sich auch den Geseeser Landarzt beim Familienausflug vorstellen dürfen.*
(Bildarchiv J. Taegert)

führen wollte. Denn er hielt viel von Form und Kleidung.

HOFFMANN wurde aber selbst bald zur literarischen Figur und lebt auch in seinen eigenen Schriften, Theaterstücken und Kompositionen bis heute fort.

So mussten auch seine hübschen Töchter die „Stolzesten" des Dorfes sein. Für sie war ihm, der gerne kaufte und schenkte, keine Ausgabe zu hoch.

An den schönen Sonntagnachmittagen verfrachtete er sein „Viermäderlhaus" in die Chaise und fuhr damit recht als besitzesfroher Vater übers Land. Meine liebe Mutter, die ihrem Vater in herzlicher Verehrung zugetan war, erlebte nochmals diese Fahrten, als sie später lange Jahre hindurch an ihren Krankenstuhl gebannt war. Sie erzählte aber auch voll tiefer Dankbarkeit von der geistig-seelischen Welt, die ihnen die Aussprache mit dem Vater erschlossen hätte.

In der Familie hat sich einer Foto-Aufnahme der Großeltern erhalten, die vielleicht im Jahre ihrer Silberhochzeit, also 1864, geschaffen wurde. Aufrecht und selbstbewusst steht Großvater neben der sitzenden Großmutter. Seinem markanten Kopf mit der hohen Stirne, dem umbuschten Haar, den forschenden Augen und dem sinnenfrohen Mund hat das Leben so manches eingeschrieben. Mag jeder darin lesen, wie er es kann.

Neben seiner bedeutenden Erscheinung verschwindet Mutterle trotz ihrer gedrungenen fraulichen Fülle und ihres Sonntagsstaates mit der betont vorgehaltenen neuen Ledertasche. Auch ihr Antlitz haben die Jahre geformt und die Spur mancher Kümmernisse zurückgelassen. Doch ist auch noch viel Anmut geblieben, die frühere Schönheit ahnen lässt. Den Augen freilich fehlt das Feuer des Geistes.

„Sie war nicht weit her," urteilte der Vater, und LORENZ SÖLLHEIM erzählte mir als besondere Überraschung, dass sie eine Analphabetin gewesen sei.

Die Töchter haben denn auch ihre Mutter verlacht,

wenn sie manchmal „recht albern" daherredete. Und dennoch hat es Mutter immer wieder verstanden, ihren Mann zu gewinnen, wenn er sich dazwischen in ein hübsches Frauengesicht verdruckt hatte. Vor allem aber hat sie den Mann, der kein Sparer gewesen war, als Betreuerin des Verdienstes vorteilhaft ergänzt.

Vielleicht haben dies auch ihre Töchter anerkannt. Hatte doch vor allem die Sparsamkeit der Mutter ihnen Aussteuer und Mitgift gesichert, als rasch hintereinander die drei ältesten Töchter wegheirateten.

Acht Tage nach der Hochzeit meiner lieben Eltern[210] verehelichte sich am 16. Januar 1870 auch der Sohn MICHAEL mit MARGARETE WEIGEL von der Thalmühle. Sie war die Herzensfreundin meiner Mutter die auch Stifterin dieser Ehe gewesen war.

Ein erfolgreicher Sohn als Rivale

Zwei Jahre später besuchte der älteste Sohn[211] seine Eltern. Als Achtzehnjähriger war er nach Amerika gegangen, und 18 Jahre später kehrte er erstmals zurück. Er hatte in den Staaten nicht nur Doktorgrad und Ruhm, sondern als Modearzt von Cincinnati auch ein beträchtliches Vermögen erworben. Dies verrieten schon die Sicherheit und Eleganz seiner Erscheinung.

Vater aber, der trotz seines Könnens und seines Fleißes niemals die Fesseln der Dorfchirurgen-Laufbahn sprengen

---

[210] BARABARA SÖLLHEIM heiratete 1870 den „Steffers-Philp" PHILIPP FRIEDRICH MEIER, der in Gesees Schreinermeister und Postagent war. KARL MEIER kam 1888 als ihr viertes Kind zur Welt.

[211] KONRAD SÖLLHEIM JR. (*um 1836).

konnte, fühlte voll tiefer Bitternis das Gegensätzliche ihrer beiden Schicksale und Lebensanschauungen. Die Spannung vertiefte die überlegene, den Vater verletzende Art, wenn ihn der „Onkel Doktor" von dem Hinterwäldlertum deutscher Medizin und Geisteshaltung sprach. Und als er schließlich die „Mordinstrumente" des Vaters durch neue ersetzen wollte, war Großvater im Tiefsten gekränkt. Er hat sich dann auch jede Hilfe des Sohnes verbeten und selbst den Scheck von 7.000 $ abgelehnt.

Er verdachte es auch dem ältesten Sohne, dass dieser ihn zur Übergabe seines Hauses bestimmte, und verzieh ihm niemals den Tod seiner geliebten „Klaana".

Dies war die Jüngste, damals erst sechzehnjährige Tochter des Großvaters, von ihm verwöhnt und verzogen. Sie war durch die Welt des „großen Bruders" betört. So zog sie mit ihm nach Amerika und ist drüben aus Heimweh in den Tod gegangen.[212] Der Groll des Vaters gegen den Sohn steigerte sich zu unversöhnlichem Hass, als er im Tagebuch der so bitter Frühvollendeten die Stelle las:

„O könnte ich nur noch einmal zu dir zurück, mein lieber, guter Vater. Was für eine gehorsame Tochter wollte ich Dir sein! Nun ist es zu spät. Gestern war ich beim Bruder. Ich sagte ihm, dass ich vor Heimweh nichts mehr genießen könnte. Darauf entgegnete er kalt und gemessen: ‚Wenn Du wirklich Hunger hast, isst du schon.'"

---

[212] Nach dem Tagebuch der KATHARINA HORN nahm sich das „verwöhnte Klaanerle" KUNI im folgenden Jahr am 26. Mai 1873 in den USA das Leben, indem sie sich in einer Zisterne ertränkte. Vier Jahre später beging auch die einzige Tochter des amerikanischen Onkels Suicid; die 18-Jährige erschoss sich mit einem Revolver.

Ihr Tod schuf Großvater eine Wunde, die nie vernarbte. Dazu kam die schwere Erkrankung meiner Mutter, die er ebenfalls besonders liebte.

„Ja, wenn halt der alt' Söllheim noch lebat!"

Als er noch bei klarem Erkennen war, teilte er meinem Vater Verlauf und Unheilbarkeit des Leidens mit. Dann im gleichen Jahr, also 1883, begann seine eigene, unheilbare geistige Erkrankung.

Ob es wirklich Paralyse gewesen, wie es die Beurkundung des Todes behauptet, wissen wir nicht. SÖLLHEIMS-LORENZ meinte, dass es Delirium Tremens gewesen sein könnte. Das Sehen von weißen Mäusen und die Zornesausbrüche ließen dies vermuten.[213]

Er, der sonst so viel auf Form und Kleidung gegeben, vernachlässigte sich nun völlig und vollzog nach Vaters Worten „Dinge, die nicht berichtet werden können".

Außerdem wollte der auch in seiner Krankheit Rastlose immer wieder seine früheren Patienten besuchen, natürlich auch jene, die längst verstorben waren. Wenn er in unbewachten Augenblicken entwischte, musste ihn stets

---

[213] Die im Folgenden geschilderten Symptome lassen freilich eher an die heutige „Volkskrankheit Nr. 1" Demenz bzw. eine ihrer gefürchteten Formen, Alzheimer, denken. Vor gut einem Jahrhundert war diese „Krankheit des Vergessens" noch weitgehend unbekannt. Der deutsche Neurologe ALOIS ALZHEIMER beschrieb als erster im Jahr 1906 die charakteristischen Veränderungen im Gehirn. Doch erst heute wächst allmählich ein Verständnis dieser komplexen Erkrankung, die schon damals die Umgebung der Betroffenen schockierte.

Vater zurückholen, dessen begütigender Zuspruch seine Umkehr erreichte.

So bedeutete sein Tod[214] für ihn wie für die Familie eine Befreiung aus steter Qual und Sorge.

Großmutter hat ihren Mann noch um drei Jahre überlebt.[215] Früheste Erinnerungen meiner Kindheit führten zu ihrer Stube voll Bratäpfelduft und den Bilderbüchern auf dem Wandbrett.

Als ich nach meiner Rückkehr aus der Pfalz öfters auch zum Antiquitätenhändler GEBHARDT kam, erzählte er von den Beschwerden des Alters und schloss seinen Bericht mit dem wehen Ruf: „Ja, wenn halt der alt Söllheim noch lebat!"

Wie oft sprach ich ihm die Worte nach! Ja, wenn Vater noch leben würde – gesund natürlich, und erfüllt von den Begegnungen seines Lebens und vom Wissen um letzte verschwiegene Dinge –, ich glaube wir beiden könnten uns verstehen.

---

[214] KONRAD SÖLLHEIM SEN. starb am 21. Dez. 1888 im Alter von 76 Jahren.

[215] MARGARETE SÖLLHEIM starb 1891 im Alter von 79 Jahren.

4. Gedichte

Muttertag

(Gedicht von KARL MEIER-GESEES im Gedenken an
seine Mutter BARBARA MEYER GEB. SÖLLHEIM)

Du warst schon krank, da ich noch in Dir ruhte,
und gingst den schmalen Grenzpfad zweier Welten,
als ich mich lösen musste hart von Dir.
Dann bist Du allzu früh von mir gegangen.
Leidvolle Kindheit ohne Mutter kam.

Vereinsamt stand ich oft am Gartenzaun
in mancher ruhelos verhärmten Nacht,
da ich, im Haus allein zurückgelassen,
dem Grauen floh, dass in den Räumen raunte.
Dem Zug der Wolken sah ich sinnend nach,
und wenn die Mutter ich zu schauen wähnte,
sprach ihren Namen scheu ich in die Nacht.

Wie oftmals habe ich nach Dir gerufen,
geliebte Mutter, wenn mein wundes Herz
nach Festigung in seinem Weh sich sehnte.

Ich fühlte wohl, da ich zum Manne reifte,
wie viel von Dir in mir geborgen war:
die Fernensehnsucht, wie das Heimverlangen,
die Schaukraft der Gesichter und Gestalten
und auch Dein unruhvoll gequältes Herz.

So bist Du dennoch stets bei mir gewesen,
geliebte Mutter, über Raum und Zeit.
Und was von Deiner Art ich treu behütet,
will dankerfüllt ich bringen Dir zurück.

Aldebaran

(Gedicht von KARL MEIER-GESEES zum Tod seiner
Cousine LENA REIM, geb. SÖLLHEIM, ,
entstanden im Internierungslager Hammelburg 1946)

Es kommt die wehe Kunde von daheim:
man hat ins Grab gesenkt die LENA REIM.

Es war die Nacht, da mich der Stern erschreckt.
Aldebaran[216], der hatte mich geweckt.
Aldebaran, aus früher Kindheit dringt
Dein Name, der wie Märchenklage klingt.

Ich höre Lena, wie sie mir erzählt
die Mär vom Manne, der sich hat erwählt
zur Totenfahrt den Stern Aldebaran.
Es rührt noch heute das Motiv mich an.

Aldebaran, Du strahlst wohl auf das Grab
der Lena Reim im Heimatdorf hinab.
Grüß die Erzählerin der Kinderzeit,
der ich verbunden bin in Dankbarkeit.

---

[216] Aldebaran ist ein roter Riesenstern, der zusammen mit den
Sternen Rigel, Sirius und Prokyon aus dem Sternbild Orion sowie
den Zwillingen Pollux und Castor und dem Stern Capella das
große Wintersechseck bildet. Dem Stern werden mythische, fan-
tastische und esoterische Eigenschaften angedichtet.

Konrad Söllheim :: Gesees
Gemischtes Warengeschäft.

Annemarie Leutzsch

IV. Der Söllheimsladen in Gesees 1863-1984

Söllheimsladen um 1934: (v.li.) GRETL, META, ANNA, KONRAD SÖLLHEIM II.

Der Söllheimsladen in Gesees

Vielen der älteren Bewohner ist der Laden von KONRAD SÖLLHEIM in Gesees noch gut in Erinnerung. „Beim Söllheimsvetter ham mir uns immer nach der Kinnerlehr Bomberla kaaft!", so berichten sie.

Aus Pittersdorf und Pettendorf mussten früher die Schulkinder zur wöchentlichen Kinderlehre nach Gesees. Für „a Fimferla Himbeerbomberla oder Bärndreck oder für an Nickl Wafflbruch" kauften sie – wenn sie Geld hatten – für den Heimweg als „Wegzehrung" ein.

Das Geschäft befand sich in der jetzigen Hauptstraße 13, früher Haus-Nr. 54. Auf einem langen Schild, das über dem Sims im 1. Stock angebracht war, stand in großen Buchstaben: HANDLUNG KONRAD SÖLLHEIM.

Bis ins hohe Alter stand GRETL SÖLLHEIM im Laden ihres (Ur-) Großvaters (Bildarchiov J.Taegert)

KONRAD SÖLLHEIM II. war mein Onkel, der älteste Bruder meines Vaters. Doch schon sein Großvater KONRAD I., der Landarzt, erhielt die Bewilligung zur Führung eines Geschäftes. Am 30. Juni 1863 wurde die Urkunde vom Königl. Bezirksamt Bayreuth ausgestellt:

„Auf den Grund rechtskräftigen bezirksamtlichen Beschlusses wird demChirurgen Conrad Söllheim von Gesees die persönliche Conzession zum selbstständigen Betrieb des Krämergewerbes in der Gemeinde Gesees erteilt".

Der erste Dorfladen der Region

Damals gab es auf dem Lande keine Läden. Die Dorfbewohner lebten fast ausschließlich von der Landwirtschaft. Auch Handwerker besaßen ein, zwei Kühe, sowie Kleinvieh. Als die Industrialisierung einsetzte und mancher als Arbeiter in der Stadt schaffte, hielt sich die Arbeiterfamilie – soweit es ihr möglich war – eine oder mehrere Ziegen, Stallhasen und Geflügel. So kaufte man nur zu, was man nicht selbst erzeugen oder herstellen konnte. Das geschah in Geschäften in der Stadt, auf Märkten und Messen und bei Hausierern, die regelmäßig ins Dorf kamen.

Die Möglichkeit, nun das Nötigste in Gesees zu erwerben, nutzten viele aus der näheren und weiteren Umgebung. PETER FREYBERGER, Mistelbach (1866 - 1950) teilt in seiner Ortsbeschreibung von Mistelbach mit: *„Läden gibt es keine, die Hinkäufe wurden meist beim Landarzt Söllheim in Gesees gemacht, Fleisch konnte man nur beim Färber in Forkendorf oder beim Metzger Knörr in der Altstadt holen."*

Das war noch bis zur Jahrhundertwende (1900) so.

Zuerst wurden nur Kaffeebohnen, Reis, Zucker und Salz

und einige wenige Artikel angeboten. Als der Sohn MI-CHAEL SÖLLHEIM (mein Großvater) den Laden in den 70-er Jahren übernahm, erhielt er auch die *„Erlaubniß, auf seinem Hause N. 54 in Gesees den Kleinhandel mit Branntwein zu betreiben."* Die Nachfrage nach Waren des täglichen Bedarfs, doch ebenso nach „ein bißchen Luxus" wuchs ständig.

Das Inventurverzeichnis von 1887/88 zeigt das Warenangebot eines kleinen Kaufhauses auf. Mit akkurater Schrift sind neben Datum, Stückzahl, die Waren, Einkaufs- und Verkaufspreis, sowie die Bezugsquellen angegeben. An Lebensmitteln sind verzeichnet:

Gebrannter Java-Kaffee, holländ. Ceylon-Kaffee, Franck Zichorie (als Zusatz für gerösteten Gersten- oder Roggenkaffee),

Eibisch-, Kamillen-, Sennesblättertee Siam-Reis, Weizengrieß, Hirse, Graupen,

Zuckerraffinade, Hutzucker, Carrobbe (Johannisbrot), *weißer und gelber Kandiszucker, weiße Lebkuchen, Soßlebkuchen Vanille Chocolade, Malz-, Fruchtbonbons, Pfefferminzkugeln und -tabletten, Zuckerbrot, „Quodlibet"* (eine Bonbonmischung), *Lakritze, Rosinen,*

Weißwein, Wachenheimer, Malaga, Muscat,

Salz, Essig, Gewürze, wie Pfeffer, Lorbeerblätter, Piment, Macisnüsse, Safran, Majoran gerebbelt,

Käse (aus der Molkerei in Mistelbach) und *Backsteinkäse* aus Kempten.

Auch *türkische Zwetschgen* (Dörrzwetschgen) waren im Angebot, darüber hinaus zum Waschen: *Henkels Bleichsoda, graue und marmorierte Kernseife* und fürs Gesicht *„a schmeckerta Saafn"* – eine „Schönheitsseife".

"Für a Fimferla Himbeerbomberla" – der verführerische Söllheimsladen direkt neben der "Klaan Schul" im Winter 1934

Für Säuglinge und Kleinkinder: *Gummisauger, Nudelschläuche m. Garnitur* (damit sind die sog. Nudelflaschen, die Milchgläser mit Schnuller gemeint). Es gab *Vaseline* und die *„Stipp"*, das Kinder- und Körperpuder, das in Tüten abgewogen wurde.

Wolle, Garne, an Stoffen *Coeper* (Köper), *Bieber* (Wollstoff für Bauernröcke), *Blaudrucke, Hosen- und Hemden- und Schürzenzeug, Woll- und Halstücher, Kurzwaren aller Art.*

Die Handwerker konnten *Schreinerstifte, Faßnieten, Nagelbohrer. Messingbeschläge, Nägel, Tapezierstifte, Schwielen, Sohlennägel, Zimmermannsstifte,* usw. holen, die Bauern *Dunggabeln, Peitschenstiele, Grabscheite* (Spaten), *Kuhketten, Kälberstricke, Maulkörbe, Stahlschaufeln, Hasendraht und Rechenbohrer* kaufen,

die Kinder *Schulfedern und Federhalter, Tinte, Schiefertafeln und Griffel.* Verlockend waren *Knabenpeitschen.* –

Es würde zu weit führen, das ganze Sortiment aufzuzählen: Als Besonderheit noch: *1 Tonne Zement, Jagd-, Spreng- und Freudenpulver* und Dinge, die von uns wohl keiner mehr kennt (wer etwas darüber weiß, möge sich bitte melden) wie *111 St. Rußbutten, 2 Pfd. Feuerschwamm, Chinesenband, Strohpapier, Rosenfedern, Blumenträger und Glockenöl.*

Diese Aufzählung beinhaltet längst nicht alles. *Tabakwaren* sind zu erwähnen, desgleichen *Medizingläser* in verschiedenen Größen. Diese dienten zur Abfüllung der Medikamente, die Urgroßvater und Großvater – der auch die Prüfung für das Baderhandwerk abgelegt hatte – selbst herstellten.

Die Waren waren sorgfältig und sauber in Regalen mit verschieden großen Fächern und Schüben aufbewahrt, in Kästen, Säcken und Büchsen. Der Kunde wurde bedient und wartete vor dem Ladentisch, der Einkaufstheke.

Ausgetüftelte Logistik

Urgroßvater CONRAD verstarb 1888, Großvater MICHAEL 1900. Nun übernahm dessen ältester Sohn KONRAD II. das Anwesen mit dem Geschäft.

Nachdem 1896 bereits die Scheune mit dem anschließenden Stall gebaut war, wurde der bisher sich im Haus befindliche Stall frei und so ein Lagerraum fürden Laden gewonnen. **1903 wurde das Haus aufgestockt**, d.h., der Teil zum Hof hin, der bisher ein Frackdach (Schleifdach) hatte, wurde nun wie die Vorderfront ebenfalls zweistöckig. Das brachte im Obergeschoss ein großes Lager, und im Erdgeschoß konnte der bisherige Laden vergrößert werden. Durch Regale wurde ein kleiner Raum für Schnitt- und Kurzwaren abgeteilt. Es entstand sogar ein schmales Schaufenster zur Straßenseite hin.

Das Geschäft entwickelte sich sehr gut. Nicht nur die Geseeser kauften ein; die Kundschaft kam aus der nahen und weiteren Umgebung, wie Moritzreuth, Muthmannsreuth, Hohenmirsberg, Lindenhardt und aus dem Ahorntal. Diese fuhren mit Ochsengespann nach Bayreuth und gaben vorher in Gesees ihre Bestellscheine ab. Wenn sie mittags zurückkehrten, waren die Güter abholbereit gepackt.

Noch bis in die Zeit nach dem Zweiten Weltkrieg war das Ochsengespann für viele Bauernfamilien ein unersetzliches Transportmittel. Pfarrer PHILIPP KOHLMANN machte dieses Bild 1952 auf dem Weg von Gesees nach Bayreuth. (Bildarchiv J. Taegert)

ANNE SÖLLHEIM stammte aus dem Brendelhof in Forkendorf.
Hier mit einer Kuh und ihrem Kälbchen. Foto um 1934.
(Bildarchiv J. Taegert)

KONRAD SÖLLHEIM heiratete 1902 ANNA BRENDEL aus
Forkendorf. Die junge Frau erwartete viel Arbeit in Haus,
Landwirtschaft und dem Geschäft. Zudem kam viel Besuch
aus der Verwandtschaft, nicht nur die drei Brüder Konrads,
die Lehrer geworden waren und zu gerne ins Elternhaus
zurückkehrten.

1909 wurde GRETEL, 1915 META geboren. Leider verstarben zwei Buben im Säuglingsalter. 1915 heiratete auch
Konrads Schwester MARGARETHA, die bisher im Laden be-
diente. An ihre Stelle trat eine Zeitlang eine „Lodnera",
Ladnerin.

Die Mädchen wurden, so bald es ging, in die Arbeit ein-
gebunden. GRETEL erzählte lange noch, wie sie und ihre
Schwester z. B. Schnüre abmaßen und aufwickelten, die als
„Fitz", 30 cm lang, an die Peitschenschnüre gebunden
wurden.

Die Waren mussten mit dem Fuhrwerk in Bayreuth

abgeholt werden. Als die Bahnlinie Bayreuth-Hollfeld eröffnet wurde, bedeutete das eine Erleichterung. Man brauchte mit dem Kuhgespann nur noch zum Bahnhof nach Mistelbach fahren. Manches musste dennoch aus der Stadt heimtransportiert werden.

In den dreißiger Jahren lieferte der Großhändler die bestellten Artikel mit einem mit Pferden bespannten Bruckwagen aus. Allmählich erfolgte die Zustellung mit Lieferwagen oder Pkw. Unzählig sind die Fahrten der beiden Töchter mit dem Fahrrad, um in der Stadt Geschäftliches zu erledigen.

Mehrarbeit für die Familie brachten die Kriegs- und Nachkriegsjahre des Zweiten Weltkrieges mit der Zwangsbewirtschaftung. Vielen sind die Lebensmittelmarken und

ANNA und KONRAD SÖLLHEIM mit ihren beiden Töchtern GRETL (li.) und META (re.) und der Hauskatze um 1928 im Garten ihres Hauses. (Bildarchiv J. Taegert)

die Kleiderpunktkarten noch in Erinnerung. Die kleinen Abschnitte mussten abgeschnitten, sortiert, aufgeklebt und im Landratsamt Bayreuth zur Errechnung abgeliefert warden – und das noch bis 1950!

In den 1950/60er Jahren veränderte sich manches. Bis dahin gab es wenig originalverpackte Waren. Das meiste war „lose" zu kaufen. Die Lebensmittel und auch andere Artikel wurden in die braunen „Guckern" (Tüten) und den spitzigen „Gickerla" abgefüllt und abgewogen. Das vom Kunden mitgebrachte Maggi-Fläschchen, die Essig- oder Weinflasche wurden wieder aufgefüllt. Die Verpackungs-

Der Seniorchef des Söllheim-Ladens mit Dorfkindern 1935:
(von links) WALTER SCHIEBER, FRITZ SÖLLHEIM, *die Leh-*
rerstochter HERTA GEBHARDT, KONRAD SÖLLHEIM, MARGARETE
OPEL, *die „Rettl"* ANNEMARIE SÖLLHEIM, *Konrads Bruder*
FRITZ SÖLLHEIM, META KNAUER, LORENZ SÖLLHEIM
(Bildarchiv J. Taegert)

flut von heute kannte man nicht. Auch die Kaufgewohnheiten der Menschen änderten sich. Die aufdringliche Werbung redete den Kunden ein, alles haben zu müssen. Mit dem Überangebot konnten die herkömmlichen Läden nicht mehr Schritt halten.

Vom Dorfladen zur Hummelstube

In den ersten Jahrzehnten des 20. Jahrhunderts wurden viele kleine Geschäfte auf dem Lande gegründet, auch in den umliegenden Ortschaften. Keines erreichte das reichhaltige Sortiment des Söllheimsladens, und es gab somit auch keine Konkurrenz. Diese entstand für die Geschäfte erst, als ab den 60-er Jahren in der Stadt Supermärkte und Filialbetriebe wie Aldi, Norma usw. mit Sonder- und Billigangeboten lockten.

So verschwanden in den letzten Jahrzehnten in Stadt und Land viele Einzelhandelsgeschäfte. Manche Kaufleute schlossen aus Altersgründen und weil kein Nachfolger zu finden war.

Nach dem Tod von KONRAD SÖLLHEIM führten die Töchter GRETEL SÖLLHEIM und META, verheiratete SCHILLER, den Laden noch bis 1984 weiter.

Mancher denkt zurück an die Zeit, als Stress und Hektik noch nicht unser Leben mitbestimmten. Da konnte man noch in Ruhe einkaufen. Die Öffnungszeiten waren großzügig angesetzt. Zu Großvaters Zeiten und auch noch bei Onkel KONRAD, war nur während des Gottesdienstes am Sonntag geschlossen.

Die Läden auf dem Lande waren beliebte Treffpunkte. Begegnete man doch diesem und jenem, auch aus den umliegenden Dörfern und Einöden. Man erfuhr Familien- und

Gemeindeneuigkeiten, hörte, „wer ins Dorf reinkam und wer neben 'nausging!" Und selber konnte man auch mal sein Herz ausschütten.

Abends nach getaner Arbeit fanden sich oft noch Frauen ein, die Stoffe für die „Bauernwar" oder Wolle aussuchten. Sie waren dankbar für die gute Beratung, doch so verging mancher Abend. Selbst wenn zu bestimmten, amtlich festgelegten Zeiten das Geschäft geschlossen sein musste, versuchten manche Kunden „hint'nrum" einzukaufen, in dem sie durch die hintere Haustüre in die Küche kamen und ihre Wünsche vorbrachten.

Noch einen Vorteil boten die Geschäfte: War man in Eile oder knapp bei Kasse, konnte man anschreiben lassen, wie es die „Kladden", die Anschreibebücher zeigen.

Bedauerlich ist die Entwicklung des Ladensterbens auf dem Lande, besonders betroffen sind alte Menschen, Frauen mit Kindern und Leute, die nicht motorisiert sind, um schnell einmal in der Stadt einzukaufen.

Trifft man in Museen auf einen sogenannten „Tante-Emma-Laden", werden plötzlich wieder Erinnerungen wach. „Weißt du noch?" und „Genau so war's!", sagen die Besucher, und sie berichten viele Einzelheiten. Sie denken dabei Jahrzehnte zurück, an eine ärmere Zeit, in der die Menschen aber zufriedener als heute waren.

Ein Teil der Einrichtung des Söllheimsladens befindet sich in einem Sonderraum der „Hummelstube" in Hummeltal-Pittersdorf, Dorfstr. 2. Dankenswerterweise haben meine Cousinen GRETEL und META viele Artikel, die nicht mehr „gingen", aufbewahrt, sodass man sich ein Bild dieser vergangenen Zeit machen kann.

Nachtrag:

Die „Hummelstube der Rettl" heute

ANNEMARIE LEUTZSCH, bekannt als „Rettl aus'm Hummelgau", richtete in den 1960-er Jahren ihre „Hummelstube" im ehemaligen Stall des Wohnhauses ihrer Großeltern, dem Ruckriegelhof im Hummeltaler Ortsteil Pittersdorf, ein.

Der Kern der Sammlung stammt von den Bewohnern des Ruckriegelhofes, ergänzt durch Gegenstände aus dem Gebiet des Hummelgaus, der Region südwestlich von Bayreuth. Das Inventar setzt sich zusammen aus

Die „Rettl" ANNEMARIE LEUTZSCH als Kind mit ihrer Mutter KATHARINA RUCKRIEGEL, geb. SÖLLHEIM unter der Geseeser Kirche um 1934

Möbeln, Hausrat aller Art, historischer Kleidung, Fotografien sowie Urkunden und sonstigen schriftlichen Aufzeichnungen. Es gibt Aufschluss über das Leben im landwirtschaftlich geprägten Hummelgau.

*Das neue Gebäude der „Hummelstube" im
Hummeltaler „Zeckenhof"*

Ein Museum für den Hummelgau[217]

Um den Fortbestand der Sammlung von ANNEMARIE
LEUTZSCH zu sichern, erwarb die Gemeinde Hummeltal
2006 das Konvolut und ließ sie in ein neues Museumsgebäude überführen, das so genannte ZECKENHAUS in Hummeltal. Dieses ehemalige Wohnstallhaus aus dem Jahr 1846
wurde vollständig renoviert und zum Museum umgestaltet.

Dennoch lag der Gemeinde Hummeltal sehr viel daran,
die Struktur des alten Sandsteinhauses zu erhalten. Viele
Details wie die originale Treppe oder die alte Raumauftei-
lung geben den Charme des alten Bauernhauses wieder.

Der Hummelgau, zwischen Bayreuth und der Fränkischen Schweiz gelegen, bildete in Hinblick auf Gebäude-

---

[217] Text nach https://fraenkische-schweiz.bayern-on-
line.de/die-region/staedte-gemeinden/hummeltal/ kultur/
museum-hummelstube/

charakteristik, Möbel, Religiosität, Brauchtum, Dialekt und Kleidung lange Zeit hindurch eine klar erkennbare Eigenheit in der oberfränkischen Landschaft. Diese Individualität wird auch heute noch gepflegt.

Auch wenn die Grenzen des Hummelgaus fließend sind und je nach Anschauungsweise enger oder weiter gefasst werden, so erstreckt sich doch das Kerngebiet dieser Region zwischen Mistelgau und Gesees.

Seit Juni 2009 präsentiert sich die Sammlung der „Rettl" im Zeckenhaus in neuer, didaktisch aufbereiteter Ausstellung. Im Einführungsraum werden Informationen zum Museumsgebäude, zur „Rettl", der Sammlungsgeschichte und dem Sammlungsgebiet, dem Hummelgau, vermittelt. Im Obergeschoss befinden sich Exponate zu folgenden Themen:

Schlafen – Hummelgauer Möbel aus dem 19. Jahrhundert, Arbeit auf einem Bauernhof, Kindheit, Essen, Histo-

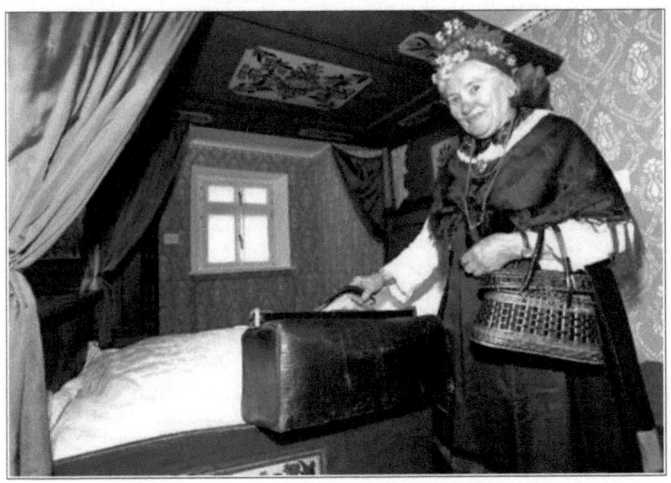

Die „Rettl", die Gründerin der „Hummelstube" ANNEMARIE LEUTZSCH, bei einer Führung in der Schlafstube

rische regionale Kleidung, Einkaufen im „Tante-Emma-Laden".

Dieser ehemalige Gemischtwarenladen aus Gesees, der bis 1984 von den Cousinen von Frau LEUTZSCH betrieben wurde, zählt zu den wichtigsten Ausstellungsstücken. Er ist im Erdgeschoss des Museums untergebracht. Das Inventar des Ladens stammt aus der Zeit zwischen dem Ende des 19. Jh. und dem Jahr 1984 und vermittelt einen sehr guten Eindruck vom Einkaufen in einem unverwechbselbaren fortschrittlichen Dorfladen der damaligen Zeit.

Öffnungszeiten des Museums "Hummelstube":

1. Januar bis 31. Dezember: Mittwoch und Sonntag jeweils 14 – 17 Uhr. (Gruppen/Schulklassen auch außerhalb der angegebenen Zeiten.)

Von 24. Dezember bis 6. Januar und am Karfreitag ist das Museum geschlossen.

Kontakt: Museum Hummelstube, Bayreuther Str. 42, 95503 Hummeltal, Telefon 09201 9186235, Webseite: http://www.hummelstube.de.

Nachruf

im Nordbayer. Kurier am 12. Mai 2020

von Dieter Jenß

Sie wurde 92 Jahre alt

Trauer um die Rettl aus dem Hummelgau

HUMMELTAL. Die Ehrenbürgerin ANNEMARIE LEUTZSCH, besser bekannt als „die Rettl aus dem Hummelgau", ist am Wochenende im Alter von 92 Jahren gestorben.

Sie war Bäuerin, Museumsdirektorin, Schriftstellerin bis hin zu Geschichtensammlerin. Daneben wirkte sie als

Volkskundlerin und gefragte Ansprechpartnerin in Sachen Sprachforschung europaweit.

Über Jahrzehnte war sie als Mundartdichterin und Unterhaltungskünstlerin vielerorts unterwegs.

Bis 2008 führte Annemarie Leutzsch ein Heimatmuseum im eigenen Bauernhof, die Hummelstube, deren Exponate sie mit der Einweihung des neuen „Museum Hummelstube" im Juni 2009 an die Gemeinde übergab. Für die Rettl erfüllte sich damit ein Herzenswunsch.

Sie war eine echte fränkische Institution. Für ihr Engagement und ihr Lebenswerk hat Annemarie Leutzsch viele Auszeichnungen erhalten, so den Kulturpreis des Landkreises Bayreuth 1992.

Eine besondere Ehre war für sie die Verleihung des „Frankenwürfels" 1993, weil, wie sie einmal betonte, dieser seltener verliehen wird, als das Bundesverdienstkreuz, das sie am Bande 1987 erhielt.

Nach der Verleihung des Bayerischen Verdienstordens im Jahr 2014 erhielt Annemarie Leutzsch im März 2017 in der Münchner Residenz den zum ersten Mal vergebenen Bayerischen Dialektpreis als einzige aus Oberfranken.

V. Gemeindebeschreibung („Chronik") von Gesees vom Jahre 1862/1874 - 1914

Einführung: Chronik oder Heimatbuch?

Über die Geschichte der Gemeinde Gesees gibt es bis heute keine systematische Chronik. Das bekannte „Geseeser Büchlein" des Pfarrers JOH. AD. HÜBSCH von 1842 erfasst die historischen Ereignisse nur bis in die Zeit der napoleonischen Kriege und hat eher den Charakter eines „Heimatbuches".

Auch das Autorenteam, das sich 2020 in Gesees anlässlich der ersten urkundlichen Erwähnung von Gesees zusammenfand und sich die Herausgabe einer umfassenden Schrift vorgenommen hatte, ist von dem zunächst angedachten Begriff „Chronik" rasch wieder abgekommen, weil dieser Ausdruck dem typischen, fächerübergreifendem Ansatz der versammelten Autoren nicht gerecht wurde.

Es sollte ja nicht nur die lokale Geschichte der Ortschaft im Kontext der überregionalen Geschichte zur Sprache kommen, sondern es sollten auch ganz unterschiedliche Forschungsgebiete gleichermaßen beleuchtet werden, wie Kultur und Religion, Heimatkunde und Geologie. Auch soziologische und anthropologische Betrachtungen und

Unterhaltsames in einem feuilletonartigen, leicht lesbaren Stil sollten einfließen.

So hat man sich für das Jubiläumsprojekt auf meinen Vorschlag hin den Arbeitsbegriff „Heimatbuch" zueigen gemacht.[218] Neben strenger wissenschaftlicher Forschung von Dozenten kommen hier bewusst auch die Laienarbeit der Heimatforscher und die „oral history" mit Zeitzeugen zur Geltung.

Freilich fand sich dieser Begriff „Heimatbuch" bis zum Jahr 2021 weder in einem Lexikon noch in Wikipedia,[219] was an sich verwunderlich ist, denn unter diesem Ausdruck findet sich eine Flut von gut verkauften Buchtiteln. Auch jede landeskundlich orientierte Bibliothek weist dem „Hei-

---

[218] Das stolze Ergebnis im Umfang von 620 Seiten mit einem Gewicht von 2,3 kg ist im Selbstverlag der Gemeinde Gesees erschienen und seit 2021 im Handel erhältlich (ISBN 3-939146-25-0). Es wurde auch kostenlos an alle Geseeser Haushalte verteilt.

[219] Dies hat sich inzwischen geändert. Seit Dez. 2021 haben bei Wikipedia viele Autoren zusammengewirkt, um den Begriff des Heimatbuches zu definieren.

Beklagt wird dabei, dass Heimatbücher in der Geschichtswissenschaft immer noch keine angemessene Wertschätzung erfahren. Wenn man sie ausschließlich an geschichtswissenschaftlichen Kriterien misst, werden sie vorschnell defizitär gefasst. Viele Heimatforscher fordern deshalb, Ortschroniken bzw. Heimatbücher als eigenständige literarische und erinnerungskulturelle Gattungen anzusehen.

Wie am Beispiel Gesees erkennbar, fixieren Heimatbücher zudem häufig mündliche Überlieferungen oder werten in Privatbesitz befindliche Quellen aus. Oftmals dokumentieren sie auch in wertvollen historischen Fotografien das verlorene einstige Orts- und Landschaftsbild. Daher stellen Heimatbücher häufig eine unersetzliche Quelle für die historische Forschung dar.

matbuch" einen zentralen Platz zu. Erst eine wissenschaftliche Tagung in Tübingen zum Thema „Heimatbuch" arbeitete 2007 die oben genannten Grundmerkmale genauer
heraus, die für diese Literaturgattung typisch sind.

So richtet sich ein Heimatbuch in der Regel auch an eine
meist klar erkennbare Gemeinschaft, in diesem Fall also die
Bevölkerung der heutigen Kommune Gesees. Es hat zum
Ziel, deren Geschichte erinnerungsfördernd darzustellen.
Besonders in solchen Zeiten, die als unübersichtlich und
verwirrend empfunden werden, kann das Heimatbuch eine
Stabilisierungsfunktion übernehmen.

Das Heimatbuch will bewusst auch dem Neubürger ent-
gegenkommen und ihm ermöglichen, die Geschichte der
Region zu einem Bestandteil der eigenen Identität werden
zu lassen.

So will ein Heimatbuch auch ein anschauliches heimat-
kundliches Hausbuch sein, das in unserer unübersichtli-
chen globalisierten Welt heute einen Beitrag zur „Behei-
matung" der in Gesees Wohnenden liefert und eine „Brücke zwischen Lebenden und Toten" schlägt.

Hatte schon das „Geseeser Büchlein" von Pfarrer
HÜBSCH in dieser Hinsicht mehr den Charakter eines Heimatbuches, als einer historischen Forschungsarbeit (was
diesem Verfasser damals bei einzelnen Gelehrten der
Hochkulturszene auch einiges Naserümpfen einbrachte),
so will auch dieses „Zweite Geseeser Büchlein" mit seinen
sehr persönluchen Zeitzeugenbeiträgen bewusst diesen
breiten Spuren folgen.

Dieses neue Projekt ist das durch das Mitwirken von ge-
schichtsbewussten Ortsbürgern zustande gekommen. Um
ihm einen deutlicher konturierten historischen Rahmen zu

geben, sei deshalb nun die Wiedergabe von einigen historischen Blättern zur Ortsgeschichte angefügt. Sie waren handschriftlich abgefassten und bislang nur in Abschriften greifbar oder in Auszügen veröffentlicht. Unter der nicht amtlichen Bezeichnung „**Geseeser Chronik**" haben sie Eingang gefunden in die Quellenliteratur der Heimatforscher.

Diese Blätter sind gleichsam wie ein „Zehn-Jahresbuch" abgefasst und umfassen insgesamt den Zeitraum von 1864 – 1914. Die Autorenschaft lässt sich erst für die Blätter ab dem Jahr 1883 sicher klären. Ihr Verfasser war der damalige Gemeindeschreiber PHILIPP FRIEDRICH MEIER.

Für die Zeit davor kämen auch Pfarrer wie JOH. FRIEDR. WILH. CHRISTIAN SCHMIDT, FRIEDMANN CHRISTIAN JUNG oder KARL FRIEDR. WILH. HAHN infrage, die zu der Zeit am Ort gewirkt haben. Denn die Pfarrer waren ja gehalten, „Pfarrbeschreibungen" zu verfassen. Darauf deuten auch Angaben auf das Kirchenvermögen hin. Auch haben der bzw. die Verfasser Anleihen beim Werk von Pfarrer HÜBSCH gemacht.

Wie der Eingangsteil und andere Textstellen aber zeigen, wollen die Blätter trotz Rückgriffen auf frühere Zeiten als ein Einheitswerk aus der Zeit **nach 1888** verstanden werden.

Bemerkenwert ist, dass der betrachtete lokale Bereich erheblich größer ist, als der heutige Bereich der Kommune Gesees. Er deckt sich mit dem damaligen, viel größeren Pfarrsprengel Gesees (vergl. die Grafik oben auf S. 10 bzw. im Anhang des Ersten Geseeser Büchleins auf S. 275.

Jürgen Joachim Taegert

Die Ortschaft Gesees

D as Pfarr- und Kirchdorf Gesees liegt im sogenannten Hummelgau 1 ½ Stunde weit von der
Kreishauptstadt Bayreuth in südwestlicher Richtung entfernt.

Der Gemeindebezirk Gesees besteht aus den Ortschaften Gesees, Spänfleck, Hohenfichten, Eichenreuth, Thalmühle und Röth, grenzt gegen Osten an die Landgemeinden Thiergarten und Obernschreez, im Süden an die Landgemeinden Obernschreez, Haag und die Lindenhardter
Waldung, gegen Westen an die Landgemeinden Pettendorf, Pittersdorf und Mistelbach, gegen Norden an die

Geseeser Ortsmitte zur Zeit des Gemeindeschreibers
PHILIPP FRIEDRICH MEIER *um 1910 (Archiv J. Taegert)*

Landgemeinden Mistelbach und Forkendorf.

Das Dorf selbst ist erbaut am nordwestlichen Abhang des Culmberges oder Sophienberges und auf mehreren kleinen Hügeln. Es wird von Norden nach Süden von der Pottensteiner Distriktstraße und von Osten nach Westen von dem Funkenbache, welcher am südwestlichen Abhange des Sophienberges entspringt, durchschnitten und so gleichsam in vier Haupttheile geteilt.

Besondere Rechte und Gerechtigkeiten hat Gesees vor anderen Orten nicht voraus; die ursprünglichen Bauernhaushalte beziehen zum Teil noch ein Quantum Brennholz aus der Staatswaldung, welches „Gerechtholz" heißt, und dieses wird alljährlich in den ersten Monaten des Jahres an die Betroffenen durch das Königliche Forstrevier Lindenhardt abgegeben. Bei der Schulstelle sind außerdem noch 2 Klafter oder 6 Stere Besoldungsholz, welche aus dem Forstrevier Glashütten alljährlich abgeben werden. Eichenreuth hat Hutrecht in der Staatswaldung.

Die Größe des Grundareals des Gemeindebezirks Gesees beträgt auf der Flurkarte des Jahres 1856 1.800 Tagewerke 0 Dezimale.

Die Anzahl der **Wohnhäuser** beläuft sich **im Jahr 1874** auf **72**, die der Nebengebäude auf 65. Wirkliche Gemeindebürger sind vorhanden 83 und bloße Heimatsberechtigte 22; die gesamte Einwohnerzahl ist **500 Seelen**.

Die vorherrschende Beschäftigungsweise der hiesigen Einwohner besteht im Betrieb der Landwirtschaft, welche zum Teil **schwunghaft nach rationellen Grundsätzen** sowohl beim Ähr- und Rübbau als auch bei der Viehzucht ausgeführt wird. Die **verbesserten Agrikulturgerätschaften** an

Pflügen, **Dampfmaschine** pp sind beim Gebrauch allgemein eingeführt (!), die Verbesserung der Grundstücke durch **Drainage** durch Verwendung trefflicher **Düngemittel** pp ist in stetem Aufschwung begriffen. Auch fehlt es nicht an den erforderlichen Geschäfts- und Handwerksleuten.

An Feldern, Wiesen und Waldungen besitzt die Gemeinde Gesees 1.790 Tagewerk.

Gegenwärtig beträgt die Gesamtsumme der Haus-, Grund- und Gewerbsteuer 601 Fl. 45 Kr. Die Größe des Gemeindevermögens beträgt lt. **Rechnungsabschluss im Jahr 1879** 1.727 Fl. 43 Kr.

An Verbindungswegen und anderen öffentlichen Wegen und Gassen hat die Gemeinde in gang- und fahrbaren Zustand zu unterhalten:

- die sogenannte Kirchgasse,
- die Haidgasse,
- die Verbindungswege von Pettendorf und Pittersdorf,
- den Weg zur Poppenmühle,
- den Weg nach Eichenreuth.

Die Wahrhaltung der Wegstrecke ist nach Anteilen den Gemeindebürgern übergeben, wobei der Steuerbetrag jedes einzelnen maßgebend ist.

Der Funkenbach

Was die Bezifferung der den Gemeindebezirk Gesees durchziehenden Gewässer und der darüber führenden Brücken betrifft, so ist bloß der **Funkenbach** anzuführen, welcher in früheren Zeiten bei Hochwasser den an seinen Ufern gelegenen Ortseinwohnern durch Überschwemmung ihrer Höfe, ja sogar der Stallungen und Keller, sehr beschwerlich wurde.

Ein großer Übelstand für die Fuhrwerke zeigte sich namentlich im Winter durch das Anschwellen des Eises, **was für Mensch und Tier oft Unglück brachte**, weil derselbe [Bach] offen freien Lauf ganz über die Pottensteiner Distriktsstraße hatte. Diesem Missstand wurde aber durch die Fürsorge des königlichen Bezirksamtes im Jahr **1864** abgeholfen, indem das Wasser desselben durch zwei parallel laufende überdeckte Kanäle eingeengt und unterirdisch abgeleitet wird, welche Ableitung sich bisher auch beim größten Wasserstand bewährt hat. Durch die Überbrückung des Funkenbaches an dieser Stelle hat Gesees ungemein in der Verschönerung seines Dorfplatzes gewonnen. Die Kanäle wurden aus Distriktsmitteln gebaut.

Wirtshäuser

Im Dorfe Gesees befinden sich drei Wirtshäuser, wovon eines die Gastgerechtigkeit hat. Eins ist auch zu Spänfleck, woselbst aber nur die Bierwirtschaft ausgeübt wird.

Kirche, Kantorat, Kirchenstiftung

Besonders schön gelegen steht die Kirche außerhalb des Dorfes auf dem sogenannten Kirchberg, umgeben vom Gottesacker, welcher im Jahre **1869 vergrößert** wurde. Daselbst befinden sich auch das Kantoratsgebäude, welches zugleich Schulgebäude ist, und ebenso das Wohnhaus des Totengräbers.

Das **Kantoratsgebäude** ist, wie es jetzt steht, **im Jahre 1859 umgebaut** worden. Am Fuß des Kirchberges liegen die zwei Pfarrhäuser mit ihren Oekonomiegebäuden. Die Baupflicht bei sämtlichen Kultusgebäuden in Gesees hat der Staat.

Geseeser Kirche vom Spänflecker Kirchweg aus.
Historische Aufnahme von Pfarrer PH. KOHLMANN um 1950.
(Bildarchiv J. Taegert)

Die Kirchenstiftung Gesees besitzt Kapital- und Grund-
stücksvermögen, desgleichen mehrere Tagewerk Waldung,
die sogenannte Stiftungswaldung in der Nähe von Spänfleck, welches Besitztum aus früheren Zeiten stammt und
meistenteils noch von Stiftungen von HERREN VON MISTEL-
BACH und von HERDEGEN herrührt.

Brandkatastrophen; Einquartierungen; neues Ortsbild

Von Unglücksfällen, welche Gesees neuerdings betroffen haben, ist der **Brand von 1862** zu bemerken, welcher
im Schmiedshause entstand und wobei auch das Hoff-
mannsche Wirts- und Gasthaus nebst den Nebengebäuden, das Haus der Witwe SCHILLING ein Raub der Flammen
wurde. Im Jahre 1871 brannte das Wohnhaus des Bauern
JOHANN GEORG MEYER Hs. Nr. 23 nebst Stadel ab.

Die Feuerlöschmaschine, welche die Gemeinde Gesees

Die 1874 neu gegründete Geseeser Feuerwehr mit Lösch-
spritze vor dem Söllheiomladen. (Bildarchiv J. Taegert)

besitzt, ist im Jahre 1864 angeschafft worden.

Vom Jahr 1866 ist zu bemerken, dass Gesees viele Einquartierung und Durchmärsche von norddeutschen Truppen hatte, welche bis auf Nürnberg vordrangen, aber nach
wenig Wochen das Bayernland wieder verließen und sich
in ihre Heimat zurückzogen.

In den letzten zehn Jahren sind in Gesees mehrere neue Häuser erbaut worden, auch hat sich das Dorf sehr verschönert durch das Verwandeln der Schindeldächer in **Schiefer- und Ziegeldächer**.

Die **Siegeseiche** ist im Frühjahr 1872 gepflanzt worden, und der Feuerweiher ist im Jahr 1873 angelegt worden.

[Geschrieben am 25. August 1888, Verfasser unbekannt].

[Fortschreibung der Gemeindechronik durch Gemeindeschreiber PHILIPP FRIEDRICH MEIER für die Jahre 1870 – 1914]:

Kriegsteilnehmer 1870/71

Zu den im Jahre 1870/71 stattgefundenen Feldzügen gegen Frankreich ist nachträglich noch zu bemerken, dass aus hiesiger Gemeinde nachstehende Personen als Krieger ausmarschiert waren:

JOHANN GEORG BÖHNER, verheirateter Bauer Hs. Nr. 39,

JOHANN ANDREAS FEULNER, verheirateter Schneider,

KONRAD DANNHÄUSER, verheirateter Schneider (seit 1882 nach **Amerika**),

WOLFGANG SCHMIDT,

JOHANN MEYEROTT, Bauernsohn, Hs. Nr. 38,

JOHANN FRIEDRICH FRANK, Gütlerssohn, Hs. Nr. 8

SOPHIAN SCHMIDT, Kantorssohn,

JOHANN ERHARDT BAUER, lediger Schneider.

Namentlich aufgeführte Krieger hatten das Glück, lebendig aus dem Feindesland wieder zurückzukehren. Verwundet wurde der unter Ziffer 8 aufgeführte JOH. BAUER.

Gründung Freiw. Feuerwehr; Bürgermeisterwahl

Am 13. Oktober 1874 wurde die hiesige Freiwillige Feuerwehr gegründet.

Am 1. Februar 1877 legte der Bauer JOHANN BÖHNER, Hs. Nr. 37 dahier, nachdem er 25 Jahre lang als Vorstand [**Bürgermeister**] der Gemeinde Gesees gewirkt hatte, sein Amt nieder, und zwar aus Gesundheitsrücksichten. An dessen Stelle war der Ökonom JOHANN NIKOLAUS MEYER-OTT, Hs. Nr. 21, gewählt worden.

Bergfeste auf dem Sophienberg und andere wichtige Ereignisse:

(1) Zur Goldenen Hochzeit Kaiser Wilhelm I.

Wie in allen Orten Deutschlands, so wurde auch hierorts an der am 22. Juni 1879 stattgefundenen **goldenen Hochzeit des deutschen Kaiserpaares**[220] lebhaft Anteil genommen.

Vormittags wurde Festgottesdienst gehalten. Nachmittags um 2 Uhr sammelte sich bei der Hackerschen Wirtschaft dahier sowohl aus hiesigem Orte wie aus den umliegenden zur Pfarrgemeinde Gesees gehörigen Ortschaften

---

[220] WILHELM I. und seine Ehefrau AUGUSTA. Sie war die zweite Tochter des Großherzogs CARL FRIEDRICH von Sachsen-Weimar-Eisenach und der Großfürstin MARIA PAWLOWNA ROMANOWA, einer Schwester des Zaren ALEXANDER I. von Russland. Ihr 50. Ehejubiläum feierten sie in der Berliner Schlosskirche (Bild oben). Aber im ganzen Deutschen Reich wurde mitgefeiert – Im Jahr 1876 hatte Kaiser WILHELM I. in Bayreuth bei der Einweihung des Festspielhauses teilgenommen, vergl. oben den Bericht von KATHARINA HORN.

*Das Kaiserpaar WILHELM I und AUGUSTA feiern 1879 in der
Berliner Schlosskirch ihre Goldene Hochzeit. Prominenz aus
dem ganzen Deutschen Reich nimmt Anteil. Das Volk feiert
währenddessn dezentral an vielen Orten, wie auf dem
Sophienberg (Bild: Archiv J. Taegert)*

eine große Volksmenge zu einem gemeinsamen **Zuge auf
den Sophienberg** (Kulmberg), um dort ein Bergfest abzu-
halten. Unter Vorantritt eines Musikkorps der hiesigen
freiwilligen Feuerwehr setzte sich zur festgesetzten Stunde
der Zug, welchem auch die Schuljugend einverleibt war, in
Bewegung. Derselbe bewegte sich vom Sammelort aus
durch den Ort, an der Kirche vorüber, den Kirchflur entlang, um den genannten Berg zu ersteigen. Nach ca. einer
Stunde Marsch war der Zug auf dem Berg angekommen.

Der freie Platz auf dem Berg, welcher durchaus den
Schmuck eines Festplatzes trug, bot einen feierlichen Anblick. In der Mitte erhob sich eine Rednerbühne, rings um
dieselbe waren provisorisch Tische und Bänke angebracht,
dazwischen waren von Blumen bekränzt Fichten- und

Birkenbäumchen gestellt. Für kalte und warme Speisen war bestens gesorgt; auch fehlte es nicht an ausgezeichnetem Stoff, zu diesem Zweck waren nämlich drei Buden errichtet. Bei dem Genuss des letzteren und unter den Klängen der Musik zeigte sich dann auch bald unter den Festgenossen eine fröhliche Stimmung.

Unter anderem wurden Reden gehalten, Hochrufe ausgebracht und patriotische Lieder abgesungen. Als hervorragende Redner sind zu verzeichnen Herr Pfarrer KARL FRIEDR. WILH. HAHN, seinerzeit [1877-82] 1. Pfarrer in Gesees, Bürgermeister und Landtagsabgeordneter BRENDEL von Pettendorf und MICHAEL SÖLLHEIM von hier.

Inzwischen hatten sich auch noch Teilnehmer aus entfernteren Orten angeschlossen, sodass das Fest, begünstigt von dem herrlichsten Wetter, zu einem wahren Volksfest gestaltete. Sobald der Abend angebrochen war, wurde ein großes Freudenfeuer angezündet. Bei dieser Gelegenheit wurde auch ein größeres Feuerwerk abgebrannt. Zur Bestreitung der hierdurch entstandenen Kosten wurde als Eintrittsgeld in den Festplatz per Mann 20 Pfennige erhoben.

(2) Zum Jubiläum der Wittelsbacher

Am 25. August 1880 wurde zur Erinnerung an die 700-jährige Geschichte des Wittelsbacher Fürstengeschlechts in Bayern ebenfalls ein **Bergfest auf dem Sophienberg** gefeiert, aber nicht in dem hohen Grad wie im vorigen Jahr.

(3) Volkszählung; Friedhofsmauer

Die im Jahre 1880 vorgenommene Volkszählung in hiesiger Gemeinde bezifferte **552 Einwohner.**

An der Friedshofsmauer gab es in folge der Hanglage und des lehmigen Untergrundes immer wieder etwas zu bauen, so auch 1951 zur Zeit von Pfarrer KOHLMANN. (Bildarchiv J. Taegert)

Im Jahre 1881 wurde der bereits im Jahre 1869 vergrößerte **Friedhof** auf den gegenwärtigen Stand erweitert. Die Baukosten der **Umfassungsmauer** betrugen 3.000 Mark. Hierzu wurde bei der hiesigen Kirchenstiftung das erforderliche Kapital aufgenommen und sechsjährige Zahlungsfrist festgesetzt.

4. Einrichtung des zweiten Schulhauses

Seit mehreren Jahren schon wurde vom Aufsichtsorgan die Erbauung eines Zweiten Schulhauses angestrebt. Jedoch wurde bisher durch die Vertreter der Schulgemeinde die Notwendigkeit eines solchen nicht anerkannt. Vom Aufsichtsorgan wurden in dieser Hinsicht verschiedene Vorschläge gemacht, unter anderen die Bildung eines **neuen Schulsprengels Rödensdorf** mit den Ortschaften Ober- und Unternschreez und Thiergarten, ohne dass jedoch die Angelegenheit in dieser Weise zum Austrag gekommen ist.

Aber im Frühjahr 1883 von den Vertretern des hiesigen Schulsprengels nunmehr auf die Notwendigkeit zur Errichtung einer zweiten Schule anerkannt, wurde nach längeren Verhandlungen als geeigneter Bauplatz für das zweite Schulhaus der östliche Teil der zur II. Pfarrstelle Gesees gehörigen **Frühmesswiese**[221] festgestellt. Es wurden von der genannten Wiese 20 Dezimalien[222] planmäßig abgetrennt und der Schulgemeinde Gesees notariell überschrieben. Die zur Ausführung des Projekts erforderlichen Pläne und Kostenanschläge wurden gefertigt. Mit dem Bau selbst sollte im Frühjahr 1884 begonnen werden.

Unterdessen wurde über das **Anwesen des Büttnermeisters** MICHAEL BAUER Hs. Nr. 56 dahier das Subhastationsverfahren[223] eröffnet. Es wurde die Ansicht laut, dass dieses Anwesen sich zur Errichtung einer zweiten Schule

---

[221] Der Ertrag dieser Wiese oberhalb des II. Pfarrhauses gehörte zur Pfründe des einstigen „Frühmessers", welcher der Inhaber der II. Pfarrstelle war; er war vor allem für die westlichen Gemeindeteile (das heutige Hummeltal) zuständig. Auf dieser Wiese verlief der alte Wallfahrtsweg zum „Brückle", der lange Zeit auch für Bestattungen benutzt wurde.

Nachdem der Schulhausbau zunächst nicht zustandekam, wurde ein großer Teil der Wiese nach dem Zweiten Weltkrieg für die Errichtung einer Siedlung für Flüchtlinge und andere Neusiedler umgewidmet. Erst 1964/65 erfolgte auf dem verbliebenen Grundstück der völlige Neubau der Volksschule.

[222] Ein alte bayer. Flächenmaß mit je 34 m² bzw. 1/100 Tagwerk, insgesamt also 680 m².

[223] Zwangsvergleich

vorteilhafter eignen würde. Am Tage der Zwangsversteigerung wurde dann auch das Anwesen M. BAUER von den Bürgermeistern MEYEROTT, Gesees, BRENDEL, Forkendorf und MEYER von Thiergarten-Heinersberg in dieser Annahme käuflich erworben. Hierauf wurde beschlussmäßig das Anwesen für die Schulgemeinde Gesees erworben, und mit Genehmigung der Aufsichtsbehörde als endgültiges Projekt zur Errichtung eines zweiten Schulhauses festgestellt.

Das fragliche Anwesen wurde im Jahre 1884 zu dem gegenwärtigen **Zweiten Schulhaus** umgebaut.

Lieber am Söllheimsladen (links) als in der "klaan Schul" im Büttnerhaus (rechts). Winterbild um 1934.
(Bildarchiv J. Taegert)

(5) Neue Turmuhr – Neue Volkszählung - Bauwesen - Neues Brandunglück

Im Jahre 1884 wurde auch die gegenwärtige neue **Turmuhr** von dem Großuhrmacher PFAFFENBERGER in Gubitzmoos geliefert und hierorts aufgestellt.

Die Volkszählung im Jahre **1885** ergab 530 Einwohner, mithin 22 Einwohner weniger als vor 5 Jahren.

Im Jahre **1886** wurden die beiden Brettergiebel des Gemeindehauses[224] durch Sandsteinmauerwerk ersetzt, auch wurde die auf demselben **noch vorhandene Schindeldachung** durch feste Dachung ergänzt.

Im Frühjahr **1887** ist das Anwesen des Wirtes und Metzgermeisters KONRAD PFAFFENBERGER Hs. Nr. 15 dahier abgebrannt.

Eine Hummelhochzeit für den Prinzregenten

Gelegentlich der **Anwesenheit des Prinzregenten** von Bayern vom 4. Mai 1887 in Bayreuth wurde zu Ehren desselben von den Bewohnern des Hummelgaus eine sogenannte „Hummelhochzeit" in der Stadtkirche zu Bayreuth abgehalten. Herr Pfarrer WEIGEL dahier hielt den Trauungsakt; welcher Feierlichkeit auch die königliche Hoheit des Prinzregenten beiwohnte.

Nach Ablauf der betreffenden kirchlichen Feier wurde von verschiedenen Vereinen in den Straßen der Stadt ein **Festzug** veranstaltet, an welchen auch die Hummeln in

---

[224] Das Gemeindehaus stand in der Nähe des heutigen Feuerwehrhauses. Es diente zur Unterbringung von mittelllosen Dorfbewohnern.

großer Anzahl teilnahmen. Nachmittags wurde auf der Wiese vor dem städtischen Schießhause ein sogenannter „Hummelplatz" aufgeführt. An der ganzen Festlichkeit hatten sich die Bewohner des hiesigen Ortes, jung und alt, zahlreich beteiligt.

Im Herbst des Jahres 1887 wurde der durch den hiesigen Ort angelegte Kanal über den Ortsbach[225] wiederholt aus Distriktsmitteln gereinigt; auch wurde gleichzeitig ein neuer Seitenkanal aus genannten Mitteln angelegt.

Bürgermeisterwahl – Feuerlöschhalle – Erneuter Brand – Kirchhofmauer – Wasserleitung

Am 1. Januar **1888** hat der Ökonom JOH. GEORG FÖRSTER Hs. Nr. 38 dahier als neugewählter **Bürgermeister** an Stelle des seitherigen Bürgermeisters MEYEROTT sein Amt angetreten.

Die gegenwärtige Feuerlöschhalle wurde im Frühjahr 1890 erbaut[226].

Am 23. Juli **1890** ist das Wohnhaus des Zimmermanns JOH. GG. MEYEROTT, Hs. Nr. 65, dahier abgebrannt.

Im gleichen Jahr wurde mit dem Aufbau der alten **Kirchhofmauer** auf Kosten des Staates begonnen.

Auch wurde in diesem Jahr die neue **Wasserleitung** zum hiesigen Kantoratsgebäude vom Culmberg herab hergestellt.

---

[225] s.o. Funkenbach

[226] Diese kleine Löschhalle existiert noch heute und dient als Buswartehäuschen in der Ortsmitte an der Hauptstraße.

Volkszählungen– Postagentur – Lokalbieraufschlag – Neue Löschmaschine

Nach der **Volkszählung**, welche am 1. Dezember **1890** vorgenommen wurde, zählt die hiesige Gemeinde **498 Einwohner**, also um 32 Personen weniger als im Jahre 1885 und 54 Personen weniger als 1880.

Im Jahre **1895** ergab die Volkszählung **457 Seelen** und in Jahre 1900 betrug die Seelenzahl **449**. Seit 20 Jahren ist hier ein Rückgang von 103 Seelen zu verzeichnen, was der stetigen **Landflucht** zuzuschreiben ist.

Am 1. Mai 1899 wurde in Gesees eine Postagentur errichtet und der Schreinermeister PHILIPP FRIEDRICH MEIER[227] als Postagent ernannt.

Durch Ministerielle Entschließung vom 20. April **1901** No. 7751 wurde der Gemeinde Gesees die Bewilligung zur Erhebung des Lokalbieraufschlages erteilt.

In diesem Jahr wurde auch eine befahrbare Brückenwaage und im darauffolgenden Jahr eine **neue würdige Löschmaschine** mit Saugvorrichtung und dem nötigen Schlauchmaterial angeschafft. Zur Beschaffung dieser Gegenstände wurde eine Schuld aufgenommen, bzw. ein Darlehen, welches aus den Erträgnissen des Bieraufschlages verzinst und getilgt wird.

Die am 1. Dezember 1905 vorgenommene Volkszählung ergab **492** Seelen, mithin 43 Seelen mehr als im Jahr 1900.

---

[227] PHILIPP MEIER ist der Vater von KARL MEIER-GESEES; er war auch Gemeindeschreiber und Verfasser von großen Teilen dieser Chronik.

Der Neubau des Kirchturms 1906-09

Der alte Kirchturm zeigte in den letzten Jahren, seiner Länge nach, bedenkliche Risse. Allgemein wurde befürchtet, dass derselbe in seiner Dauerhaftigkeit gründlich erschüttert sei. Das kgl. Landbauamt ließ deshalb das nordwestliche Eck im Monat Oktober 1906 mit Backsteinen und Zementmörtel untermauern und die Risse und Fugen dichten.

Von diesem Zeitpunkt ab wurde der Turm mittels Einsetzen von Glasflächen in das Mauerwerk in Beobachtung genommen. Das **Läuten der Glocken wurde eingestellt**. Die Beobachtung dauerte bis Mitte Dezember 1906, wobei festgestellt wurde, dass die Baufälligkeit stetig weiterschreitet und der Turm eingetragen werden muss.

Ein historischer Anblick 1907-09: Die Geseeser Kirche war damals fast zwei Jahre lang ohne den vertrauten Glockenturm. (Bildarchiv J. Taegert)

Am 22. Dezember 1906 wurde die große Glocke vom Turm abgenommen und auf einem, an der westlichen Seite des alten Friedhofs, Richtung gegen den Ort, errichteten **provisorischen Glockenstuhl** ihrer Bestimmung gemäß untergebracht, sodass am bevorstehenden Weihnachtsabend das Fest eingeläutet werden konnte.

Im Monat Januar 1907, erhielt der Bauunternehmer JOHANN NEUKAM von Gesees vom Kgl. Landbauamte Bayreuth den Auftrag, den baufälligen Turm abzutragen. Die Abtragung wurde zunächst bis zum Hauptgesims des Kirchendaches vorgenommen und erfolgte in der Zeit vom 8. April bis 22. Juni 1907. Die beiden anderen Glocken, welche inzwischen auch abgenommen wurden, wurden ebenfalls auf dem bereits vorhandenen provisorischen Glocken-

Baumeister NEUKAM aus Gesees trug den maroden spätgotischen Kirchenturm ab, der bislang rechts am Kircheneck stand. Blick 1909 vom Friedhof. Das Türmchen links gehört zu den Resten der alten Wehranlage. (Bildarchiv J. Taegert)

stuhl ihrer Bestimmung übergeben, sodass nach langer Ruhe das vermisste Zusammenläuten wieder erfolgen konnte und in den umliegenden Wohnungen mit Freude begrüßt wurde.

Vom 22. Juni 1907 bis 5. Januar 1909 ruhte die Arbeit vollständig. Am 5. Januar 1909 wurden die Zimmerarbeiten in Submission vergeben. Unter verschiedenen Bewerbern wurden die erforderlichen Mauererarbeiten dem Bauunternehmer JOHANN NEUKAM dahier am 5. Februar 1909 übertragen.

Bei Beginn der Bauzeit, Monat Mai 1909, wurde mit dem Abbruch des noch stehenden alten Mauerwerks aufs Neue begonnen und vollständig zu Ende geführt.

Am 5. Juni 1909 konnte schon mit der Fundierung des neuen Turms begonnen werden. Am 25. September 1909 war das Mauerwerk einschließlich des Hauptgesimses fertiggestellt. Unterdessen war vom Zimmermeister JOHANN HEINRICH KELLER von Gesees der Dachstuhl abgebunden, sodass von diesem Zeitpunkt ab mit der Aufstellung desselben begonnen werden konnte. Am Kirchweihsamstag dem 9. Oktober 1909 wurde die Aufstellung glücklich vollbracht.

Im Laufe des Herbstes wurde der Turm noch eingeschalt und vom Schieferdecker WOLF von Bayreuth mit Schiefer gedeckt. Gleichzeitig wurde das Mauerwerk außen sauber geputzt und sämtliches Gerüst beseitigt.

Der eiserne Glockenstuhl, welcher von der Firma SPÄTH in Nürnberg geliefert wurde, gelangte im Monat November 1909 zur Aufstellung.

Im Monat April und Mai erfolgte der Aufbau des Treppenhauses sowie der innere Verputz des Turmes.

Die erforderlichen Fenster, Türen und Jalousieläden wurden vom Schreinermeister KONRAD MEIER von Gesees geliefert.

Im Monat Juni 1910 wurde das alte **Kirchendach** abgenommen und neu ersetzt.

Am 25. und 26. Juni 1910 erfolgte das Aufziehen und Unterbringen der drei Glocken im neuen Turm. Der alte **Turmknopf** mit Kreuz und Harfe wurde im Frühjahr 1910 vom Bildhauer BEHRINGER in Bayreuth vergoldet und vom Mechanikus HACKER von Bayreuth auf den Turm aufgesetzt und der Blitzableiter angebracht.

Der neue Kirchturm stand somit seinem ganzen Umfange nach als vollendet da und wird allerseits als ein gelungenes Meisterwerk anerkannt.

Konstatiert wird hier, dass sowohl beim Abbruch des alten Turms, sowie auch bei dem Neubau des Turms nicht der geringste Betriebsunfall vorgekommen ist.

Ein Volksfest mit dem letzten Prinzregenten

Am 30. Juni 1910 wurde anlässlich der Feier des Gedenktages der hundertjährigen Zugehörigkeit des Bayreuther Landes zur Krone Bayerns auf der Bürgerreuth ein Volksfest abgehalten. In Anwesenheit seiner kgl. Hoheit des Prinzen LUDWIG VON BAYERN[228]] wurde unter anderem auch ein sogenannter **Hummeltanz** aufgeführt.

---

[228] Geb.1845, Sohn des Prinzregenten LUITPOLD und Neffe von König MAXIMILIAN II., ab 1912 Prinzregent, als LUDWIG III. von 1913-18 letzter König Bayerns.

Paar in Hmmeltracht.
(Bildarchiv J. Taegert)

Obgleich die schöne, kleidsame Hummeltracht nur noch vereinzelt vorhanden war, ist es doch den Bemühungen des derzeitigen Bezirksamtsvorstandes Herrn kgl. Regierungsrates MILDENBERGER in Bayreuth unter Mitwirkung der Herrn Bürgermeister im Hummelgau gelungen, eine stattliche Anzahl Paare zu diesem Tanze zu gewinnen.

Auch aus diesem Orte waren drei Paare beteiligt, nämlich: die Landwirtsleute JOHANN FRIEDRICH und ANNA BARBARA MEYER, Hs. Nr. 6, die Landwirtsleute JOHANN UND ANNA HACKER, Hs. Nr. 46, der Landwirt JOH. KONRAD BÖHNER, Hs. Nr. 34 und die ledige KUNIGUNDE BÄR.

Kirchenrenovierung

Im Sommer des Jahres 1911 wurde eine **Restaurierung des Kirchen-Innern** vorgenommen. Das alte unbrauchbar gewordene **Gestühl** im Schiff wurde entfernt. Der Plattenbelag allda durch Bauunternehmer NEUKAM erneuert. Gleichzeitig wurde auch die Zugvorrichtung zu der in Aussicht genommenen **Kirchenheizung** im Boden mit angebracht.

Hierauf wurde die Kirche vom Maler- und Tünchmeister EISER von Bayreuth frisch getüncht und sodann das von Schreinermeister KONRAD MEIER dafür inzwischen angefertigte **neue Kirchengestühl** aufgestellt. Bei dieser Gelegenheit wurde auch die **nordwestliche Eingangstür** erweitert und, nach außen aufgehend, neu hergestellt. Die Anstreicharbeit wurde vom Maler GRENZ in Bayreuth ausgeführt.

Innenraum der Geseeser Kirche um 1911.
(Bildarchiv J. Taegert)

Bürgermeisterwahlen

Bei der am 14. November 1911 stattgefundenen Gemeindewahl wurde zwar der seitherige Bürgermeister JOHANN GEORG FÖRSTER zum fünften Male einstimmig wiedergewählt; derselbe hat jedoch die Annahme der Wahl aus den ihn gesetzlich zur Verfügung stehenden Gründen abgelehnt.

Im zweiten Wahlgange wurde der Landwirt JOHANN WEIGEL, Hs. Nr. 49, zum Bürgermeister gewählt. Der Genannte lehnte die auf ihn gefallene Wahl ebenfalls ab, und zwar aus dem Grunde, weil er bereits zwei Perioden aufeinander als Mitglied dem Gemeindeausschuss angehörte.

Aus dem dritten Wahlgange ist fast einstimmig der Landwirt FRIEDRICH HACKER Hs. Nr. 20 dahier als Bürgermeister herausgegangen. Gesetzliche Gründe standen demselben nicht zur Verfügung, folgedessen er sich veranlasst sah, die auf ihn gefallene Wahl anzunehmen. Nachdem Bürgermeister HACKER und der neugewählte Beigeordnete TÄUBER von Spänfleck am 4. Januar 1912 vom kgl. Bezirksamt in Pflicht genommen worden waren, erfolgte dieExtradition der Registratur samt allen amtlichen Gegenständen.

Am 9. Januar 1912 wurden die neugewählten Ausschussmitglieder vom Bürgermeister in ihr Amt eingewiesen und auf Handgelübde verpflichtet.

Der seit 1. Januar 1883 als Gemeindeschreiber fungierende **PHILIPP FRIEDRICH MEIER**, ehemaliger Schreinermeister und derzeitiger Postagent, wurde zur Besorgung der schriftlichen Arbeiten bis auf weiteres beschlussmäßig wieder aufgestellt.

Brückenwaage, Löschmaschine

Nachträglich sei hier noch bemerkt, dass unter der Amtsführung des Bürgermeisters FÖRSTER im Jahre 1901 eine fahrbare Brückenwaage und eine zweite Löschmaschine mit Sauger neu angeschafft wurden. Im Jahre 1911 sollte aus dem Staatswalde, Abteilung „Eichenreuther Berg" eine **Gemeindewasserleitung** insbesondere im Interesse des Feuerlöschwesens hergestellt werden.

Von der damaligen Gemeindeverwaltung war die Durchführung des Projektes bereits beschlossen, in der Gemeindeversammlung jedoch leider von den Gegnern niedergestimmt. Die günstige Gelegenheit zur Ausführung dieses dringenden Bedürfnisses bietet sich in Bezug auf den Kostenpunkt des Materials und der Arbeitslöhne in Zukunft nimmer.

Der Erste Weltkrieg

Der Ausbruch des Weltkrieges zu Anfang des Monats August 1914 hat auch die hiesigen Bewohner in sehr große Aufregung und tiefes Bangen versetzt.

Die große Zahl hiesiger Bewohner, welche sofort bei Ausbruch und im Verlauf dieses schrecklichen Krieges zum Kriegsdienste einberufen wurden, werden hier im nachstehenden Verzeichnis in alphabetischer Reihenfolge aufgeführt.[229]

---

[229] Diese traurige Liste wird hier nicht abgedruckt, findet sich aber im Gemeindearchiv in Mistelbach bei den Unterlagen zu dieser Chronik. Insgesamt wurden 102 Männer einberufen, also rd. 70 % der erwachsenen männlichen Einwohnerschaft. Von ihnen sind in diesem blutigen Gemetzel 15 gefallen bzw. wurden

Geseeser Kriegerverein im Jahr 1909. Viele dieser Veteranen von 1870/71 ahnten nicht, welches Massaker ihren Söhnen nur fünf Jahre später bevorstand. (Bildarchiv J. Taegert)

vermisst. Dieser Krieg gilt heute mit Recht als die „Urkatastrophe des 20. Jh." – Im Zweiten Weltkrieg war die Zahl der Gefallenen aus Gesees dann aber etwa dreimal so hoch, ein Zeichen, um wieviel fanatischer und grausamer noch dieser Kampf geführt wurde.

Detailliertes Inhaltsverzeichnis

AUFZEICHNUNGEN der Katharina Horn II. Teil

III. MEINE AHNEN – von KARL MEIER-GESEES   218

Inhalt   218

1. Die Söllheim in derMarkgrafenzeit   229

2. Spuren der Vorfahren   249

3. Der Landarzt Konrad Söllheim   263

VI. Stammtafel der Geseeser Familie Söllheim
- recherchiert von Jürgen Joachim Taegert 2020

GEORG SÖLLHEIM (um 1600), Schuhmacher in Lorbach[?]/Hessen bei Büdingen (,,ausgebessert, statt ,,Lössberg")[?]

Mindestens 1 Sohn[?]

PETER SÖLLHEIM (um 1625 in Lorbach), Schuhmacher in Lorbach, oo 29. Oktober 1649 als ,,viduus", also als[?]
Witwer, eine Kriegswaise, wohl seit 1650 in Büdingen/Hessen[?]

Mindestens 4 Kinder, als 4.[?]

HANNES GEORG SÖLLHEIM (*30.10.1653 in Büdingen), oo um 1677: CHRISTINE, geb. FUGMANN von Pegnitz,[?]
Einträge seit 1678-88 im Kirchenbuch Creußen: ,,Bürger, Meister- und Hufschmied allhier"[?]

Mindestens 6 Kinder (*1680-88)[?]

JOHANN KONRAD SÖLLHEIM (*1680 + vor 1745), Beerdigungseintrag: ,,Wegen Armut hat das Gotteshaus nichts genommen".)[?]
Hufschmied von Windischenlaibach oo KATHARINA CORDULA SCHOBER aus Hegnabrunn bei Neuenmarkt[?]

Mindestens 2 Söhne[?]

JOHANN KONRAD SÖLLHEIM (*9.1.1724, getauft in Birk, +29.8.1791, bestattet am Hofe der[?]
Markgräfin Wilhelmine, seit 1772, hochfürstlich-brandenburgischer Kammer-Rechnung-Revisionsrat" unter dem letzten[?]
Markgrafen Alexander; oo 1) 1745 JOHANNA DOROTHEA HINTSCHUS(+1762), Tochter des Lindenhardter Baders und Wundarztes;[?]
2) 1762 THERESIA BULLICH(*3) 13.11.1772 in Creußen: WILHELMINE BARBARA SCHÖFF (*25.5.1746 +5.12.1798) von Wunsiedel.[?]
Tochter des markgräfl. Regiments- und Leibarztes David Schöpft[?]

Aus Ehe 1: 8 Kinder (3 davon früh verstorben) / Ehe 2: 2 Söhne / Ehe 3: 7 Kinder / (zusammen 15/18 Kinder, davon 6 Töchter)[?]

NN. SÖLLHEIM übernimmt die Schmiede in Forkendorf, stirbt ,,an Auszehrung"[?]

Der Sohn NN. SÖLLHEIM führt Schmiede weiter, stirbt ebenfalls früh ,,an Auszehrung"[?]

| 1. MARGARETE JOHANNA SÖLLHEIM (*1746)[?] | 2. JOHANN GERHARD SÖLLHEIM (+1794), Skribent in BT[?] | NN. übernimmt die Schmiede in Forkendorf, +1832[?] | NN. geht ins Elsass[?] | NN. geht nach Praga[?] |

11. ERNST WILHELM ERHARDT SÖLLHEIM (*9.1.1772, +18.2.1851), Wundarzt, ,,Der alte
Heim". —Gymnasiast am GCE. 1788 Stud. med. in Lausanne. In Gesees seit c.
1797. Bei Heirat als ,,angehender Bader" eingetragen: oo 1) 1798 ANNA WER. geb.
BAYERKÖHLER, Jugendkameradin und junge Witwe eines Halleschen Füsiliers von
Moritzhöfen(+1775, früh verstorben), oo 2) (nach KMG) 2.7.1805 ANNA KATHARINA
BOCK, Kunstschmiedstochter aus Oberpreußschwitz (+1816, ,,Auszehrung").[?]

JOHANN WEIGEL ,,Weigelsgruß, Geseeser Bürgermeister[?]

4 (5?) Kinder[?]

| JOHANNA ELEONORE SÖLLHEIM (*1797, Hs.-Nr. 14)[?] | NN. (Tochter *1807 oo KÜFNER)[?] | KONRAD SÖLLHEIM (*15.7.1812, Hs.-Nr. 31, Angerschneider", später im ,,Krämershäusle "Nr. 44b; nach dem Studium 1840-42 im ,,Badershäusle" Nr. 48, dann am ,,Hannihof" Nr. 6, 1857 Nr. 7; seit 1858 im eigenen Hs.-Nr. 54, +31.12.1888), Geseeser Landarzt oo 18.10.1839 MARGARETE, geb. Eberser (*1812 +1891) [1837-48 Pf. Hübsch in Gesees][?] | MICHAEL SÖLLHEIM (*1814 Hs.-Nr. 31), 4 Kinder[?] | NN. geb. WEIGEL (+1891), ,,Fraala" oo LORENZ MEIER (+1881), Herrla", ,,Stefferslorz"[?] |

7 (nach ,,Lena-Reim) bzw.
8 Kinder (nach ,,Karl-Meier-Gesees)[?]

342

Stammtafel Dr. Konrad und Margarete Söllheim:

KONRAD-SÖLLHEIM (*15.7.1812.-Hs.-Nr.-31,-"Angerschneider", -später-im-"Krämershäusle"-Nr.-44b;-nach-dem-Studium-1840-42-im-"Badershäusle"-Nr.-48, -dann-am-"Hannihof"-Nr.-6,-dann-1857-in-Nr.-7;-seit-1858-im-eigenen-Hs.-Nr.-54,-+31.12.1888),-Geseeser-Landarzt. ¶
oo-18.10.1839-MARGARETE,-geb.-EBY-(*1812-+1891). ¶
[Zum-Vergleich:-Von-1837-48-wirkt-Pfarrer-Hübsch-in-Gesees]

NN.-geb.-WEIGEL-(+1891),-"Fraala"-oo-LORENZ-MEIER-(+1881),-"Herrla",-Steffersdorf"

7-(nach-Lena-Reim)-bzw.-8-Kinder-(nach-Karl-Meier-Gesees):

1. KONRAD-JR.-SÖLLHEIM (*1836-1915),-1854-nach-USA-ausgewandert;-der-"Onkel-Doktor",-1872-erstmals-wieder-in-Gesees.-Die-einzige-Tochter-nimmt-sich-1877-mit-einem-Revolver-das-Leben,-1898-endgültige-Rückkehr-nach-Gesees

2. KUNIGUNDE-SÖLLHEIM (*um-1838,-bereits-1860-an-Typhus-verstorben)

3. MICHAEL-SÖLLHEIM (1839-1900),-Kaufmann,-Inhaber-des-"Geseeser-Ladens"-oo-1870-MARGARETE-WEIGEL-(Thalmühle)

7. HEINRICH-SÖLLHEIM (als-Kind-verstorben-im-Jahr-des-Hausbaus-1858)

8. KUNIGUNDE-II.,-die-"Klaana" (*1856-+1873),-ging-als-16-Jährige-mit-ihrem-großen-Bruder-KONRAD-nach-USA,-dort-Suicid-aus-Heimweh

4. KATHARINA,-geb.-SÖLLHEIM (*27.8.1844-in-Gesees-+21.12.1902-in-Forkendorf)-oo-13.10.1867-PHILIPP-HORN-(+1895),-wohnhaft-auf-dem-nördl.-(Forkendorfer)-Beuthof-(1832-von-Lorenz-Weigel-gebaut)

5. ANNA-SÖLLHEIM. oo-1871-N.N.-(Lehrer-in-Setz-im-Hof)

6. BARBARA,-geb.-SÖLLHEIM, (+um-1896)-oo-1870

oo-PHILIPP-FRIED-RICH-MEIER,-(*um-1847),-Steffers-Philp",-Schrei-nermeister,-Postagent,-seit-1883-Gemein-deschreiber-Ge-sees;-Chronik

---

2. KONRAD-SÖLLHEIM-III. (*1871-+1948),-Kaufmann-in-"Geseeser-Laden"-oo-ANNA-BRENDEL,-Forkendf

4. MAGDALENA, (*1875-+1946)-verh.-REIM,-"Lena",-die-Verfasserin-des-"Söllheim-Romans"

5. MARGARETE (*1877)-verh.-HARDT,-München

7. LORENZ (*1879),-Lehrer-in-München,-der-"Märchenonkel"

12 Kinder (davon 5 früh verstorben)

6 Kinder (davon 3 früh verstorben)

1. MICHAEL-KONRAD-FRIEDRICH-HORN (*1868-+1871-ertrunken) ¶
2. AUGUST-HORN (*1870),-Lehrer-oo-1894-MARIE ¶
3a.-(Fehlgeburt-durch-Sturzunfall) ¶
3. FRITZ-HORN (*/+1873) ¶
4. HANS (*1874),-Soldat,-Gendarm ¶
5. FRITZ-II (*1876-+1890) ¶
6. ANNA (*1880)

3 Kinder

6 Kinder

2. KONRAD-MEIER

4. KARL-MEIER-GESEES (7.9.1888-1960),-1907-Jünglehrer-in-Gesees,-seit-1919-Ausbildung-zum-Gymnasial-lehrer.-Ehren-bürger-seit-1958

2 Kinder

12. FRIEDRICH (*1888-+Sommer-1941)-NA-RUCKRIEGEL-Pittersdf.-Oberstudiendirektor,-Leiter-der-...-Handelsschule-BT,-Pilot-im-I.-u.-II.-WK,-Granatverwundung-in-Smolensk,-gestorben-in-Berliner-Lazarett.-Beisetzung-in-Gesees

---

GRETEL-SÖLL-HEIM-*1909	META-verh.-SCHILLER-*1915		

2 Kinder

2. FRITZ *1924-+2008

3. ANNEMARIE-verh.-LEUTSCH-"Rettl"

HERBERT-LÖSCH-HORN

3. KARL-MEIER

ANNE-LIESEL

KARL-PHILIPP

GUDRUN,-verw.-PFEIFER

WOLFGANG-*1924

CLAUDIA

BARBARA

LO-RENZI

FREDI

WISSENSWERTES ZUM
„ZWEITEN GESEESER BÜCHLEIN"

Im Jahr 1842 erschien das bekannte „Geseeser Büchlein" des Pfarrers Joh. Gg. Ad. Hübsch. Es ist als Heimatbuch und historische Quelle für Geschichte und Brauchtum des „Hummelgaues" im Bayreuther Land um Gesees bis heute unersetzlich. Leider endet Hübschs Geschichtsbetrachtung aber bereits mit dem Jahr 1817. Auch für den tiefgreifenden sozialen Wandel seiner Zeit hat er noch keinen Blick.

Hier setzt das „Zweite Geseeser Büchlein" mit seinen Texten und Bildern an. Fünf literarisch begabte OrtsbürgerInnen des 19.-20. Jh. haben in lebendigen und anschaulichen Berichten die grundlegenden lokalen Ereignisse in diesem wandlungsreichen „langen Jahrhundert" erfasst.

Hinter den Kulissen von Tracht und Tradition tut sich der Blick auf für den sehr arbeitsreichen bäuerlichen Alltag voller bitterer Lebenserfahrungen in bedrückender Armut, aber voll gläubiger Hoffnung. Vieles ist in Inhalt und Stil ohne weiteres vergleichbar mit der Autobiographie der Bäuerin ANNA WIMSCHNEIDER aus Pfarrkirchen in Niederbayern, die 1985 unter dem Titel „Herbstmilch" kometenhaft zur gern verfilmten Bestsellerautorin aufstieg.